파이썬과 마이크로비트로 배우는
실전 코딩 프로젝트

파이썬과 마이크로비트로 배우는 실전 코딩 프로젝트

초판 1쇄 발행 2023년 9월 12일
2쇄 발행 2023년 12월 26일

지은이 김정화, 엄온숙, 아이씨뱅큐
펴낸이 아이씨뱅큐
펴낸곳 아이씨뱅큐
출판등록 제2020-000069호

교정 정은솔
디자인 이현
편집 이현
검수 이주연
마케팅 김윤길

주소 서울시 금천구 두산로 70 현대지식산업센터 A동 2301호 아이씨뱅큐
전화 070-7019-3900
팩스 02-9098-9393
이메일 shop@icbanq.com
홈페이지 www.icbanq.com

ISBN 979-11-972615-7-2(43560)
값 21,000원

- 이 책의 판권은 지은이에게 있습니다.
- 이 책 내용의 전부 또는 일부를 재사용하려면 반드시 지은이의 서면 동의를 받아야 합니다.
- 잘못된 책은 구입하신 곳에서 바꾸어 드립니다.

파이썬과 마이크로비트로 배우는
실전 코딩 프로젝트

김정화, 엄온숙, 아이씨뱅큐 지음

초급 중급 고급
☆ ★ ☆

micro:bit

아이씨뱅큐 무료 파이썬 강의 소개

아이씨뱅큐의 유튜브 채널 '나도메이커'에서 무료 파이썬 강의 영상을 보실 수 있습니다.

파이썬 코딩 기초가 필요하신 분은 아래의 링크로 들어가 보세요!

- 아이씨뱅큐 무료 파이썬 강의 링크: https://vo.la/RudeJ

- 아이씨뱅큐 유튜브(나도메이커) 채널: https://www.youtube.com/@ICBANQ

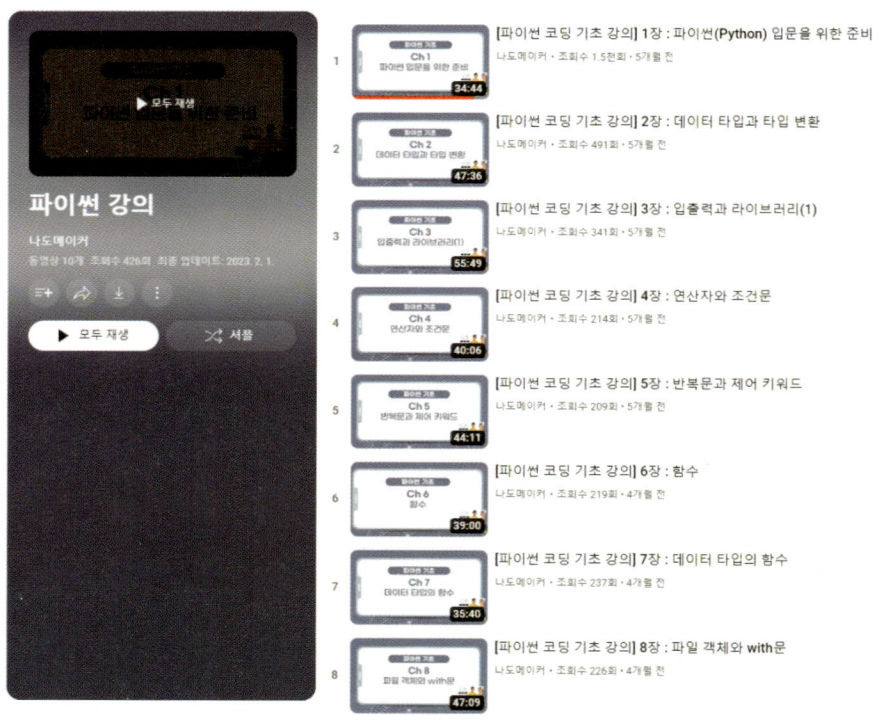

⚠️ 전자회로 연결 주의 사항

모터, LCD, AI렌즈같이 전류를 많이 필요로 하는 부품이 잘 작동되지 않을 경우 다음의 블로그에 나와 있는 솔루션을 참고하시면 잘 작동될 것입니다.

- 모터 블로그: https://blog.naver.com/icbanq/222904251033

- AI렌즈 블로그: https://blog.naver.com/icbanq/223111263792

추천사

'망망대해를 헤매다 만난 등대 불빛!' 이 책을 읽고 첫 번째 떠오른 생각입니다. 마이크로비트호를 타고 파이썬 바다를 항해하는 청소년들에게 이 책을 추천합니다. 코딩! 무엇부터 해야 할지 그리고 어디로 가야 할지 모를 때 훌륭한 길잡이가 되어 줄 것입니다.

국내최초 청소년 인공지능 과학관, LG디스커버리랩 팀장 박산순

파이썬 코딩을 쉽고 재미있게 배울 수 있는 최고의 안내서! 이 책은 파이썬을 쉽게 배우고 싶은데 어려워서 막막한 학생들을 위한 최상의 가이드북입니다. 마이크로비트와 함께하는 프로젝트들은 흥미로운 주제와 친절한 설명으로 구성되어 있어 코딩을 즐기면서 실력을 향상시킬 수 있습니다.

빠르게 변화하는 미래 사회에서는 디지털 기술이 핵심 역량으로 부각되고 있습니다. 이 책을 통해 학생들의 창의성과 능동적인 학습 태도를 기르고, 코딩 능력을 함양하여 현실 세계에서 문제를 해결하는 데 기여할 뛰어난 미래 인재로 성장할 수 있기를 기대합니다.

부산교육대학교 사회교육과 교수 전제철

이제는 더 이상 소프트웨어나 인공지능이 새롭게 느껴지는 시대가 아닙니다. 모두가 쉽게 다룰 수 있는 시대가 되었고, 이에 맞추어 파이썬을 처음 배우려는 초·중·고등학생을 위해 저자분들께서는 《마이크로비트 파이썬》교재를 집필하였습니다. 본 도서는 파이썬을 활용하여 마이크로비트를 다양한 방법으로 제어하고 활용하는 데 초점을 두었습니다. 친절하고 쉬운 설명과 다양한 예제를 통해 독자들은 즐겁게 학습할 수 있습니다. 마이크로비트를 활용한 다양한 프로젝트와 실습을 통해 창의적인 아이디어를 발전시키고 실제로 구현해 볼 수 있어서 흥미로운 경험이 될 것입니다.

중부대학교 교양학부 교수 장은실

머리말

파이썬과 마이크로비트로 배우는 실전 코딩 프로젝트에 오신 것을 환영합니다. 이 책은 파이썬 프로그래밍 및 피지컬 컴퓨팅 세계로 이끄는 안내서입니다! 파이썬 코딩을 처음 접하는 학생들 또는 이들을 위한 열정적인 선생님들께 배움과 발견의 흥미진진한 여정을 약속합니다.

쉽고 아기자기한 블록 코딩으로 프로그래밍을 처음 접한 학생들은 파이썬이란 텍스트 코딩을 처음 접하면 어려워하고 힘들어하는 경우가 많습니다. 이런 학생들에게 어떻게 하면 파이썬을 쉽고 재미있게 가르쳐 줄 수 있을까 고민하다가 이 책을 출간하게 되었습니다. 파이썬 프로그래밍으로 마이크로비트의 다양한 센서를 활용한 다양하고 창의적인 프로젝트를 만들어 본다면 피지컬 컴퓨팅의 즐거움을 느껴 보는 동시에 파이썬 프로그래밍도 쉽고 재미있게 익힐 수 있을 것입니다.

이 책은 여러분들께 파이썬 문법에 대한 명확한 설명, 실습 프로젝트 및 단계별 안내를 통해 파이썬의 모든 개념을 단계적으로 쉽게 안내해 드릴 것입니다. 또한 마이크로비트의 기본적인 기능을 제어하는 것부터 인공지능 카메라를 이용한 프로젝트를 만들기까지 다양한 프로젝트를 완성하는 방법을 배울 수 있습니다.

코딩은 아이디어를 형성하고 세상에 영향을 줄 수 있는 창의적인 과정인 예술 형식입니다. 세심하게 선별된 프로젝트를 통해 파이썬에 능숙해질 뿐만 아니라 문제 해결 기술을 키울 수 있습니다.

이 책이 여러분들 안에 있는 엄청난 잠재력을 열어 주고 코딩, 파이썬, 물리적 컴퓨팅에 대한 열정을 심어 주는 촉매제가 되기를 바랍니다.

목차

추천사 5

머리말 6

1장	마이크로비트로 파이썬하기 - 파이썬 편집기 알아보기 8
2장	마이크로비트로 파이썬하기 - 파이썬 편집기 익숙해지기 32
3장	누가 더 많이 클릭했을까? 54
4장	스마트 가로등과 한파 경보기 70
5장	줄넘기 횟수 카운터와 전동 킥보드 방향 지시등 86
6장	노래하는 디지털 펫 100
7장	장애물 피하기 게임(slalom) 118
8장	말하는 마이크로비트 132
9장	데이터를 기록하는 마이크로비트 152
10장	마이크로비트로 만드는 찐친 무전기 168
11장	줄줄이 켜지는 LED 190
12장	나만의 감성 무드등 204
13장	온도 감지 선풍기 220
14장	OX 전광판 234
15장	당신의 행운 번호를 알려 드려요 248
16장	미세먼지 감지기 266
17장	자율 주행차 마퀸 280
18장	RC car 마퀸 298
19장	똑똑한 마이크로비트가 되자 310
20장	마이크로비트에게 물어보세요 324

1장

마이크로비트로 파이썬하기
- 파이썬 편집기 알아보기

이번 책에서는 마이크로비트 공식 사이트의 파이썬 편집기를 사용하여 파이썬으로 프로젝트를 진행하려 합니다.
1장은 마이크로비트의 파이썬 편집기의 구성 및 사용법에 대해서 알아보겠습니다.

1 마이크로비트 알아보기

마이크로비트는 쉬우면서도 확장성이 높습니다. 같이 사용할 수 있는 교육용 교구들이 많이 개발되어 손쉽게 응용할 수도 있고, 기존의 아두이노나 라즈베리파이처럼 메이킹용으로 사용할 수도 있습니다.

또한 블록코딩 및 텍스트코딩으로도 프로그램 작성이 가능하여 다양한 코딩 교육용으로 사용되기도 합니다.

마이크로비트를 파이썬으로 제어하기에 앞서 간단하게 마이크로비트의 기능에 대해서 알아보도록 하겠습니다.

최신 버전인 V2.2를 기준으로 기능을 알아보겠습니다. (2023년 2월 기준)

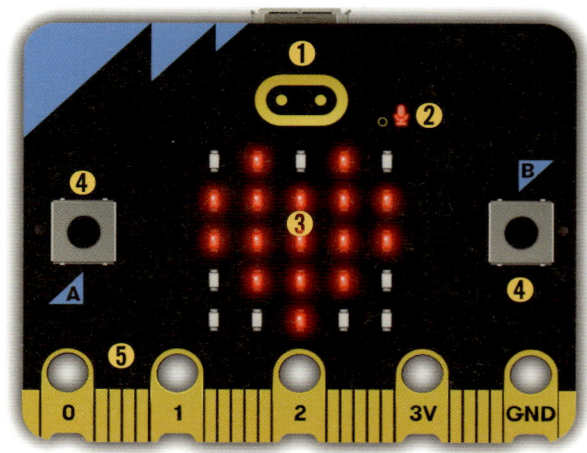

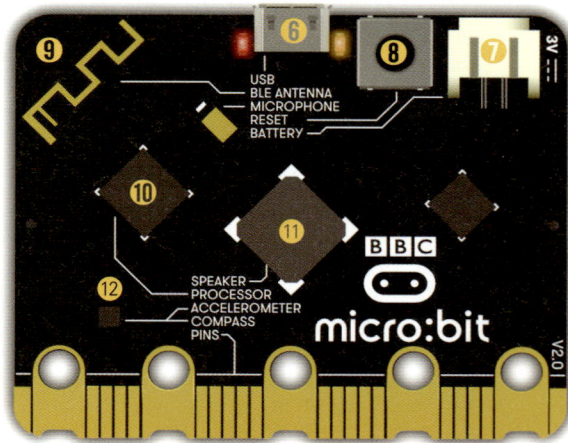

❶ 로고에 터치 센서 기능이 있습니다.
❷ 마이크 기능이 탑재되어 있습니다. 동작하는 경우 LED가 켜집니다.
❸ 25개의 LED 매트릭스로 디스플레이 역할을 합니다. 빛 센서 기능이 내장되어 있습니다.
❹ 버튼 A와 버튼 B로 총 3개의 입력 신호 처리가 가능합니다.
❺ 엣지 커넥터로 3개의 GPIO I/O핀, 3V, GND는 악어 집게를 이용하여 사용이 가능하고 그 외 다른 핀은 확장보드 등을 연결하여 사용이 가능합니다.
❻ micro-USB 포트는 컴퓨터와 연결하거나 전원 공급용으로 사용됩니다. 컴퓨터와 연결 시 외부 저장소(microbit)로 인식됩니다.
❼ 배터리 커넥터로 배터리팩을 연결하여 사용합니다.
❽ 전원 버튼으로 장치 리셋의 기능을 합니다. 전원 버튼을 길게 눌러 장치를 끌 수 있는 기능이 마이크로비트 2.0 버전부터 추가되었습니다.
❾ 블루투스 기능이 탑재되어 있습니다.
❿ 마이크로 컨트롤러로 플래시 메모리가 내장되어 있고, 온도 센서가 있습니다.
⓫ 스피커가 부착되어 있습니다.
⓬ 자기 센서, 가속도 센서 등이 탑재되어 있습니다.

2 마이크로비트의 파이썬 편집기 알아보기

마이크로비트 공식 사이트(microbit.org)에 접속합니다.
우측 상단의 **Language** 메뉴를 이용하여 한국어로 언어 변경이 가능합니다.

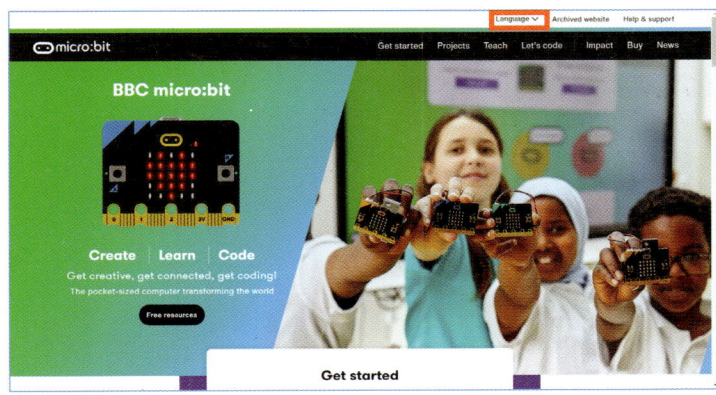

프로그래밍 시작하기를 클릭하여 프로그래밍 언어 선택 화면으로 진입합니다.

프로그래밍 시작하기 화면 상단의 **Python editor** 버튼을 클릭하여 파이썬 편집기를 실행합니다.

또는 https://python.microbit.org/v/3 사이트로 바로 이동해도 됩니다.

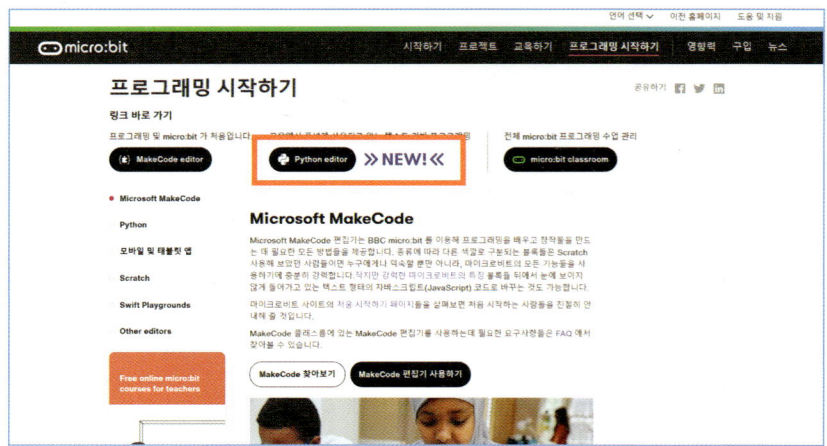

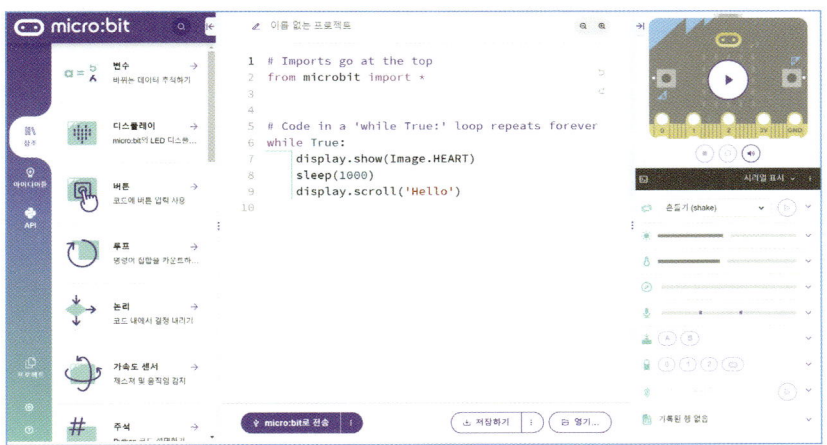

여기서 잠깐 온라인에서 파이썬 편집기 사용법 알아보기

좌측의 "Python"을 클릭하면 python 편집기에 대한 소개 및 도움 메뉴 등을 확인할 수 있습니다.

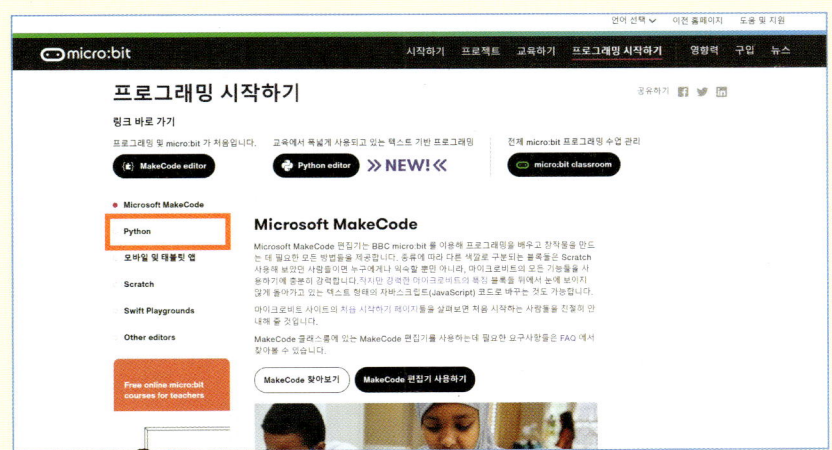

"Python 가이드"를 클릭하면 마이크로비트 파이썬 편집기 사용법에 대해서 확인할 수 있습니다.

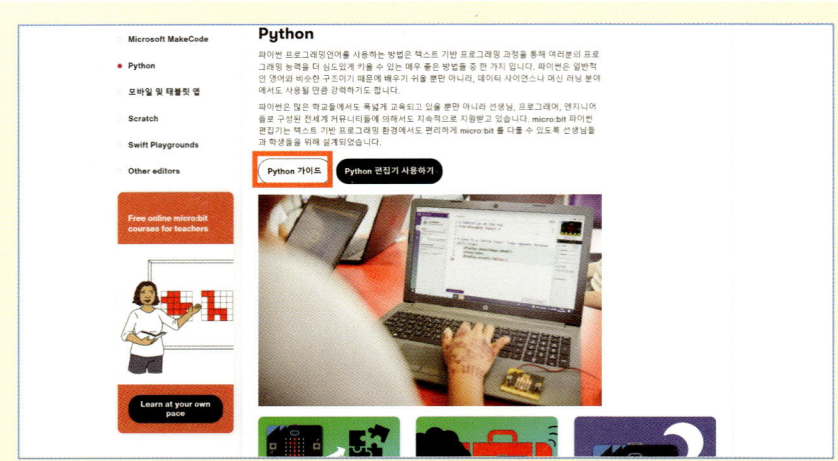

해당 메뉴는 **microbit.org → Get started(시작하기) → User guide(사용자 가이드)**로 진입할 수도 있습니다.

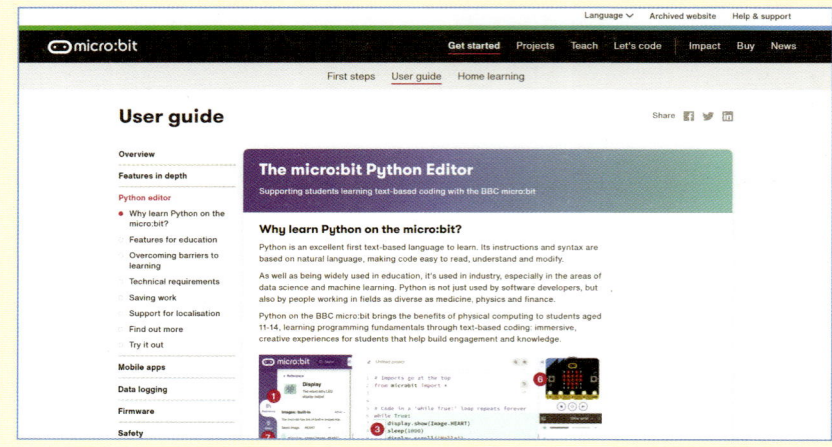

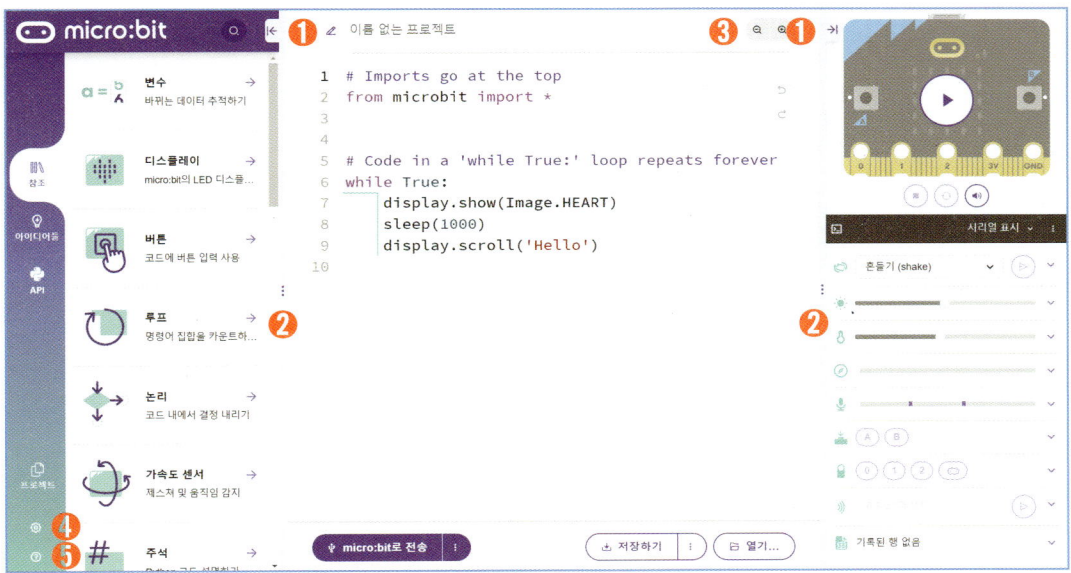

❶ 좌우 탭을 보이게 하거나 보이지 않게 할 수 있습니다. 모니터의 설정 값에 따라서 한쪽 탭만 보이기도 합니다.

❷ 마우스로 드래그하여 좌우 탭의 크기를 조정할 수 있습니다.

❸ 코드 편집 화면의 글자 크기를 조정할 수 있습니다.

❹ 언어를 변경하거나 및 화면 설정을 변경할 수 있습니다.

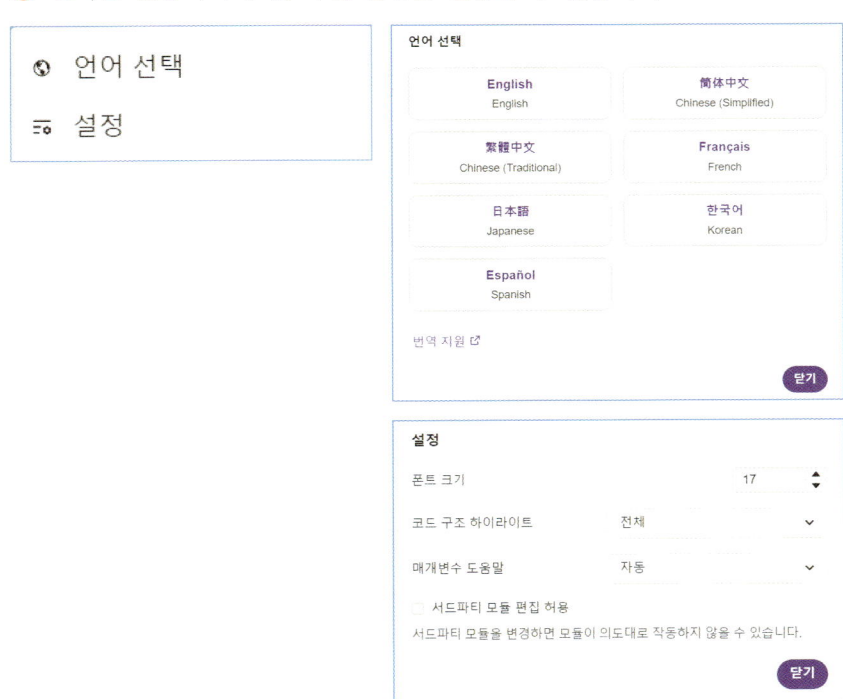

❺ 여러 도움 사이트로 이동할 수 있습니다.

파이썬 편집기 화면의 좌측에는 참조(Reference), 아이디어들(Ideas), API 메뉴가 있습니다. 먼저 참조(Reference)입니다.

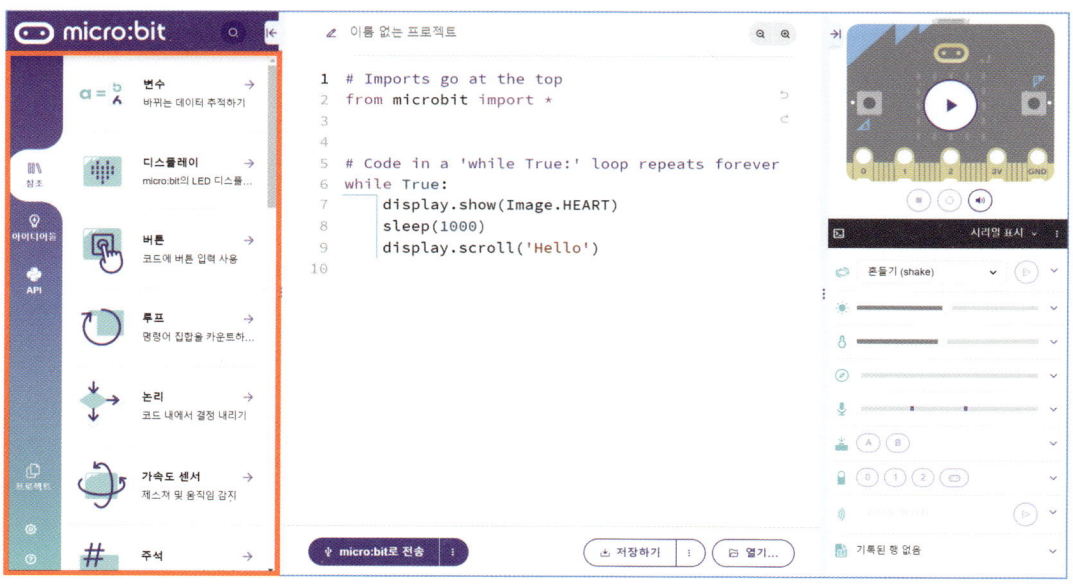

참조는 파이썬으로 코드 작성 시 바로 참고하여 코드를 작성할 수 있도록 예제 중심으로 구성되어 있습니다.
각 항목을 클릭하면 상세 내용으로 이동합니다.

우측의 **자세히 보기**를 클릭하면 조금 더 상세하게 내용을 볼 수 있습니다.

1장. 마이크로비트로 파이썬하기 - 파이썬 편집기 알아보기 17

설명과 함께 간단한 예제 코드가 있어서 보면서 따라 쓰거나 코드 편집 화면으로 드래그하거나 또는 복사-붙여넣기를 이용할 수도 있습니다.

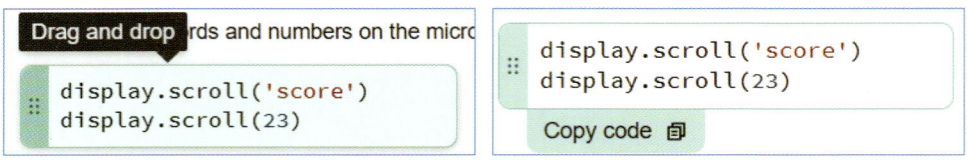

펼쳐져 있던 내용은 다시 **간단히 보기**를 클릭하면 내용이 접힙니다.

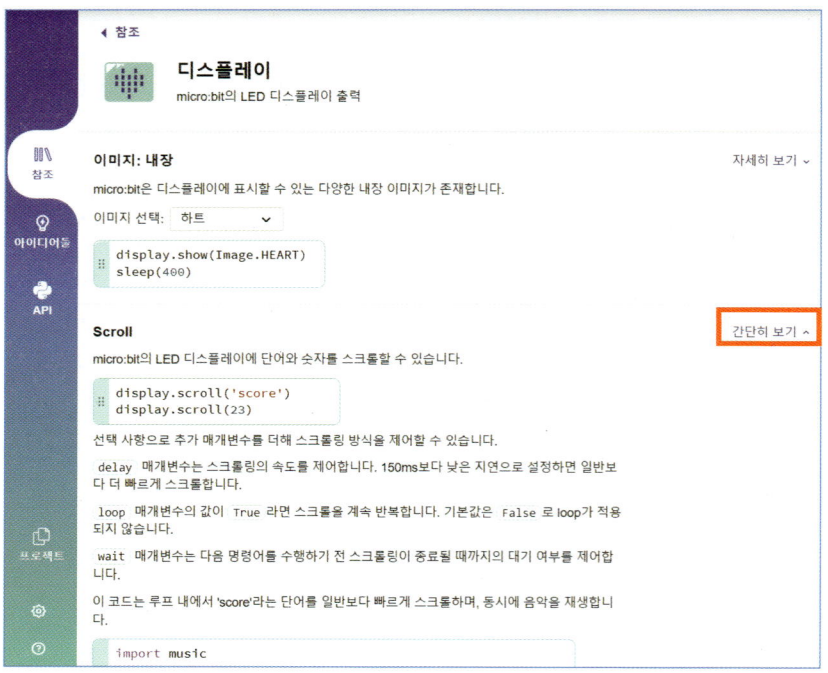

두 번째 아이디어들(Ideas)에는 다양한 파이썬 예제가 있습니다.

각 예제의 **열기**를 클릭하면 해당 예제 코드를 바로 편집 화면으로 보낼 수도 있습니다.

열기를 클릭하면 아래와 같은 팝업 창이 뜹니다. **교체**를 클릭하면 이전에 작성하고 있던 프로젝트가 사라집니다.

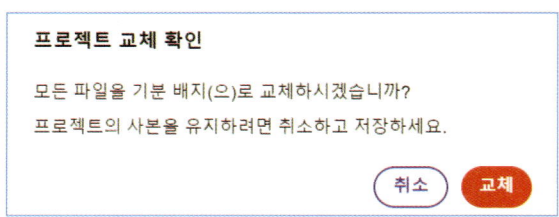

세 번째 API는 파이썬 언어를 이용하여 프로젝트를 만들 때 사용할 수 있는 함수들에 대한 설명입니다.

각 항목을 클릭하면 자세한 내용을 볼 수 있습니다.

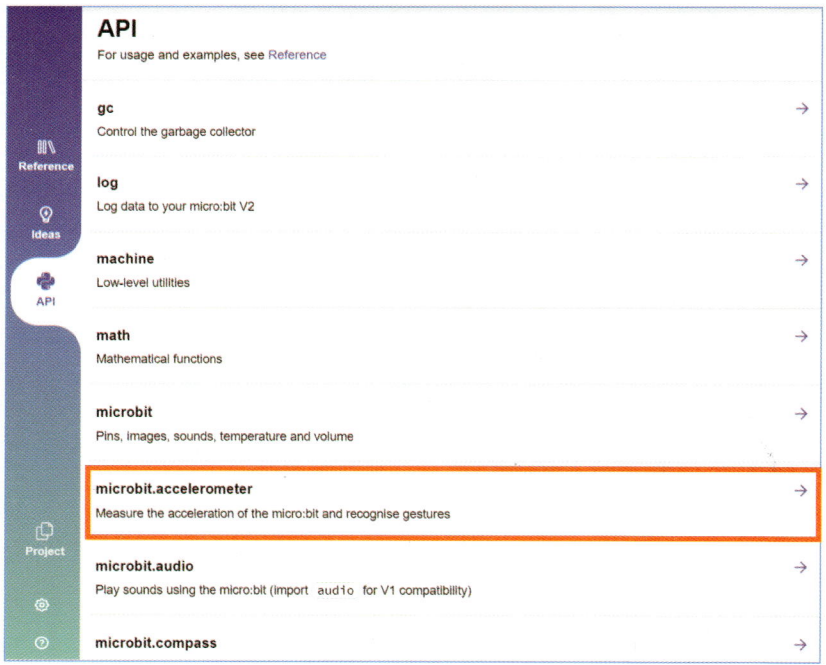

Show more/자세히 보기를 클릭하면 자세한 사용법을 확인할 수 있습니다.

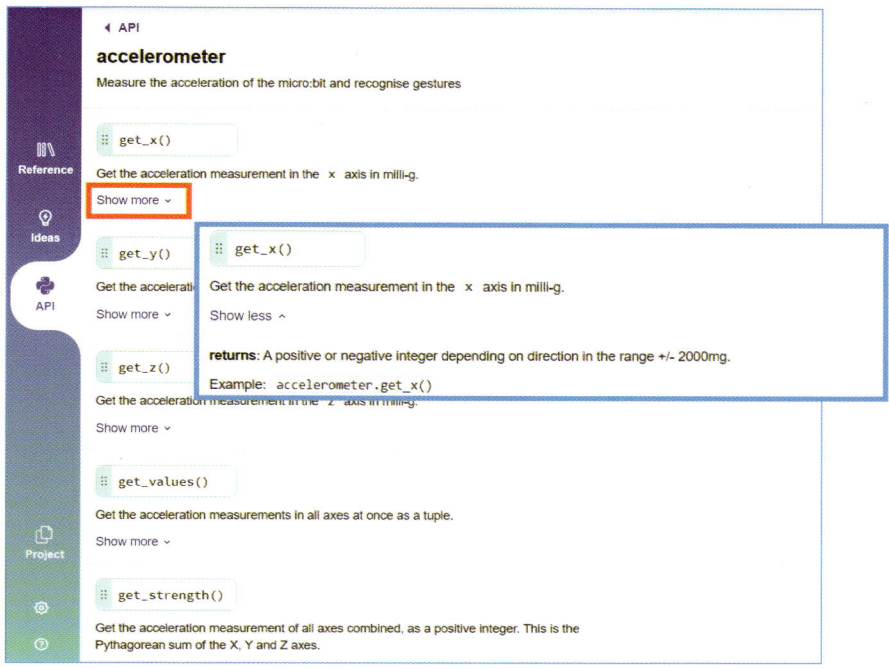

이번에는 프로젝트 탭을 살펴보겠습니다.

프로젝트 탭은 프로젝트를 관리하기 위한 탭입니다.

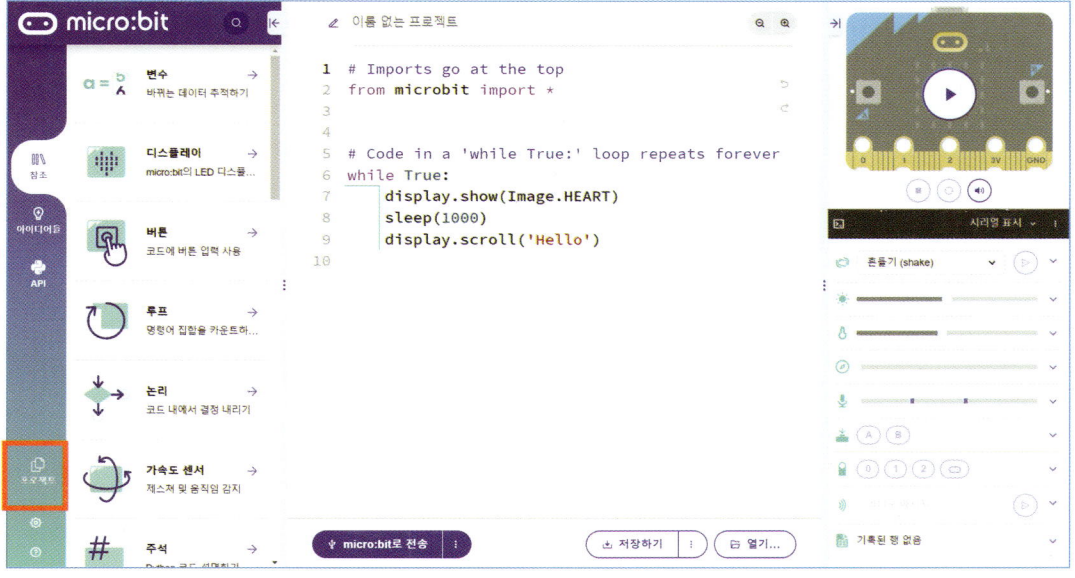

1장. 마이크로비트로 파이썬하기 - 파이썬 편집기 알아보기

외부에서 추가 모듈을 가져와 사용하고자 할 때 또는 모듈을 추가로 만들어서 관리하고자 할 때 이 탭에서 할 수 있습니다.

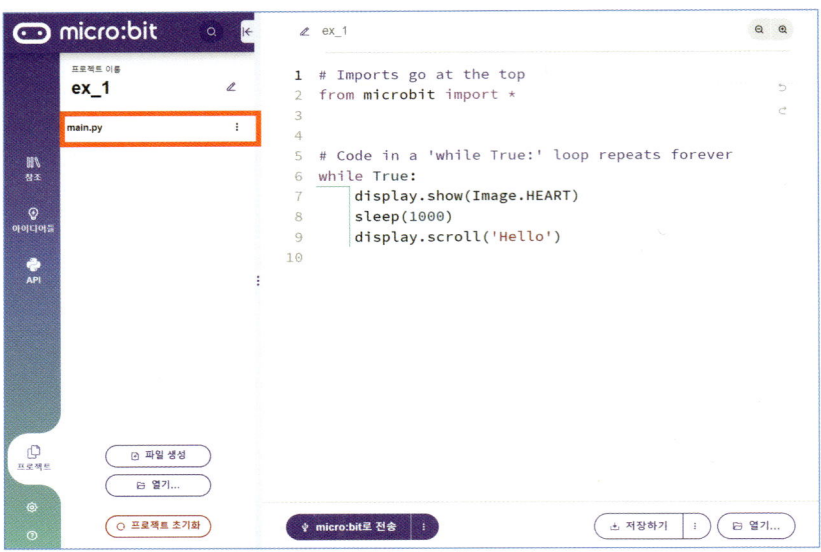

파이썬으로 작성된 파일은 기본 이름이 "main.py"입니다.
main.py는 편집과 저장만 가능합니다.

"main.py" 파일은 삭제가 불가능합니다. 또한 이 메뉴를 이용하여 저장하는 경우는 프로젝트 이름 없이 "main.py"로 그대로 저장됩니다.
참고로, ex_1이라는 이름의 프로젝트를 편집 영역 아래의 **저장하기** 버튼의 **⋮** 을 눌러 "Python 스크립트 저장" 메뉴로 저장하면 **ex_1-main.py**로 저장됩니다.

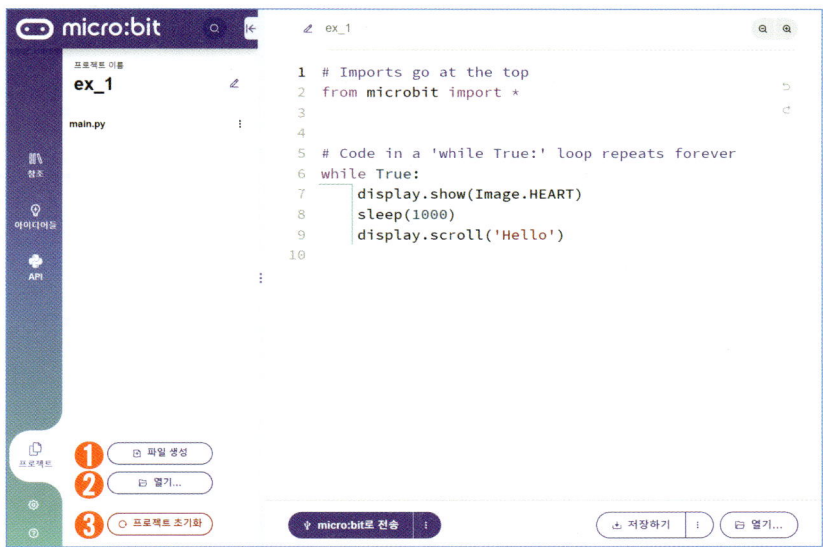

❶ 이 프로젝트 안에서 새로운 파이썬 파일을 작성하기 위한 메뉴입니다.

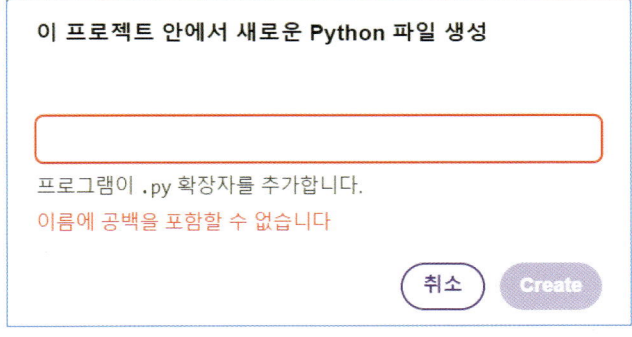

확장자 ".py" 없이 이름만 공백 없이 입력합니다. 예를 들어 "sub_module"로 생성했다면 다음과 같이 화면이 변경됩니다.

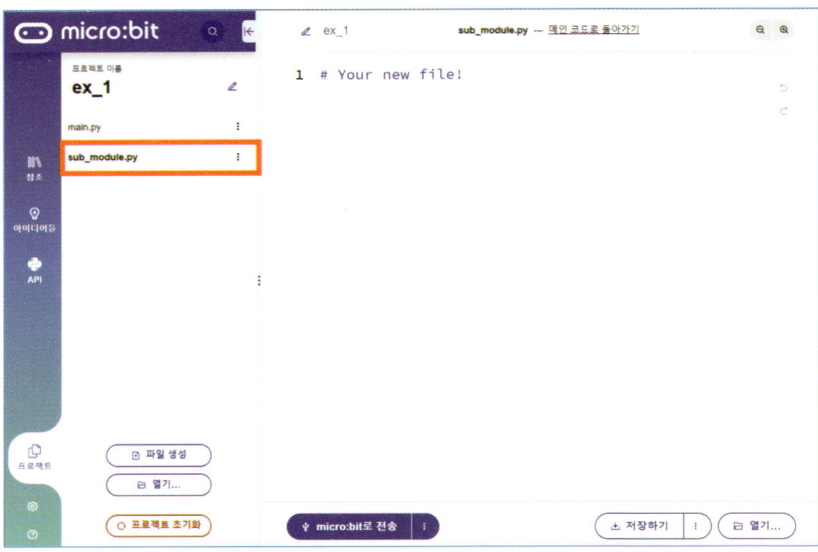

별도의 파일로 코드를 작성할 수 있고 편집/저장/삭제가 가능합니다.

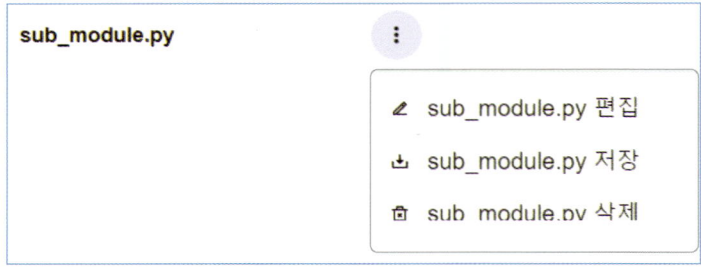

이 메뉴를 이용하여 저장하는 경우는 "sub_module.py"로 생성한 파일명 그대로 저장됩니다.

❷ 컴퓨터에 저장되어 있는 파일(.hex 또는 .py 파일)을 열거나 다른 파일을 추가하는 기능입니다. 버튼을 클릭하면 컴퓨터에서 파일을 선택할 수 있도록 파일 탐색기가 뜹니다.

탐색기에서 .hex 파일을 선택하는 경우 선택한 파일로 교체할 것인지 확인하는 팝업 창이 뜹니다. 파이썬으로 작성된 hex 파일인 경우만 열기가 가능합니다.

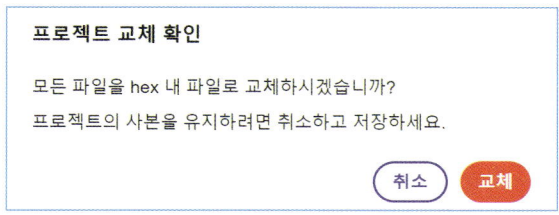

교체를 선택하면 .hex 파일은 마이크로비트 프로젝트 파일이므로 현재 작업하던 프로젝트가 삭제되고 새로운 프로젝트로 교체됩니다.

탐색기에서 .py 파일(파이썬 프로그램)을 선택하는 경우 아래와 같은 팝업 창이 뜹니다. 현재 프로젝트 이름은 ex_1이고 main.py만 생성되어 있습니다.
이때 sub_module.py 파일을 선택하였습니다.

이 팝업 창을 이용해 메인 코드를 교체할 수도 있고, 파일을 추가할 수도 있습니다.
팝업 창 우측의 아이콘을 클릭하면 아래와 같이 선택할 수 있는 메뉴가 뜹니다.
기본값은 교체하는 것이고 "파일 추가"를 선택하면 기존의 코드는 그대로 두고 파일이 추가됩니다.

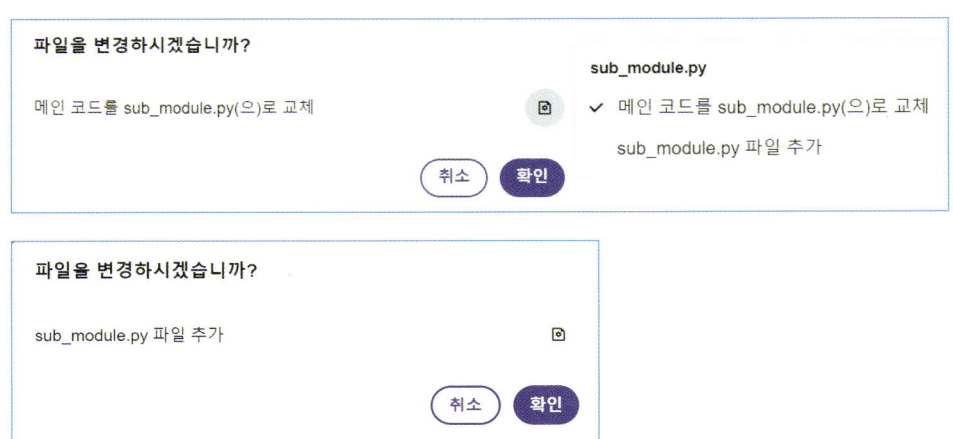

일반적으로 파일을 추가하는 경우는 I2C OLED 등을 사용한다든지 마이크로비트 기본 기능 외에 부품을 추가하여 프로젝트를 만들고자 할 때입니다. 부품을 제어하는 모듈(코드)을 추가하여 해당 부품을 사용할 수 있습니다.

이 부분은 앞으로 다양한 프로젝트를 진행하면서 자세히 설명하겠습니다.

❸ 프로젝트를 초기화합니다. 처음 프로젝트를 시작하는 상태로 돌아갑니다. 작성하던 코드 및 추가했던 파일들이 모두 사라지고 "이름 없는 프로젝트" 상태로 초기화됩니다.

이제 화면 우측 내용을 살펴보겠습니다.

우측에는 시뮬레이터와 마이크로비트 내장 센서와 버튼 등이 있어 시뮬레이터에서 동작을 확인할 수 있습니다. 또한 시리얼 모니터도 있어서 작성한 코드를 마이크로비트에 다운로드하지 않아도 시리얼 모니터에 출력될 값을 미리 확인해 볼 수도 있습니다.

좌측 화면 상단의 실행 버튼을 클릭하면 편집기에 작성한 내용이 실행됩니다.

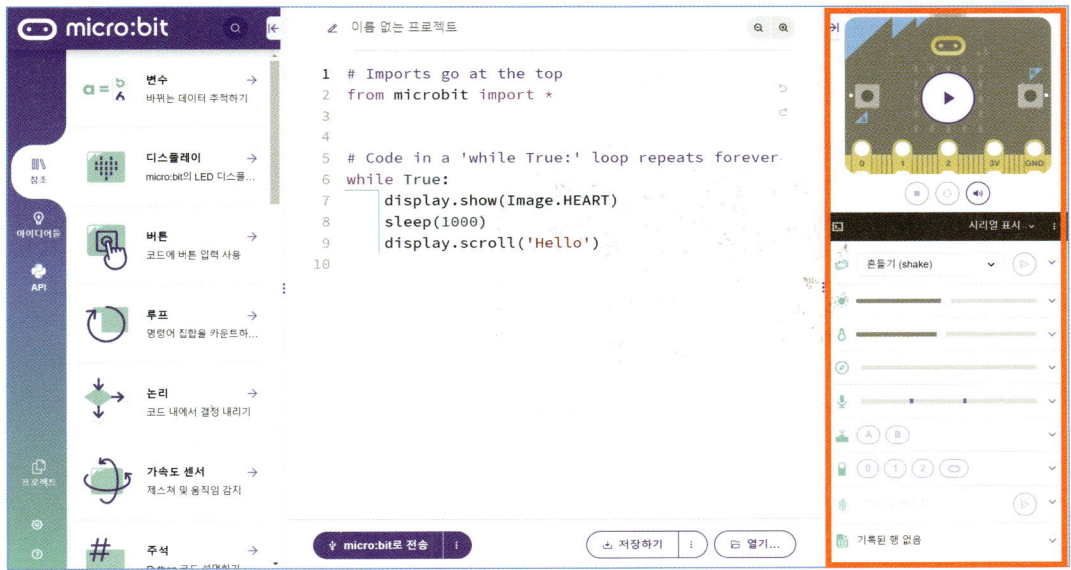

편집기 화면의 하단 메뉴를 살펴보겠습니다.

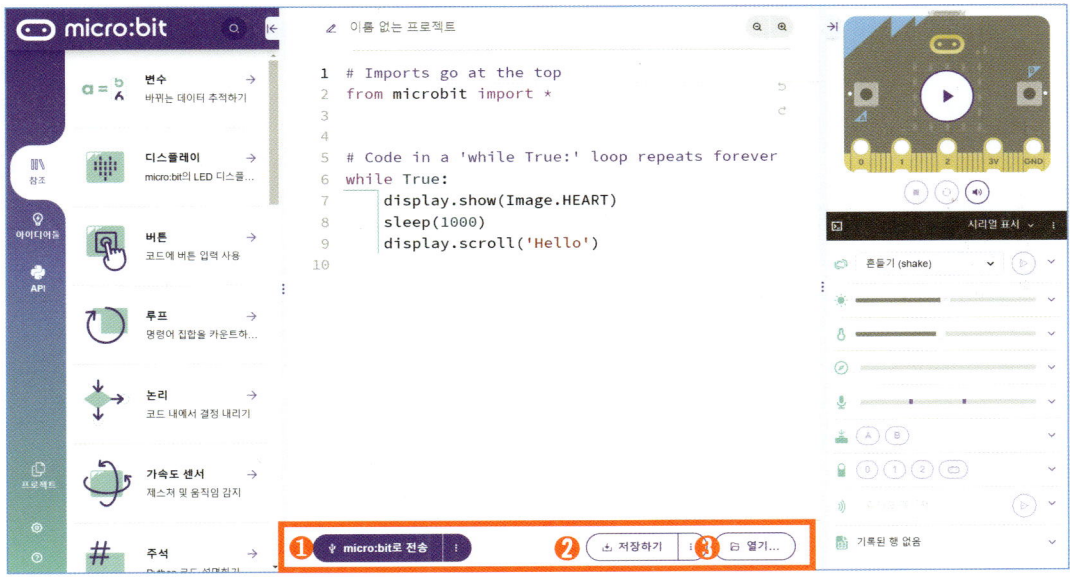

❶ webUSB 기능을 이용하여 컴퓨터에서 마이크로비트로 직접 플래싱할 수 있는 기능입니다. webUSB로 마이크로비트와 컴퓨터가 연결되기 전이면 연결을 위해 안내 화면이 뜹니다.

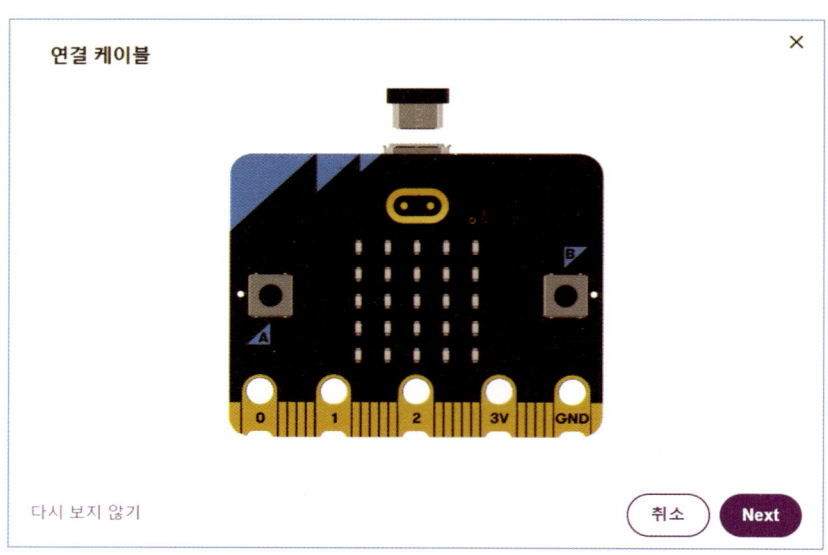

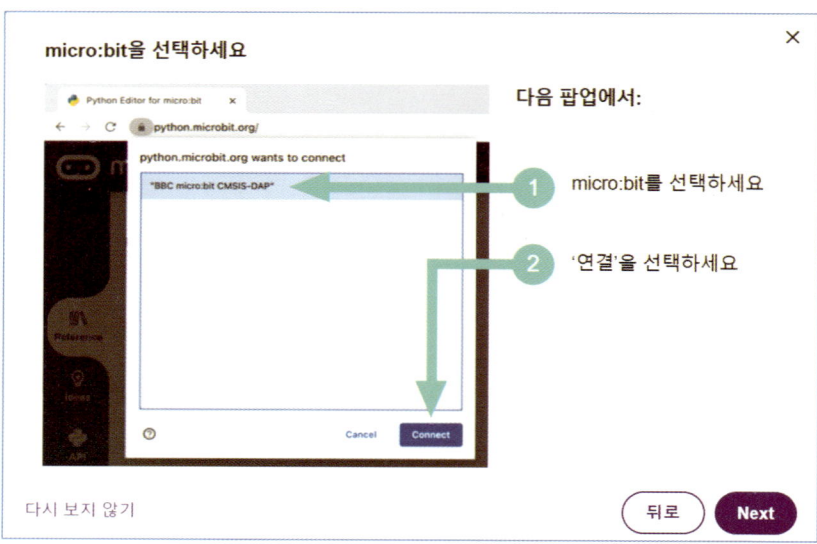

목록에 있는 마이크로비트를 클릭하고 **연결** 버튼을 클릭하면 바로 전송을 시작합니다.

이제 앞으로는 **micro:bit로 전송** 버튼을 클릭하면 작성한 코드가 바로바로 마이크로비트로 플래싱됩니다.

webUSB 연결이 안되는 경우 펌웨어(firmware) 버전을 확인 바랍니다.

관련 내용은 아래 사이트에서 확인 가능합니다.

https://microbit.org/get-started/user-guide/firmware/

❷ hex 파일(.hex) 또는 python 파일(.py)로 저장할 수 있습니다.
저장하기를 누르면 hex 파일로 저장됩니다.

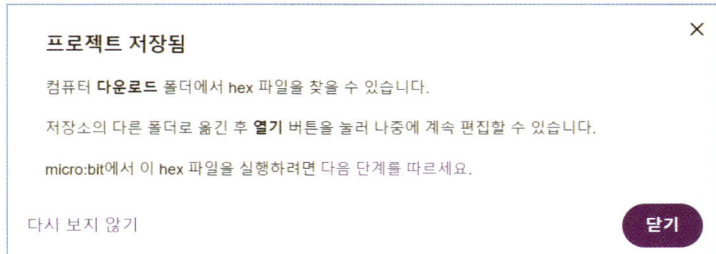

파일은 편집기 화면 상단의 프로젝트 이름으로 저장됩니다. (예: 프로젝트 이름 .hex)
프로젝트 이름을 입력하지 않으면 프로젝트 이름을 입력하라고 입력 창이 뜹니다.

저장하기 버튼의 ┋를 클릭하면 파이썬 파일로 저장할 수 있습니다.

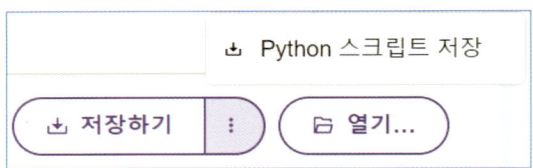

파이썬 파일로 저장하는 경우는 "프로젝트 이름-main.py"로 저장됩니다.
단, 프로젝트에 다른 파일이 추가되어 있는 경우에도 메인 코드만 저장됩니다.

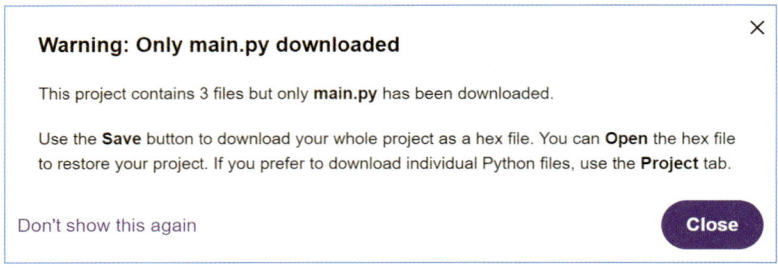

main.py 외에 추가된 파일은 프로젝트 탭에서 파일별로 각각 저정해야 합니다.
Hex 파일로 저장하면 다음에 다시 작업하기 위해 불러 올 때 추가되어 있는 파일들까지 한꺼번에 가져오지만, 파이썬 파일로 저장된 경우는 각각 다시 추가해야 합니다.
따라서 프로젝트가 여러 파일로 구성되어 있는 경우는 hex 파일로 저장하는 것을 권장합니다.

파이썬 편집기에서 작업하는 프로젝트는 메이크코드 편집기(MakeCode editor: 블록코딩)에서 작업하는 것과는 달리 자동 저장되지 않으므로 작업 중간중간 반드시 내 컴퓨터에 저장해 두길 바랍니다.

❸ 프로젝트 탭의 "열기"와 동일합니다.

2장

마이크로비트로 파이썬하기
– 파이썬 편집기 익숙해지기

파이썬으로 만드는 마이크로비트 첫 번째 프로젝트는 "나를 소개하기"입니다. 간단한 프로젝트를 만들어 보면서 파이썬 언어와 파이썬 편집기에 조금 더 익숙해지는 시간이 되길 바랍니다.

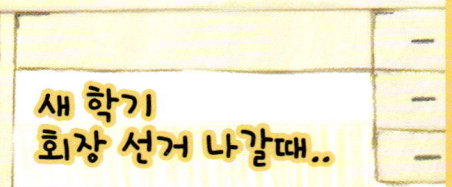

1 프로젝트1 - 안녕! 나는 마빗이야

1. 기능 정의

- 마이크로비트에 전원이 들어오면 인사말과 나에 대한 정보를 마이크로비트의 전면 LED 디스플레이에 반복적으로 출력합니다.

    1. 하트 이모티콘을 1초 동안 출력(show)한다.
    2. 인사말을 출력(scroll)한다.
    3. 나의 이름(별명)을 출력(scroll)한다.
    4. 나의 학년-반을 출력(show)한다.
    5. 다시 1번부터 시작한다.

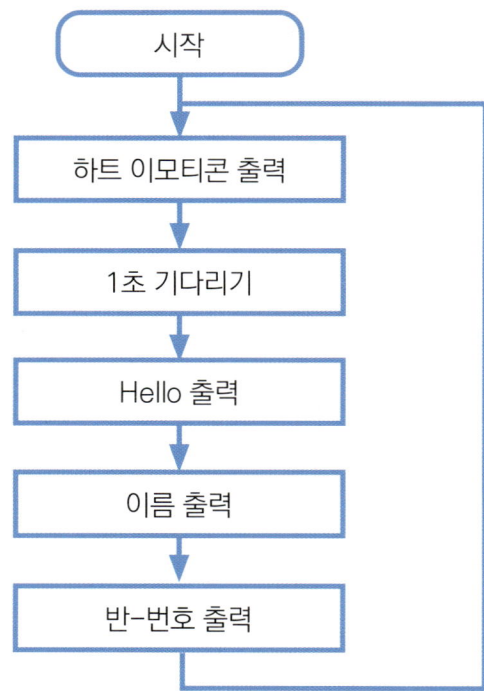

학습 목표	마이크로비트의 LED 디스플레이에 문자열과 이모티콘을 표시할 수 있다.
	– 마이크로비트 전면 LED 디스플레이의 다양한 사용법 익히기
	– 파이썬 기본 문법(while True) 익히기
	– 파이썬 편집기 사용법 익히기
핵심 키워드	마이크로비트, 파이썬
준비물	마이크로비트, micro 5pin USB 케이블
추가 파일	없음
학습 난이도	★☆☆☆☆

2. 코드 작성

Micropython API

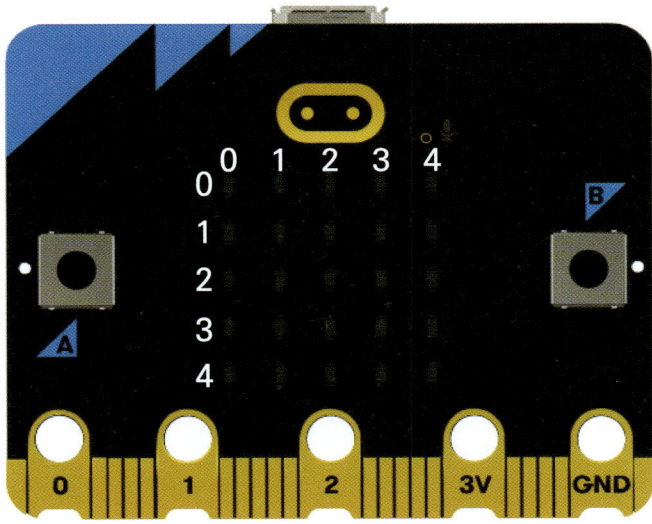

마이크로비트의 전면 LED 디스플레이는 총 25개의 LED를 가지고 있으며 각각 좌표를 가지고 있습니다. 왼쪽 제일 위부터 x 좌표 0, y 좌표 0의 값을 갖습니다.

전면 LED 디스플레이 전체를 이용하여 글자(영어), 숫자, 이미지 등을 표시할 수도 있고 좌표를 이용하여 각각의 LED를 제어할 수도 있습니다.

display.show(이미지 이름)

- 이미지를 보여 줍니다.

- dislplay.show(Image.HEART)

display.scroll(문자(열))

- 이미지를 보여 줍니다.

- display.scroll("Hello")

파이썬 편집기를 실행합니다. (https://python.microbit.org/v/3)

프로젝트 이름은 "2_1_iAm"으로 저장합니다.

편집기를 실행하면 기본 코드가 삽입되어 있습니다.

```python
# Imports go at the top
from microbit import *


# Code in a 'while True:' loop repeats forever
while True:
    display.show(Image.HEART)
    sleep(1000)
    display.scroll('Hello')
```

❶ 줄 번호(라인 넘버)입니다. 각 줄마다 번호가 표시되어 다른 사람과 코드에 대한 이야기를 할 때 또는 오류가 발생했을 때 해당 코드를 찾기 쉽게 해 줍니다.

❷ 들여쓰기 표시입니다. 파이썬은 들여쓰기(indentation)가 매우 중요한 언어입니다. 마이크로비트 편집기는 들여쓰기 되어 있는 부분을 표시해 주어 실수를 줄여 줍니다. 들여쓰기 화면 표시에 대한 설정은 좌측 하단 설정 메뉴에서 변경이 가능합니다.

#Imports go at the top

이후 코드는 주석(comment)입니다. 주석은 메모와 같은 개념입니다. 주석은 실제 실행되는 코드가 아니라 사람끼리 주고받는 메모나 메시지 같은 것입니다. 보통 프로그램에 대한 설명이나 코드에 대한 설명을 추가할 때 사용합니다.

from microbit import *

import는 파이썬에서 다른 모듈을 사용할 수 있게 해 주는 명령어입니다.
from microbit import*는 microbit 모듈에 있는 모든 함수를 불러와 사용하겠다는 의미입니다. 이렇게 선언하면 함수 호출 시 microbit 모듈에서 가져왔음을 명시하지 않아도 됩니다.

> **여기서 잠깐** import microbit로 선언하면 무엇이 달라지나요?
>
> **import microbit** 형태로 표현하기도 하는데, 이 경우에는 microbit 모듈의 함수를 호출할 때도 항상 microbit 모듈에서 가지고 왔다고 표기해야 합니다.
>
> ```python
> # import microbit 인 경우
> import microbit
>
> while True:
>     microbit.display.show(microbit.Image.HEART)
>     microbit.sleep(1000)
>     microbit.display.scroll('Hello')
> ```

while True:

파이썬 while 반복문의 기본형은 다음과 같습니다.

while 조건식 :
        실행문1
        실행문2
        …

조건식이 참이면 하위 실행문들을 실행시킵니다.

while True는 항상 조건식이 참인 상황이므로 무조건 반복하게 됩니다.

마이크로비트 블록 코딩에서 **무한반복**과 동일한 의미입니다.

파이썬의 제어문(반복문, 조건문)은 항상 **콜론(:)**으로 끝납니다. 꼭 콜론 주의해 주세요.

또한 제어문의 하위 실행문은 반드시 들여쓰기가 되어야 합니다. 일반적으로는 스페이스 4개를 권고합니다. 마이크로비트 편집기는 탭(tab)을 사용하는 경우 스페이스 4개로 변환하여 처리합니다. 앞으로 우리는 스페이스 4번을 입력하기보다는 탭을 한 번 입력하여 들여쓰기를 합니다.

display.show(Image.HEART)

display.show()는 마이크로비트의 LED 디스플레이에 이미지나 문자(열), 숫자를 출력할 때 사용하는 함수입니다.

자세한 내용은 참조(Reference)에서 확인이 가능합니다.

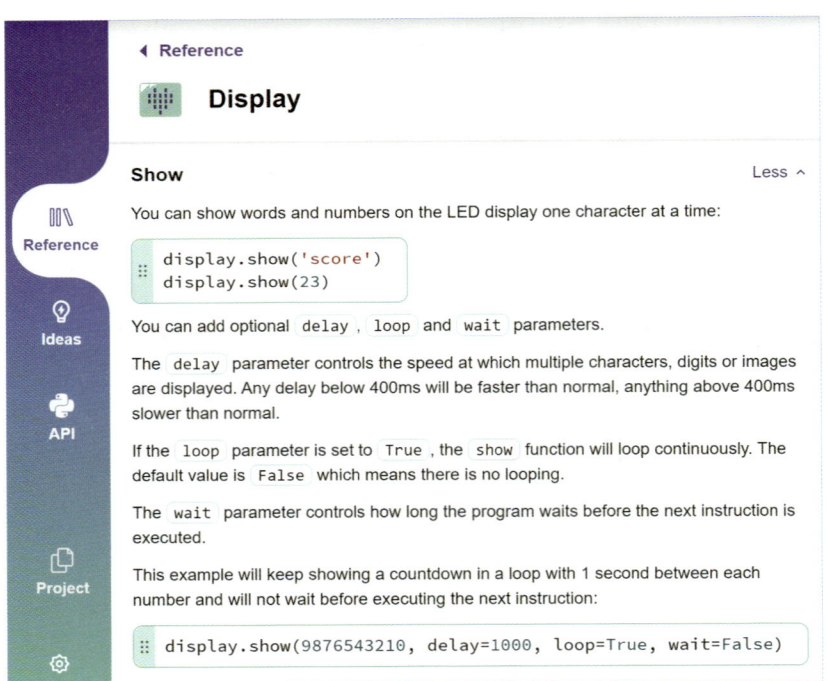

함수의 자세한 사용법이 궁금하면 참조(Reference)나 API에서 확인하면서 코드를 작성하면 됩니다.

Image.HEART

Image.HEART는 마이크로비트 내장 이미지 중 하나입니다.

사용 가능한 내장 이미지는 참조(Reference)에서 확인이 가능합니다.

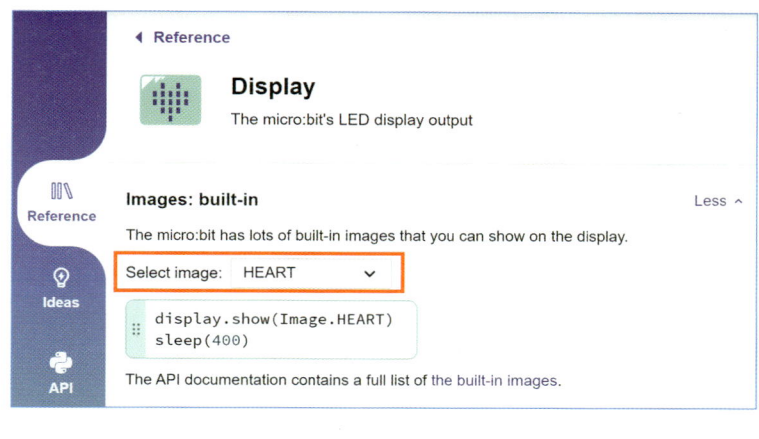
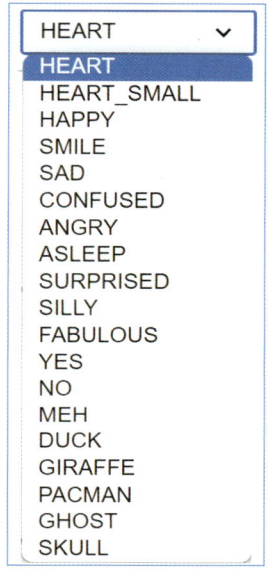

sleep(1000)

sleep(n)은 일시 정지 함수입니다. 단위는 밀리세컨드(milliseconds, ms)입니다.

display.scroll('Hello')

display.scroll(문자(열))은 문자(열)를 흘러가듯 표시하는 함수입니다.

파이썬에서 문자(열)은 따옴표로 묶어서 표시합니다.

큰따옴표, 작은따옴표 모두 사용할 수 있습니다. 단, 앞뒤 짝을 꼭 맞추어야 합니다.

또한 문자(열)는 영어로 입력해야 합니다.

예 "hello" 또는 'hello'

숫자(정수, 실수)도 입력할 수 있으나 이때 숫자는 str() 함수를 통해 문자열로 데이터형이 변환되어 사용됩니다. 이 부분은 **scroll()** 함수 내부에서 알아서 처리해 주니 우리는 고민하지 않고 그냥 숫자를 넣으면 됩니다.

기본 코드는 모두 알아봤습니다.

이제 우측 상단의 실행 버튼을 클릭해 시뮬레이터를 실행시켜 주세요.

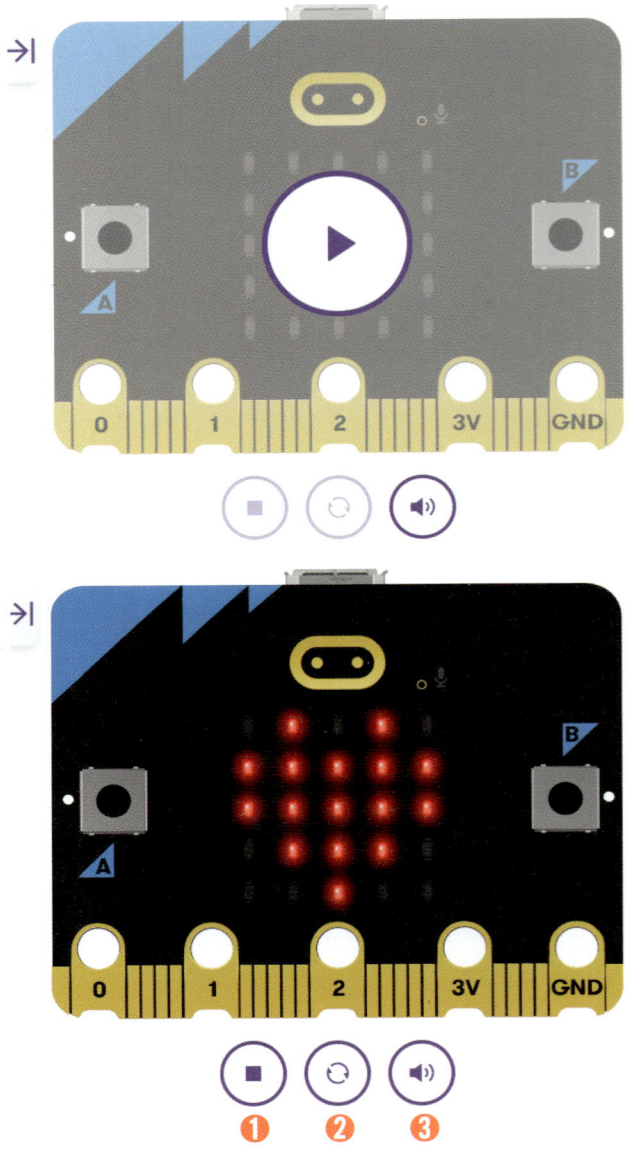

코드가 오류 없이 작성되었다면 시뮬레이터가 잘 동작합니다.

❶ 멈춤 버튼

❷ 재시작 버튼

❸ 스피커 on/off 버튼

시뮬레이터에 "하트" 이모티콘과 "hello" 문자열이 순서대로 반복해서 나타납니다.

이제 여기에 코드를 추가해 봅시다.

나의 이름(별명)과 학년-반(예: 3-1)을 코드에 추가해 봅시다.

예 display.scroll("lebee"), display.show("3-1")

9번 줄의 **display.scroll("hello")** 뒤에 커서를 두고 엔터(줄 바꿈)를 입력하면 다음 줄(10번 줄)에 윗줄 코드의 시작 위치와 동일한 곳에서 커서가 깜박입니다.

항상 들여쓰기의 위치가 같아야 한다는 것 잊지 말아야 합니다.

명령어를 작성하기 시작하면 추천 명령어가 표시됩니다. 직접 전체 명령어를 입력하여 완성해도 되고 추천된 명령어들 중에서 선택하여 완성해도 됩니다.

키보드의 방향키로 커서를 위아래로 이동시키면 해당 명령어가 어떤 동작을 하는지 설명과 함께 간단한 예제를 볼 수 있습니다.

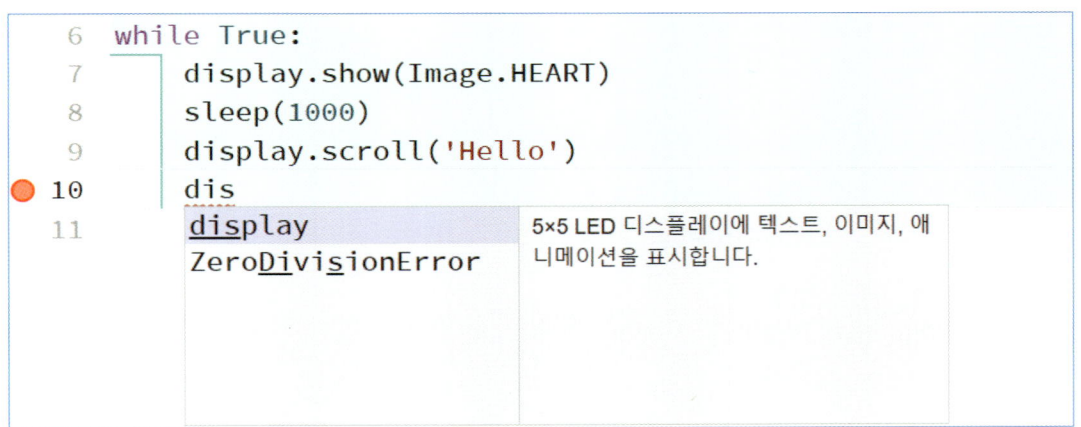

줄 번호 앞의 빨간 동그라미는 코드가 완성되지 않았거나, 오류가 있을 때 나타납니다.

```
 6   while True:
 7       display.show(Image.HEART)
 8       sleep(1000)
 9       display.scroll('Hello')
●10      display.
11
```

빨간 동그라미에 마우스를 가지고 가면 어떤 오류인지 보여 줍니다.

함수 이름 뒤 소괄호()를 넣으면 자동으로 해당 함수에 어떤 값을 넣어야 하는지 안내해 줍니다. 잘 모르는 경우 안내되는 내용을 보고 완성하면 됩니다.

```
while True:
    display.show(
    sleep(1000)
    display.scrol
    display.scrol
    display.show()
```

코드가 완성되었으면 시뮬레이터로 확인합니다.

```
2_1_iAm

1   # Imports go at the top
2   from microbit import *
3
4
5   # Code in a 'while True:' loop repeats forever
6   while True:
7       display.show(Image.HEART)
8       sleep(1000)
9       display.scroll('Hello')
10      display.scroll("lebee")
11      display.show('3-1')
```

편집기 화면 아래의 **micro:bit로 전송** 버튼을 눌러 컴퓨터와 마이크로비트를 연결 후 마이크로비트에 코드를 전송합니다.

마이크로비트에서도 잘 동작하면 편집기 화면 아래의 **저장하기** 버튼을 눌러 컴퓨터에 프로젝트를 저장합니다.

마이크로비트 파이썬 편집기에서 작업한 것은 자동으로 저장되거나 프로젝트 이력이 남지 않습니다. 꼭 컴퓨터에 저장해 두어야 합니다.

새로운 프로젝트를 시작하고 싶다면 왼쪽 탭의 프로젝트 메뉴에서 **프로젝트 초기화**를 클릭합니다.

프로젝트 교체 확인

모든 파일을 기본 스타터 코드로 교체하시겠습니까?
프로젝트의 사본을 유지하려면 취소하고 저장하세요.

취소   교체

2장. 마이크로비트로 파이썬하기 – 파이썬 편집기 익숙해지기

2 프로젝트2 - 나는 OOO을 좋아합니다

1. 기능 정의

- 마이크로비트에 전원이 들어오면 "I like…"이 출력되고 그 다음부터는 4개의 이모티콘이 1초 간격으로 계속 반복하여 표시됩니다.

    1. "I like…" 문자열을 출력(scroll)한다.
    2. 이모티콘1 출력(show)하고, 1초 기다린다.
    3. 이모티콘2 출력(show)하고, 1초 기다린다.
    4. 이모티콘3 출력(show)하고, 1초 기다린다.
    5. 이모티콘4 출력(show)하고, 1초 기다린다.
    6. 다시 2번부터 반복한다.

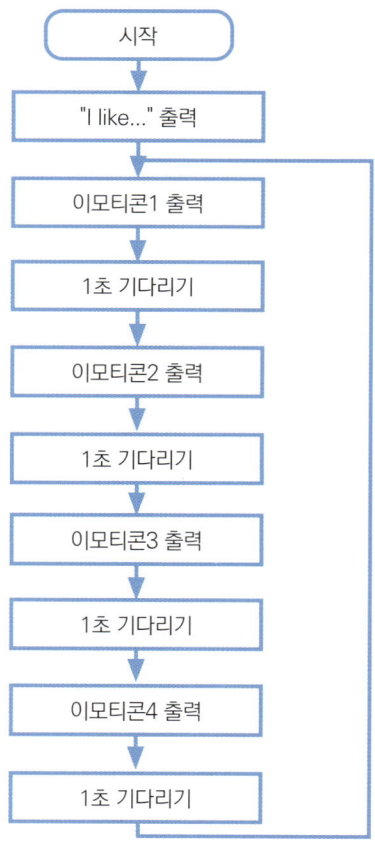

학습 목표	마이크로비트의 LED 디스플레이에 문자열과 이모티콘을 표시할 수 있다. - 마이크로비트 전면 LED 디스플레이의 다양한 사용법 익히기 - 파이썬 기본 문법(while True) 익히기 - 오류 메시지를 이해하고 디버깅하기 - 파이썬 편집기 사용법 익히기
핵심 키워드	마이크로비트, 파이썬
준비물	마이크로비트, micro 5pin USB 케이블
추가 파일	없음
학습 난이도	★☆☆☆☆

2. 코드 작성

파이썬 편집기를 실행합니다. (https://python.microbit.org/v/3)

프로젝트 이름은 "2_2_iLike"으로 저장합니다.

2번 줄의 **from microbit import** *만 제외하고 작성되어 있던 모든 코드를 삭제합니다.

우선 반복은 고려하지 않고 순서도를 보고 위에서부터 순차적으로 코드를 작성합니다.

문자열 "I Like…"는 **display.scroll(문자{열})**을 사용합니다. 4개의 이모티콘을 선택한 후 이모티콘 출력은 **display.show(이미지 이름)**를 사용해 봅시다.

컴퓨터 방향키를 이용하여 리스트를 이동하면 각 이모티콘이 어떤 이미지인지 확인할 수 있습니다.

```
display.show(Image.)
```
ALL_ARROWS ALL_CLOCKS ANGRY ARROW_E ARROW_N ARROW_NE	모든 ARROW_ 이미지를 순서대로 나열한 리스트입니다.

또는 이모티콘의 영문 이름을 알면 앞문자만 입력해도 해당하는 문자로 시작하는 이모티콘들이 나열됩니다.

```
display.show(Image.H)
                    HAPPY          행복한 얼굴 이미지입니다.
                    HEART
                    HEART_SMALL
                    HOUSE
                    height
```

그리고 이모티콘 출력과 출력 사이 sleep(ms) 함수를 이용해야 합니다.

```
2_2_iLike
1  # Imports go at the top
2  from microbit import *
3
4  display.scroll("I Like...")
5
6  display.show(Image.RABBIT)
7  sleep(1000)
8  display.show(Image.HEART)
9  sleep(1000)
10 display.show(Image.DUCK)
11 sleep(1000)
12 display.show(Image.HAPPY)
13 sleep(1000)
```

코드가 완성되었으면 시뮬레이터로 확인해 봅니다.

동작을 확인해 보면 우리가 처음 생각했던 것과는 다르게 동작할 것입니다.

위 코드는 "I Like…"부터 HAPPY 이모티콘까지 한 번씩만 출력하고 멈추어 있습니다.

그러나 처음 요구 사항은 "I Like…" 이후 이모티콘들을 계속 반복하도록 되어 있습니다.

즉 6~13번 줄의 코드는 계속 반복(무한 반복)되어야 합니다.

5번 줄에 커서를 두고 줄 바꿈을 입력(엔터 입력)하여 줄을 하나 더 삽입합니다. 이때 추가로 생긴 6번 줄에 **while True:**를 입력합니다.

```
2_2_iLike
1  # Imports go at the top
2  from microbit import *
3
4  display.scroll("I Like...")
5
6  while True:
7  display.show(Image.RABBIT)
8  sleep(1000)
9  display.show(Image.HEART)
10 sleep(1000)
11 display.show(Image.DUCK)
12 sleep(1000)
13 display.show(Image.HAPPY)
```

6번에 **while True:**를 추가하니 오류가 발생합니다.
빨간 동그라미를 확인해 보면 "들여쓰기가 누락됨"이라고 표시되어 있습니다.
즉 7~14번 줄의 명령어들은 **while True:**의 하위 실행문이므로 들여쓰기가 되어야 하는데, 지금은 들여쓰기가 되어 있지 않아서 발생하는 오류입니다.

각각을 하나씩 **Tab** 키를 이용하여 들여쓰기 할 수도 있지만 한꺼번에 영역을 지정한 후 **Tab** 키를 누르면 쉽게 들여쓰기를 적용할 수 있습니다.

```
6  while True:                          6  while True:
7  display.show(Image.RABBIT)           7      display.show(Image.RABBIT)
8  sleep(1000)                          8      sleep(1000)
9  display.show(Image.HEART)            9      display.show(Image.HEART)
10 sleep(1000)                          10     sleep(1000)
11 display.show(Image.DUCK)             11     display.show(Image.DUCK)
12 sleep(1000)                          12     sleep(1000)
13 display.show(Image.HAPPY)            13     display.show(Image.HAPPY)
14 sleep(1000)                          14     sleep(1000)
```

들여쓰기 전과 들여쓰기 후

이제 모든 코드가 완성되었습니다.

```
2_2_iLike
1  # Imports go at the top
2  from microbit import *
3
4  display.scroll("I Like...")
5
6  while True:
7      display.show(Image.RABBIT)
8      sleep(1000)
9      display.show(Image.HEART)
10     sleep(1000)
11     display.show(Image.DUCK)
12     sleep(1000)
13     display.show(Image.HAPPY)
14     sleep(1000)
```

코드를 마이크로비트로 전송해서 확인합니다. 완성된 코드는 컴퓨터에 저장합니다.

추가 활동으로 **display.scroll(문자열)** 함수를 조금 더 살펴보겠습니다.
display.scroll(문자열) 함수를 사용하면 문자열이 오른쪽에서 왼쪽으로 흘러갑니다. 이때 속도가 느리다고 느껴지지 않나요?
이 속도도 변경할 수 있다는 것을 아시나요?

```
display.scroll()
    scroll(text, delay=150, wait=True, loop=False,
    monospace=False)
    text: 스크롤할 문자열. 만약 ``text``가 정수 또는 부동수인 경우 먼저
    ``str()``을 사용해 변환됩니다.
    display.scroll('micro:bit')
                                                도움 및 지원  |  API
```

편집기에서 함수를 사용하기 위해 함수 이름을 넣고 소괄호 열기 `(`를 입력하는 순간 함수를 어떻게 사용할 수 있는지 안내가 나옵니다.

또는 왼쪽 참조 탭에서 'scroll'을 찾아보시면 아래와 같이 나옵니다.

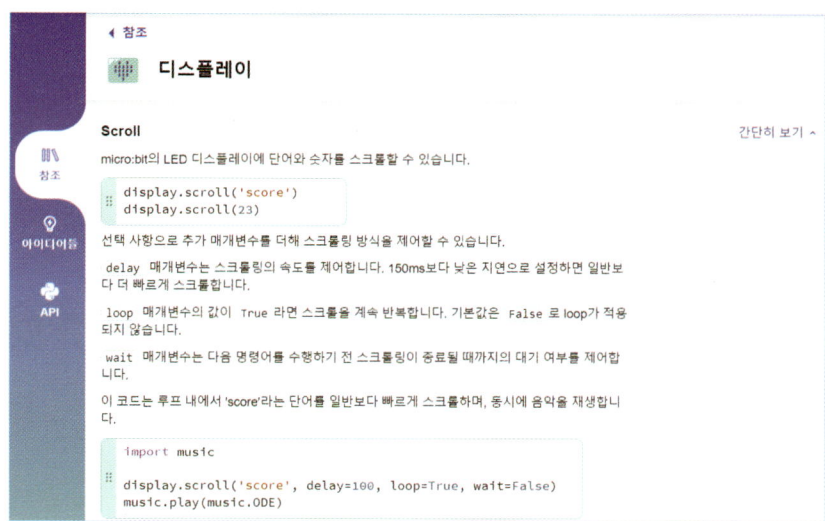

API에서도 해당 함수에 대한 설명을 찾을 수 있습니다.

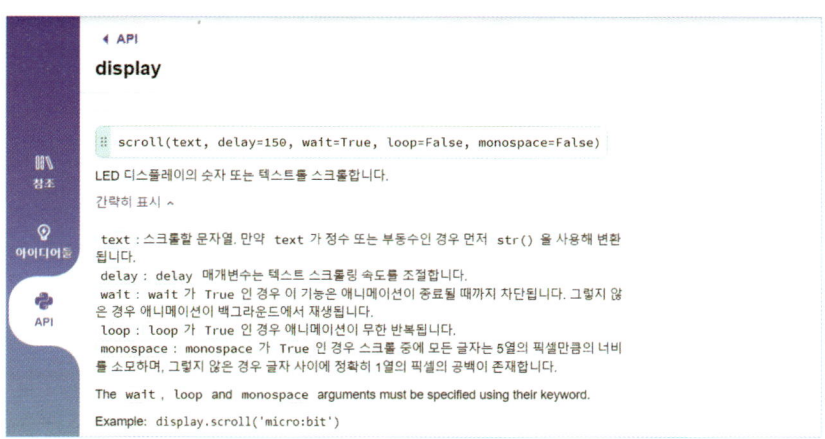

display.scroll( )에 들어갈 수 있는 파라미터는 다음과 같습니다.

1. text : "hello" 같은 문자열이 들어갈 수 있습니다. 숫자(정수, 소수)를 입력할 수도 있으나, 실제 처리되는 것은 str()을 통해 문자열로 변환 후 처리됩니다.

2. delay : 지연 시간으로 흘러가는 시간입니다. 이 시간을 80 정도로 줄여 보면 빠르게 흘러 간다는 것을 알 수 있습니다.
3. loop : 이 값이 True 인 경우 해당 문자열이 무한 반복됩니다. 기본값은 False입니다.
4. wait : 이 scroll 함수가 수행되는 동안 다른 함수의 실행 여부를 의미합니다. 이 값이 True인 경우 다른 동작이 차단되고, 이 값이 False 인 경우 애니메이션이 백그라운드로 동작합니다. 기본값은 True입니다.
5. monospace : 이 값은 스크롤 시키는 경우 뒤의 공백의 크기를 의미합니다. 이 값은 기본이 False입니다. False면 'i' 출력 후 2칸 이후 다음 글자를 바로 스크롤합니다. 따라서 문자열이 조금 더 빠르게 흘러가는 것처럼 보입니다. True인 경우 모든 글자는 5칸만큼의 공간을 소비합니다. 즉 'i'를 출력하더라도 5칸을 다 스크롤한 후 다음 글자가 나옵니다. "iiii"를 출력하여 차이를 확인해 보겠습니다.

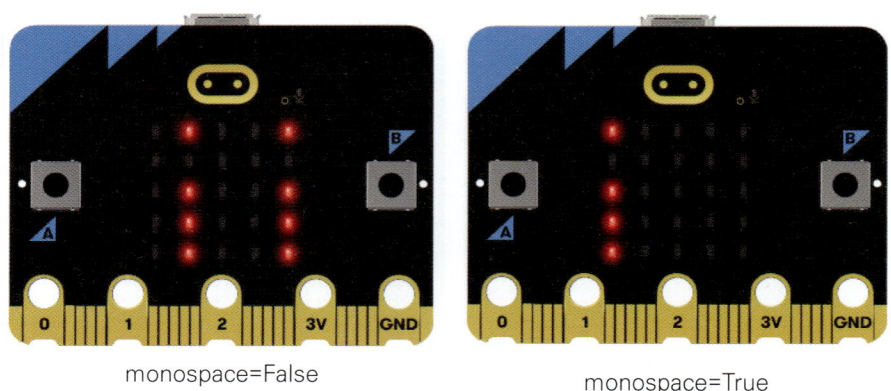

monospace=False   monospace=True

이제 **display.scroll()**의 값을 다양하게 바꾸면서 확인해 봅시다.

display.scroll("I Like…", monospace=False, delay=100, wait=False, loop=False)

여기에서는 이 함수의 첫 번째 파라미터인 문자열의 위치만 고정이고, 나머지 파라미터는 순서가 바뀌어도 되고, 생략해도 됩니다.
생략하는 경우 기본값으로 처리가 됩니다.
각각의 파라미터 설정을 바꾸면서 동작을 확인해 봅시다.

여기서 잠깐 오류 메시지에 대해 알아보기

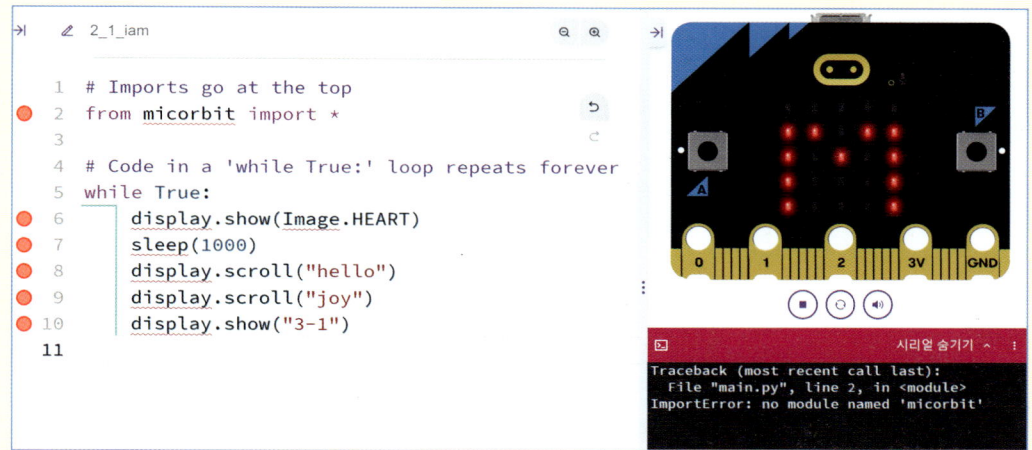

코드에 오류가 있으면 줄 번호 옆에 빨간색 동그라미들이 생깁니다.

동그라미에 마우스를 가져가면 어떤 오류인지 알려 줍니다.

또는 시뮬레이터를 실행시키면 바로 시뮬레이터에 "우는 얼굴"이 출력되고 이어서 마이크로비트의 디스플레이에 오류 메시지가 스크롤됩니다. 문제는 스크롤되는 영어로 된 문장을 읽기가 쉽지는 않습니다. 이때 시리얼 모니터를 확인하면 바로 메시지를 볼 수 있습니다. 오류 메시지에는 몇 번째 줄에 오류가 있는지 알려 주므로 그 줄로 가서 확인하면 됩니다.

지금의 오류 메시지는

File "main.py", line 2, in ⟨module⟩

ImportError : no module named 'micorbit'

라고 되어 있습니다.

즉, main.py 파일의 2번 줄에서 Import Error가 발생했고, **micorbit**라는 모듈이 없다는 내용입니다.

2번 줄에서 다시 확인하니 **microbit**라고 쓰는 과정에서 오타가 있었습니다.

6번 줄부터 10번째 줄에도 빨간 동그라미가 있는 이유는 microbit 모듈에 속한 함수들을 사용했는데 microbit 모듈이 import되지 않았기 때문입니다. 2번 줄을 수정하면 빨간 동그라미는 모두 사라질 것입니다.

오류 유형1 - 오타(타이핑 오류)

다양한 형태로 오류 메시지가 출력되지만 오타에 의한 오류가 가장 많으므로 우선 오타가 없는지 확인합니다.

예 1

from micorbit import * →

"micorbit" 모듈이 발견되지 않음 / ImportError : no module named 'micorbit'

예 2

dispaly.show(Image.HEART) →

"dispaly"가 정의되지 않음 / NameError : name 'display' isn't defined

예 3

display.scoll("hello") →

"scoll"이 "microbit.display"의 기존 멤버가 아님 / AttributeError : 'MicroBitDisplay' object has no attribute 'scoll'

예 4

While Ture : →

"Ture"가 정의되지 않음 / NameError : name 'Ture' isn't defined

예 5

display.show(ImageHEART) →

"ImageHEART"가 정의되지 않음 / NameError : name 'ImageHEART' isn't defined

예 6

display.show(Image,HEART) →

인자가 'image' 함수의 매개변수 유형과 일치하지 않음, HEART가 정의되지 않음 / NameError : name 'HEART' isn't defined

오류 유형2 - 문법

약속된 문법을 지키지 않았을 때 발생하는 오류입니다. 보통 콜론을 세미 콜론으로 표기하거나, 들여쓰기가 맞지 않아서 발생하는 경우가 많습니다.

예 1

While True: →

예상치 못한 추가 콘텐츠, 구문은 한 줄이어야 함 / SyntaxError : invalid syntax

예 2

while True; →

콜론이 누락됨 / SyntaxError : invalid syntax

예 3

display.scroll('hello") →

문자열이 닫혀 있지 않음-따옴표가 필요함 / SyntaxError : invalid syntax

예 4

예상치 못한 들여쓰기 / IndentationError : unexpected indent

3장

누가
더 많이
클릭했을까?

마이크로비트의 두 개의 버튼을 이용하여 간단한 게임을 만들어 봅시다.

1 프로젝트1 – 누가 더 많이 클릭했을까?

1. 기능 정의

- 마이크로비트가 켜지면 5초 동안 버튼 A와 버튼 B를 빠르게 누릅니다. 5초 후 버튼 A와 B가 몇 번 눌렸는지 알려 줍니다.

　　1. 팩맨(pacman) 이모티콘이 화면에 출력된다.
　　2. 5초 동안 버튼 A와 버튼 B가 눌린 횟수를 센다.
　　3. 5초가 끝나면 버튼 A가 눌린 횟수, 버튼 B가 눌린 횟수를 차례로 마이크로비트의 LED 디스플레이에 표시한다.

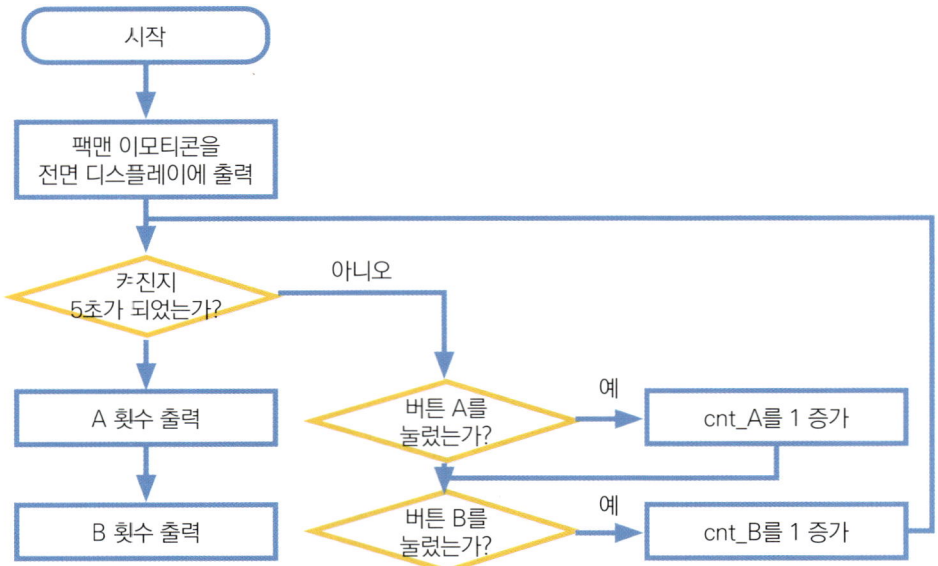

학습 목표	버튼을 이용하여 간단한 게임을 만들 수 있다. – 마이크로비트의 버튼 제어 함수 익히기 – 파이썬 while 반복문과 조건문 익히기
핵심 키워드	마이크로비트, 파이썬
준비물	마이크로비트, micro 5pin USB 케이블
추가 모듈	없음
학습 난이도	★☆☆☆☆

2. 코드 작성

Micropython API

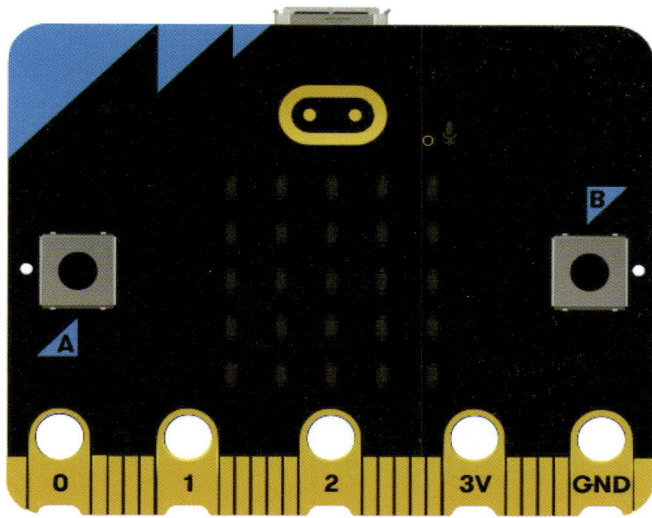

마이크로비트는 2개의 버튼을 가지고 있고, 이 버튼을 이용하여 사용자 입력을 처리할 수 있습니다.

마이크로비트는 **Button** 클래스를 가지고 있습니다. 그러나 우리가 사용할 수 있는 것은 버튼 A와 버튼 B의 인스턴스인 **button_a**와 **button_b**입니다.

button_a.is_pressed() / button_b.is_pressed()

- 지정한 버튼이 현재 눌리고 있으면 True를 반환하고, 그렇지 않으면 False를 반환합니다

button_a.was_pressed() / button_b.was_pressed()

- 장치가 시작된 이후 또는 이 메소드가 마지막으로 호출된 이후 버튼이 눌러졌는지를 반환합니다. 눌렸으면 True, 그렇지 않으면 False를 반환합니다.

 이 메소드를 호출하면 버튼의 눌림 상태 정보가 지워지므로 반환 값이 True가 되기 위해서는 다시 버튼을 눌러야 합니다.

button_a.get_presses()

- 마이크로비트가 실행된 이후 또는 get_presses()가 호출된 이후 버튼이 클릭된 횟수를 반환합니다.

파이썬 편집기의 Reference에서도 확인할 수 있습니다.

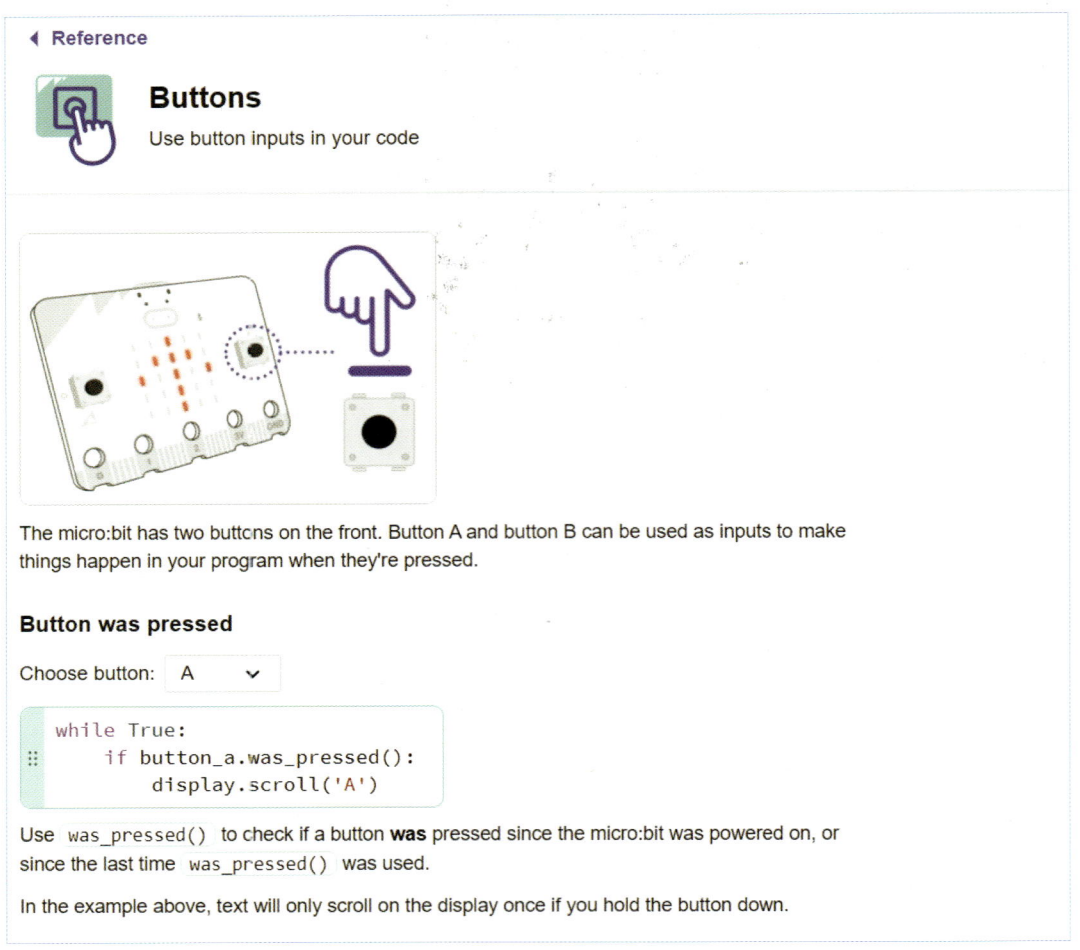

파이썬 편집기를 실행합니다. (https://python.microbit.org/v/3)

프로젝트 이름은 "3_1_buttonClickgame"으로 저장합니다.

```python
3_1_buttonClickgame
1  from microbit import *
2
3  display.show(Image.PACMAN)
4
5  cnt_A = 0
6  cnt_B = 0
7
8  while running_time() < 5000:
9      if button_a.was_pressed():
10         cnt_A += 1
11     if button_b.was_pressed():
12         cnt_B += 1
13 display.show("A")
14 sleep(1000)
15 display.scroll(cnt_A)
16 sleep(500)
17 display.show("B")
18 sleep(1000)
19 display.scroll(cnt_B)
```

while running_time() < 5000:

장치가 켜진 이후 5,000밀리초 즉, 5초 이내인 동안만 반복문 안의 명령어를 수행합니다.

running_time()

마이크로비트가 켜진 이후 실행되고 있는 시간을 밀리세컨드(millisecond, ms) 단위로 알려주는 함수입니다.

if button_a.was_pressed():
  cnt_A += 1

만일 버튼 A가 눌렸다면 변수 **cnt_A**의 값을 1 증가시킵니다.

코드가 완성되었습니다. 코드 편집 화면 아래의 **micro:bit로 전송** 버튼을 눌러 컴퓨터와 마이크로비트를 연결 후 마이크로비트에 코드를 전송합니다.

마이크로비트에 전원이 들어오면서부터 5초 카운트는 시작되므로 바로 버튼 A와 버튼 B를 눌러야 합니다.

동작이 잘되면 코드를 조금 수정해 보겠습니다.

이번에는 각각의 횟수가 아니라 버튼 A가 이겼는지 버튼 B가 이겼는지를 알려 주도록 코드를 수정하겠습니다.

앞의 예제와 12번 줄까지는 동일합니다.

```python
# 3_1_buttonClickgame_1
from microbit import *

display.show(Image.PACMAN)

cnt_A = 0                           #버튼A가 눌린 횟수를 저장할 변수
cnt_B = 0                           #버튼B가 눌린 횟수를 저장할 변수

while running_time() < 5000:        #마이크로비트가 켜진 후 5초 동안
    if button_a.was_pressed():      #버튼A가 눌렸다면
        cnt_A += 1                  #cnt_A 값을 1 증가시키고
    if button_b.was_pressed():      #버튼B가 눌렸다면
        cnt_B += 1                  #cnt_B 값을 1 증가시키고

display.scroll("Winner :")          #"Winner :"를 스크롤

if cnt_A > cnt_B:                   #만약 cnt_A가 cnt_B보다 크다면
    display.show('A')               #"A"를 출력
elif cnt_B > cnt_A:                 #아니고 만약 cnt_B가 cnt_A보다 크다면
    display.show('B')               #"B"를 출력
else:                               #아니면
    display.scroll("A+B")           #"A+B"를 출력
```

if cnt_A > cnt_B:
　　display.show('A')
elif cnt_B > cnt_A:
　　display.show('B')
else:
　　display.scroll("A+B")

만약 변수 **cnt_A**에 저장된 값이 변수 **cnt_B**에 저장된 값보다 크다면 "A"를 출력합니다.

만약 변수 **cnt_A**에 저장된 값이 변수 **cnt_B**에 저장된 값보다 크지 않고, 변수 **cnt_B**에 저장된 값이 변수 **cnt_A**에 저장된 값보다 크다면 "B"를 출력합니다.

그 외의 경우라면 즉, 변수 **cnt_A**와 변수 **cnt_B**에 저장된 값이 같다면 "A+B"를 출력합니다.

여기서 잠깐 if 조건문에 대해 알아보기

조건문은 특정 조건이 참(True) 경우 특정한 동작을 하도록 하는 코드입니다.
파이썬의 조건문은 아래와 같은 형태로 구성됩니다.

조건문1

if 조건문1:
       실행문1

: 조건문1이 참(True)이면 실행문1을 실행합니다.

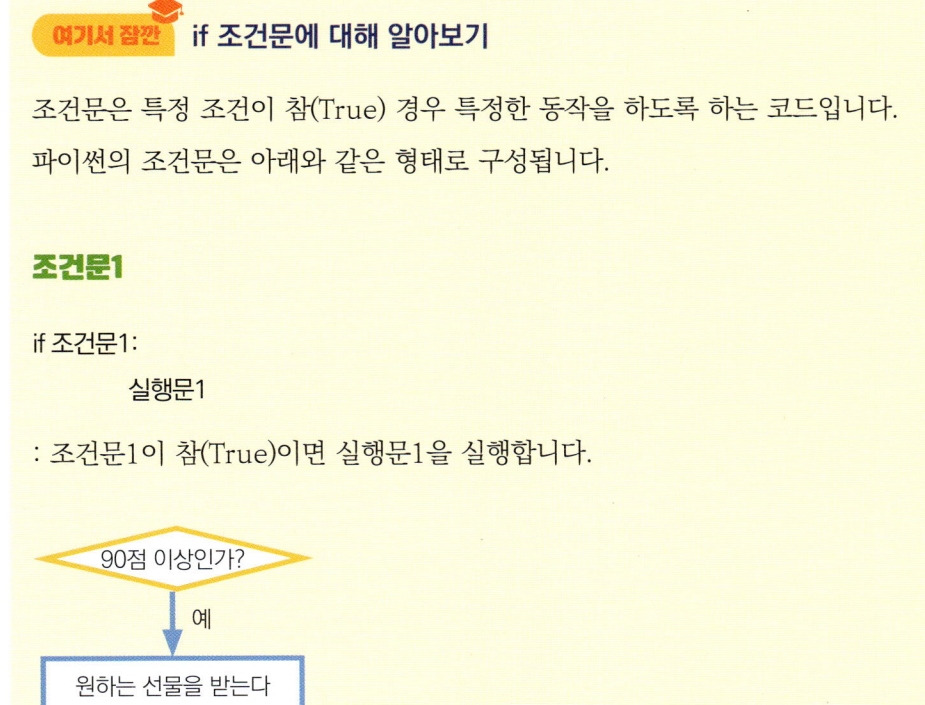

조건문2

if 조건문1:
       실행문1
else:
       실행문2

: 조건문1이 참(True)이면 실행문1을 실행하고, 그렇지 않으면 실행문2를 실행합니다.

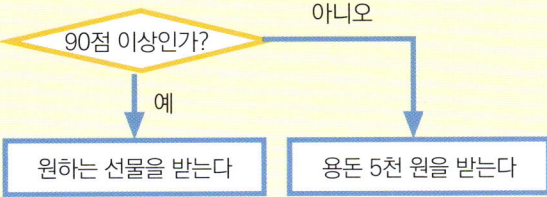

조건문3

if 조건문1:
    실행문1
elif 조건문2:
    실행문2
elif 조건문3:
    실행문3
...
else:
    실행문4

: 조건문1이 참(True)이면 실행문1을 실행하고, 그렇지 않고 조건문2가 참(True)이면 실행문2를 실행합니다. 모든 조건문이 참(True)이 아니면 실행문4를 실행합니다.
만일 조건문1이 참이면 그 이후 다른 조건문들은 확인하지 않고 조건문 이후의 코드로 넘어갑니다.

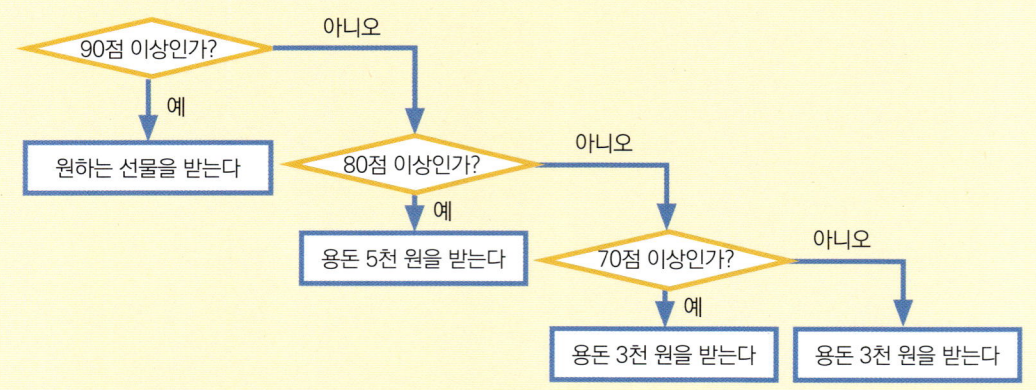

조건문은 참 또는 거짓으로 판단할 수 있는 문장입니다.
참과 거짓을 판단하기 위해서는 비교연산자, 논리연산자, 그리고 특별히 파이썬에서는 'in'이 사용됩니다.

1) 비교연산자

연산자	예시	의미	A=3, B=5일 때
==	A == B	A와 B가 같으면 참(True), A와 B가 같지 않으면 거짓(False)	False
!=	A != B	A와 B가 같지 않으면 참(True), A와 B가 같으면 거짓(False)	True
>	A > B	A가 B보다 크면 참(True), A와 B가 같거나 A가 B보다 작으면 거짓(False)	False
>=	A >= B	A가 B와 같거나 A가 B보다 크면 참(True), A가 B보다 작으면 거짓(False)	False
<	A < B	A가 B보다 작으면 참(True), A와 B가 같거나 A가 B보다 크면 거짓(False)	True
<=	A <= B	A가 B보다 작거나 A와 B가 같으면 참(True), A가 B보다 크면 거짓(False)	True

2) 논리연산자

연산자	예시	설명	A : 3 == 5 B : 2 == 2일 때
and	A and B	A도 참(True)이고 B도 참(True)이면 참(True)	False
or	A or B	A가 참(True) 또는 B가 참(True)이면 참(True)	True
not	not A	A가 거짓(False)이면 참(True), A가 참(True)이면 거짓(False)	True

3) in 연산자 (membership 연산자)

특정 시퀀스 자료형(문자열, 리스트, 튜플 등)의 데이터 안에 값이 존재하면 참(True), 존재하지 않으면 거짓(False)입니다.

예 리스트 menu_list가 ['coffee', 'latte', 'ice-coffee', 'black-tea']일 때
"coffee" in menu_list는 참(True)이고, "milk" in menu_list는 거짓(False)입니다.

```
>>> menu_list = ['coffee', 'latte', 'ice-coffee', 'black-tea']
>>> print("coffee" in menu_list)
True
>>> print("milk" in menu_list)
False
```

2 프로젝트2 - 이모티콘을 보여 줘

1. 기능 정의

- 마이크로비트에 전원이 들어오면 하트가 표시되고, 버튼 A와 버튼 B를 누르면 저장되어 있는 다른 이모티콘이 순서대로 출력됩니다.

    1. 버튼 B를 누를 때마다 하트 → 웃는 얼굴 → 기린 → 오리 → 하트 … 순서대로 다음 이모티콘이 출력된다.
    2. 버튼 A를 누를 때마다 하트 → 오리 → 기린 → 웃는 얼굴 → 하트 … 순서대로 이전 이모티콘이 출력된다.

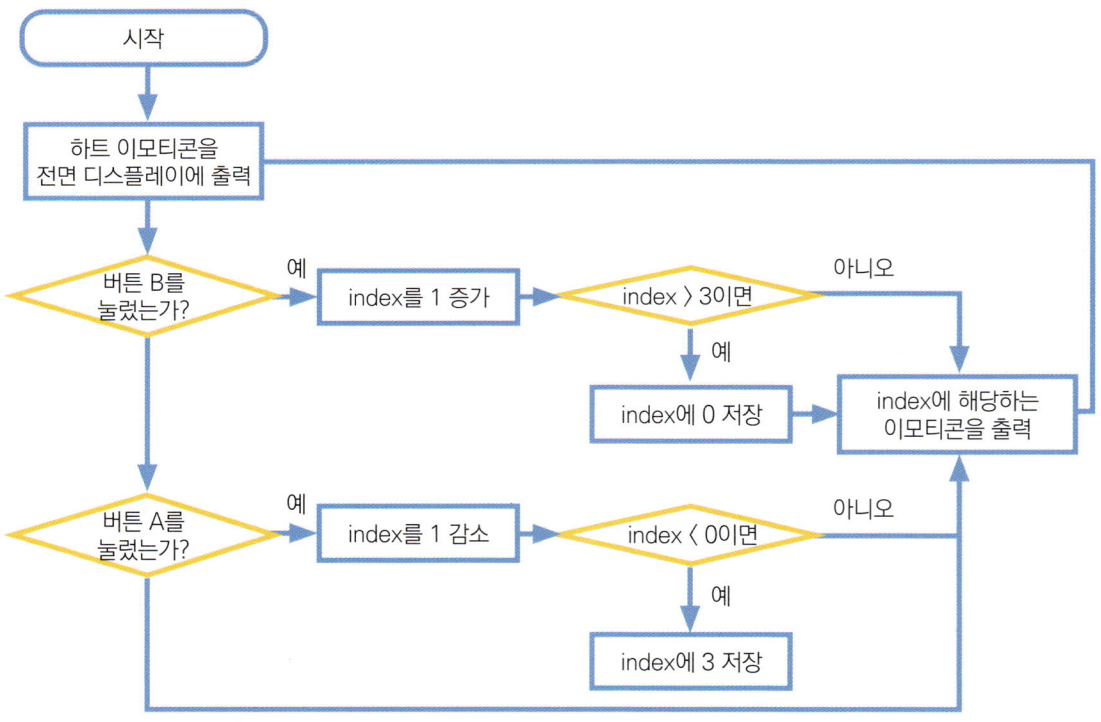

학습 목표	버튼을 이용하여 다양한 이모티콘을 디스플레이에 출력할 수 있다. - 마이크로비트의 버튼 제어 함수 익히기 - 파이썬 기본 문법(if) 익히기 - 파이썬 리스트 익히기
핵심 키워드	마이크로비트, 파이썬
준비물	마이크로비트, micro 5pin USB 케이블
추가 모듈	없음
학습 난이도	★☆☆☆☆

2. 코드 작성

파이썬 편집기를 실행합니다. (https://python.microbit.org/v/3)

프로젝트 이름은 "3_2_showEmoticon"으로 저장합니다.

```python
from microbit import *

emoticon_list = [Image.HEART, Image.HAPPY, Image.GIRAFFE, Image.DUCK]
index = 0

display.show(emoticon_list[index])
while True:
    if button_b.was_pressed():
        index += 1
        if index > 3:
            index = 0
    elif button_a.was_pressed():
        index -= 1
        if index < 0:
            index = 3
    display.show(emoticon_list[index])
    sleep(100)
```

emoticon_list = [Image.HEART, Image.HAPPY, Image.GIRAFFE, Image.DUCK]

emoticon_list는 4개의 이모티콘을 가지고 있는 리스트의 이름입니다.

리스트는 여러 개의 데이터를 저장할 수 있는 자료형입니다. 리스트는 순서가 있으며 리스트의 인덱스는 0부터 시작합니다. 리스트의 항목(item)은 인덱스로 접근이 가능합니다.

리스트의 이름 뒤에 대괄호([])를 쓰고 그 안에 접근하고자 하는 항목(item)의 인덱스를 쓰면 됩니다. 즉 **emoticon_list[0]**는 **Image.HEART**입니다.

index = 0

변수 **index**를 만들어 0으로 초기화합니다.

버튼을 누르면 다음 이모티콘이 나오게 하기 위해서는 리스트 **emoticon_list**에 접근할 인덱스가 계속 변해야 합니다. 따라서 인덱스로 사용할 변수 **index**를 만들었습니다.

display.show(emoticon_list[index])

현재 변수 **index**에는 0이 저장되어 있으므로 리스트 **emoticon_list**의 0번 인덱스에 해당하는 값을 가져와 화면에 출력합니다.

if button_b.was_pressed():

"만일 버튼 B가 눌렸다면" 9~11번째 줄의 코드를 실행합니다.

button_b.was_pressed()

버튼 B를 누르는 순간 참(True)을 반환합니다. 계속 누르는 경우 처음 눌린 순간만 참이 반환되고, 이후 눌림은 거짓을 반환합니다. 버튼 B가 눌리지 않았다면 거짓(False)을 반환합니다.

index += 1

변수 **index**의 값을 1 증가하여 저장합니다.

"index = index + 1"과 같은 의미입니다.

코딩에서 "="는 할당, 저장의 의미입니다.

if index > 3:

index > 3이 참이면 즉, index가 4가 되면 "index = 0" 코드를 실행합니다.
리스트 **emoticon_list**의 인덱스는 0~3입니다. 이 범위 외의 숫자로 리스트 **emoticon_list**에 접근하면 오류가 발생합니다.
위 코드에서 10, 11번째 줄을 주석처리 후 실행하여 버튼 B를 계속 누르면 "IndexError : list index out of range" 오류를 확인할 수 있습니다.

코드를 작성 후 마이크로비트에 전송하여 확인합니다.

여기서 잠깐 리스트에 대해 알아보기

리스트는 여러 개의 값을 저장할 수 있는 자료형입니다. 대괄호를 사용하여 생성합니다.

List_1 = [] 또는 List_1 = list()

List_2 = [1, 2, 3, 4]

List_3 = [2002, "홍길동", ["국어", "수학"]]

List_1과 같이 빈 리스트를 만든 후 나중에 값을 저장할 수도 있고, List_2, List_3과 같이 다양한 자료를 미리 저장해 사용할 수도 있습니다.

리스트의 항목(item)은 순서를 가지고 있으며 추가, 변경, 삭제가 가능합니다.

리스트의 항목(item)은 인덱스로 접근합니다.

List_2[0]은 1이며, List_3[2]는 ["국어", "수학"]입니다.

파이썬은 리스트를 처리할 수 있는 함수를 제공합니다.

함수명	사용법	설명
append(x)	리스트.append(x)	리스트의 마지막 위치에 x를 추가
insert(index, x)	리스트.insert(index, x)	리스트의 index 위치에 x를 삽입
sort()	리스트.sort()	리스트를 오름차순 정렬
	리스트.sort(reverse=True)	리스트를 내림차순 정렬
reverse()	리스트.reverse()	리스트 순서를 거꾸로 뒤집기
pop(index)	리스트.pop()	리스트의 마지막 항목을 반환하고, 마지막 항목 삭제
	리스트.pop(index)	리스트의 index 위치에 있는 항목을 반환하고, 항목 삭제
remove(x)	리스트.remove(x)	리스트에서 x를 찾아서 삭제
count(x)	리스트.count(x)	리스트에 있는 x의 개수를 반환
index(x)	리스트.index(x)	리스트에 x가 있으면 x의 인덱스를 반환

다음과 같이 코드를 작성하여 리스트를 연습해 봅니다.

```
3_3_listExercise

from microbit import *

fruit_list = ["apple", "banana", "orange", "grapes"]
print("1: ", fruit_list)
print("2: ", fruit_list[0])
print("3: ", fruit_list[3])
fruit_list.append("mango")
print("4: ", fruit_list)
fruit_list.pop(0)
print("5: ", fruit_list)

if "mango" in fruit_list:
    print("6: ", "yes")
else:
    print("6: ", "no")
```

위와 같이 코드를 작성 후 시뮬레이터를 실행시키면 시뮬레이터 바로 아래의 시리얼 모니터에서 결과를 확인할 수 있습니다.

```
1:   ['apple', 'banana', 'orange', 'grapes']
2:   apple
3:   grapes
4:   ['apple', 'banana', 'orange', 'grapes', 'mango']
5:   ['banana', 'orange', 'grapes', 'mango']
6:   yes
```

코드에 있는 함수들 외에도 다른 함수들도 추가하여 연습해 봅니다.

스마트 가로등과 한파 경보기

마이크로비트에 내장되어 있는 조도 센서(빛 센서)와 온도 센서를 활용하여 파이썬으로 스마트 홈(smart home)에 적용할 수 있는 기술을 구현해 봅시다.

프로젝트1 - 스마트 가로등 (조도 센서)

 햇볕이 쨍쨍한 낮에는 꺼져 있다가

 깜깜한 밤에는 자동으로 켜지는

 스마트 가로등의 원리에 대해 알고 있나요?

 마이크로비트의 조도센서를 활용하여 스마트한 가로등을 만들어 봅시다!

프로젝트2 - 한파 경보기(온도 센서)

 바깥 온도를 모르고 나갔다가 날씨가 너무 추워 감기 걸린 적이 있나요?

 특히 할아버지, 할머니와 같은 노약자분들은 추운 날씨에 외출하시면 건강에 매우 안 좋은 영향을 끼칠 수 있어요.

 한파를 알려 줄 수 있는 경보기가 있으면 어떨까요?

마이크로비트의 온도 센서를 활용하여 한파 경보기를 만들어 봅시다!

① 프로젝트1 - 스마트 가로등(조도 센서)

1. 기능 정의

- 마이크로비트의 조도 센서(빛 센서)를 이용하여 주변이 어두워질 때 자동으로 LED가 켜지는 스마트 가로등을 만들어 봅니다.

    1. 빛 센서 값이 100 이상이면 LED를 모두 끈다.
    2. 빛 센서 값이 50 이상이면서 100 미만이면 LED를 중간 밝기로 켠다.
    3. 빛 센서 값이 50 미만이면 LED를 모두 켠다.

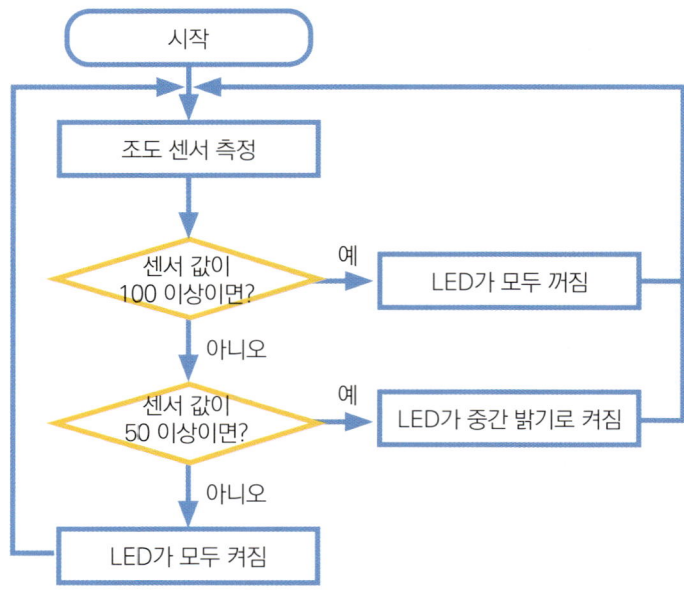

학습 목표	마이크로비트 내장 조도 센서와 전면 LED 디스플레이를 이용하여 스마트 홈에 필요한 기술을 구현할 수 있다. - 마이크로비트 조도 센서(빛 센서) 익히기 - 파이썬 조건 구문 익히기
핵심 키워드	마이크로비트, 파이썬
준비물	마이크로비트, micro 5pin USB 케이블
추가 파일	없음
학습 난이도	★☆☆☆☆

2. 코드 작성

Micropython API

마이크로비트에는 조도 센서가 내장되어 있습니다. 조도 센서(빛 센서)는 조도를 측정하는 입력 장치입니다. 마이크로비트는 전면 25개의 LED를 사용하여 빛의 밝기 정도를 감지합니다.

display.read_light_level()

- 마이크로비트 전면의 LED 디스플레이가 빛을 감지하는 수치를 출력하는 함수로 전체 단계는 0~255까지 있습니다. 숫자가 클수록 밝음을 의미합니다.

파이썬 편집기를 실행합니다. (https://python.microbit.org/v/3)
프로젝트 이름은 "4_1_smartLamp"으로 저장합니다.

파이썬 편집기 화면의 좌측의 참조 메뉴에서 조도 센서 관련 내용을 찾아봅니다.

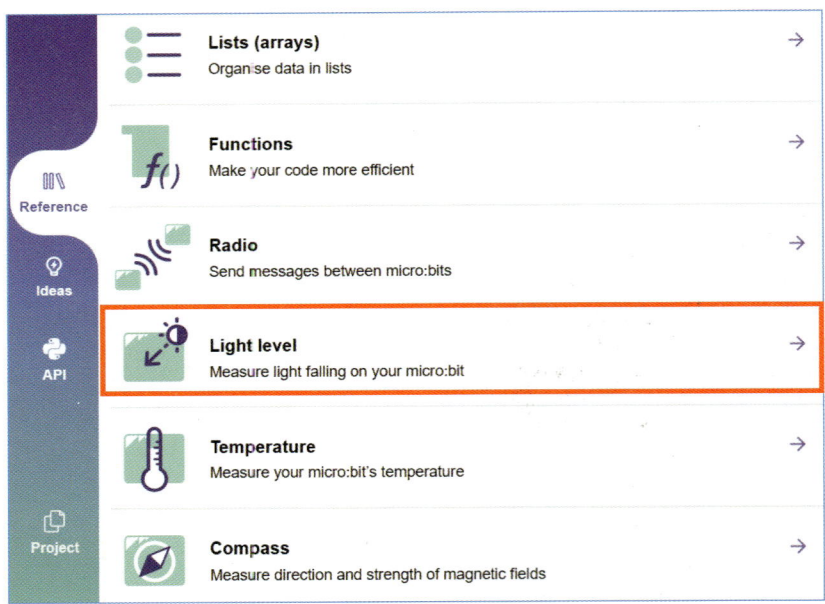

조도 센서 항목을 클릭하여 상세 페이지로 이동한 후 내용을 확인합니다.

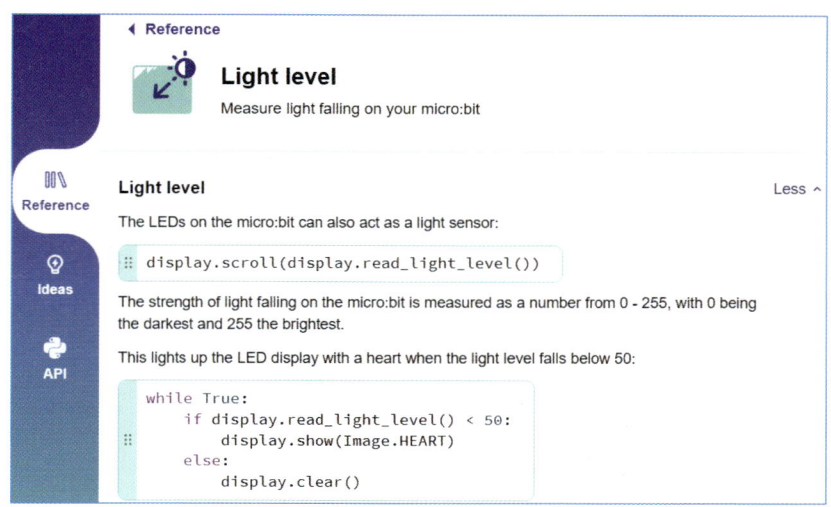

마이크로비트에 내장된 빛 센서에서 값을 읽어 오는 함수를 사용하여 빛의 밝기를 측정해 보겠습니다.

우선 조도 센서(빛 센서) 값을 읽어 오기 위한 코드를 작성합니다.

```python
from microbit import *

while True:
    light = display.read_light_level()
    print(light)
    sleep(1000)
```

light = display.read_light_level()

조도 센서(빛 센서) 값을 읽어 와서 변수 **light**에 저장합니다.

파이썬에서의 변수는 미리 타입(정수형, 실수형, 문자형 등등)을 지정하지 않고 값을 할당하는 순간 타입이 결정됩니다.

우선 조도 센서(빛 센서) 값을 확인해 보겠습니다.

센서 값을 마이크로비트의 LED 디스플레이에 출력해서 확인하는 방법도 있지만 시리얼 모니터를 이용하여 값을 확인해 봅니다.

그러기 위해서 이 값을 **print()**라는 함수를 이용하여 출력합니다.

print(light)

변수 **light**에 저장된 조도 센서(빛 센서) 값을 컴퓨터 모니터에 출력합니다.

sleep(1000)

1초에 한 번씩 값을 측정하기 위해 sleep(1000)을 추가합니다.

코드가 완성되었으니 완성된 코드를 마이크로비트에 전송한 후 시리얼 표시를 클릭합니다.

1초마다 값이 출력되는 것을 확인할 수 있습니다. 확인이 끝나면 시리얼 숨기기를 누르면 됩니다.

이번에는 파이썬의 조건문(if~, elif~, else) 문법을 사용하여 스마트 가로등 코드를 구현해 봅시다.

```
if 조건문1 :        # 조건문1을 만족하면 실행문1을 실행하고,
        실행문1
elif 조건문2 :      # 조건문2를 만족하면 실행문2를 실행하고,
        실행문2
elif 조건문3 :      # 조건문3을 만족하면 실행문3을 실행하고,
        실행문3
else :              # 위의 모든 조건문을 만족하지 않으면 실행문4를 실행
        실행문4
```

if 조건문은 조건문이 참(True)가 되는 경우 하위 실행문을 실행합니다.

이러한 조건이 여러 개가 필요한 경우 **elif**를 사용하여 추가 조건문을 처리할 수 있습니다.

if 조건문에서 **else**는 있을 수도 있고 없을 수도 있습니다.

```
4_1_samrtLamp
1  from microbit import *
2
3  light_1 = Image("00000:00000:00000:00000:00000") # LED 소등
❶ light_2 = Image("55555:55555:55555:55555:55555") # LED 중간 밝기
5  light_3 = Image("99999:99999:99999:99999:99999") # LED 가장 밝게
6
7  while True:
8      light = display.read_light_level()
9      if light >= 100:
10         display.show(light_1)
❷  elif light >= 50:
12         display.show(light_2)
13     else:
14         display.show(light_3)
15
```

❶ 밝기 단계를 3단계로 나누어서 마이크로비트 전면 디스플레이의 전체 LED의 밝기를 다르게 표현할 수 있도록 변수 **light_1**, **light_2**, **light_3**에 각각 이미지를 저장합니다.

마이크로비트 전면 디스플레이의 전체 LED가 정해진 밝기로 켜지거나 꺼지도록 처리합니다. LED의 밝기는 0~9 단계로 지정할 수 있습니다. 0은 꺼짐 상태이고 9는 최대 밝기로 켜지는 상태입니다.

❷ 조도 센서(빛 센서) 값(light)이 100 이상이면 전체 LED를 끄고, 조도 센서(빛 센서) 값이 50 이상이고 100 미만이면 전체 LED 중간 밝기를 출력하고, 조도 센서(빛 센서) 값이 50 미만이면 전체 LED를 가장 밝게 출력시키는 조건문을 완성합니다.

코드가 완성되었으니 시뮬레이터에서 결괏값을 확인해 봅시다. 시뮬레이터의 조도 센서 값을 조정하면서 결괏값을 확인해 볼 수 있습니다.

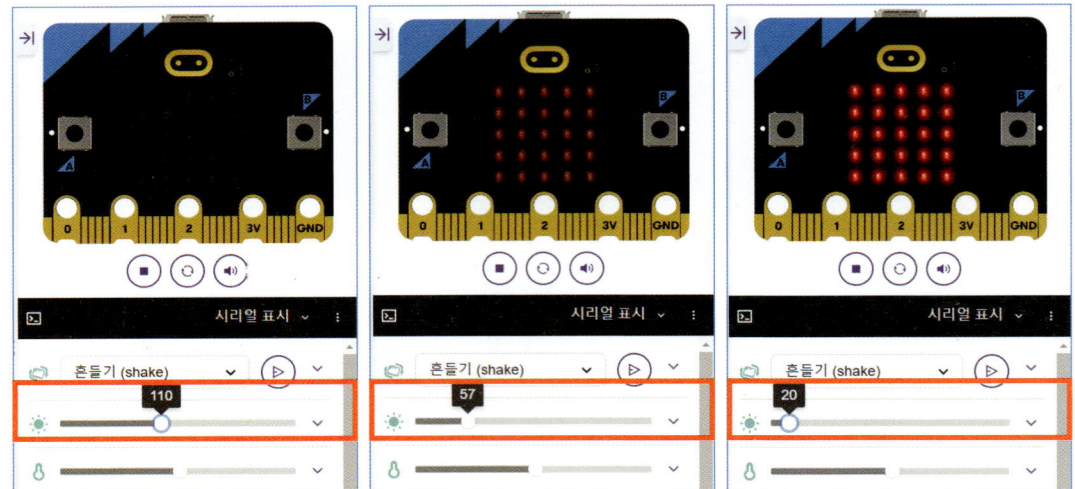

빛 센서 값이 100 이상일 때 LED가 모두 꺼짐.

빛 센서 값이 50 이상이면서 100 미만이면 LED를 중간 밝기로 켬.

빛 센서 값이 50 미만이면 LED가 모두 켜짐.

조건에 따라 정해진 결과가 잘 출력된다면 마이크로비트로 코드 전송을 하여 마이크로비트에서 결과를 확인해 봅시다. 프로젝트는 컴퓨터에 저장해 둡니다.

② 프로젝트2 – 한파 경보기(온도 센서)

1. 기능 정의

- 마이크로비트의 온도 센서를 이용하여 날씨가 추워지면 자동으로 알람이 울리는 한파 경보기를 만들어 봅니다.

　　1. 온도 센서 값이 -10 미만이면 경고 음악이 울리고 LED 디스플레이에 해골 모양 이미지와 현재 온도를 출력한다.

　　2. 온도 센서 값이 -10 이상이면 경고 음악을 끄고 LED 디스플레이에 스마일 이미지와 현재 온도를 출력한다.

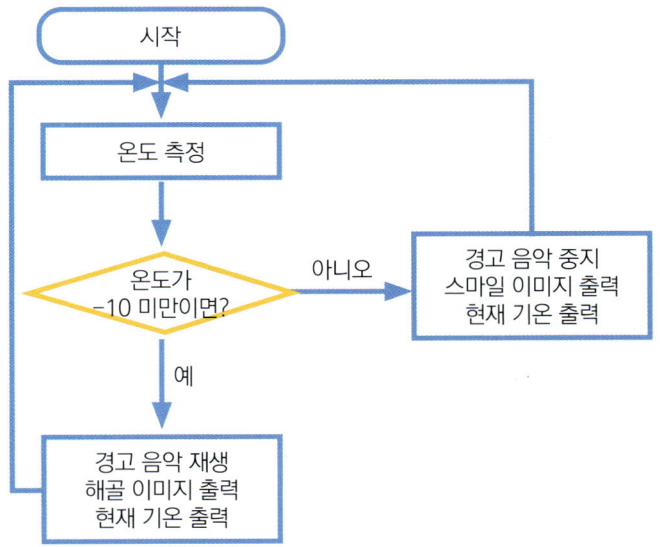

학습 목표	마이크로비트 내장 온도 센서를 이용하여 한파 경보기를 만들 수 있다. - 마이크로비트 온도 센서 익히기 - 마이크로비트로 음악 제어 함수 익히기
핵심 키워드	마이크로비트, 파이썬
준비물	마이크로비트, micro 5pin USB 케이블
추가 파일	없음
학습 난이도	★☆☆☆☆

2. 코드 작성

Micropython API

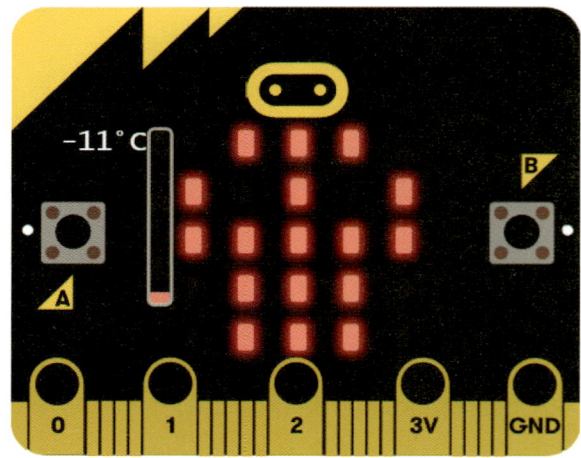

마이크로비트는 내부에 온도 센서를 가지고 있습니다. 이 온도 센서를 이용하여 주변의 온도 측정이 가능합니다.

온도 센서는 마이크로비트 뒷면의 CPU(central processing unit) 안에 들어 있습니다. CPU의 온도를 측정하는 방법으로 주변의 온도를 꽤 그럴듯하게 측정할 수 있습니다. 온도는 °C(섭씨) 온도로 출력할 수 있습니다.

temperature()

- 마이크로비트에 내장된 온도 센서에서 값을 읽어 오는 함수입니다. 마이크로비트 프로세서가 미열을 발생시키므로, 측정치가 원래 온도보다 조금 높을 수 있습니다.

파이썬 편집기 화면의 좌측 참조 메뉴에서 온도 센서 관련 내용을 찾아봅니다.

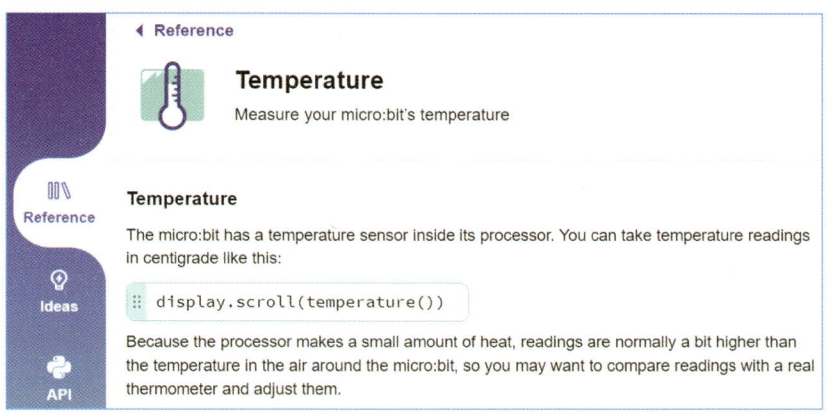

마이크로비트로 음악을 만들거나 재생할 수 있습니다.

마이크로비트(V2.0 이상)에는 스피커가 부착되어 있어서 다른 장치 없이도 확인이 가능합니다.

구형 마이크로비트(V1.5)는 별도로 부저나 이어폰을 연결해야 음악을 확인할 수 있지만 시뮬레이터에서는 결과를 바로 확인할 수 있습니다.

마이크로비트에서 음악을 출력시키기 위해서는 음악 모듈을 **import music** 등으로 미리 추가해야 합니다.

music.play(music.BA_DING)

- 내장 음악을 재생시키고 싶을 때 사용하는 함수입니다.

　마이크로비트는 노래 재생이 끝날 때까지 코드의 다음 명령이 실행되기를 기다리므로 음악이 계속 재생되면서 다른 작업을 진행시키고 싶다면 wait=False를 추가해서 코드 작성합니다.
- music.play(music.BA_DING, wait=False)

파이썬 편집기 화면의 좌측 참조 메뉴에서 사운드 관련 내용을 찾아봅니다.
더 많은 내장 음악을 확인해 보고 싶다면 음악 종류를 클릭해서 알아볼 수 있습니다.

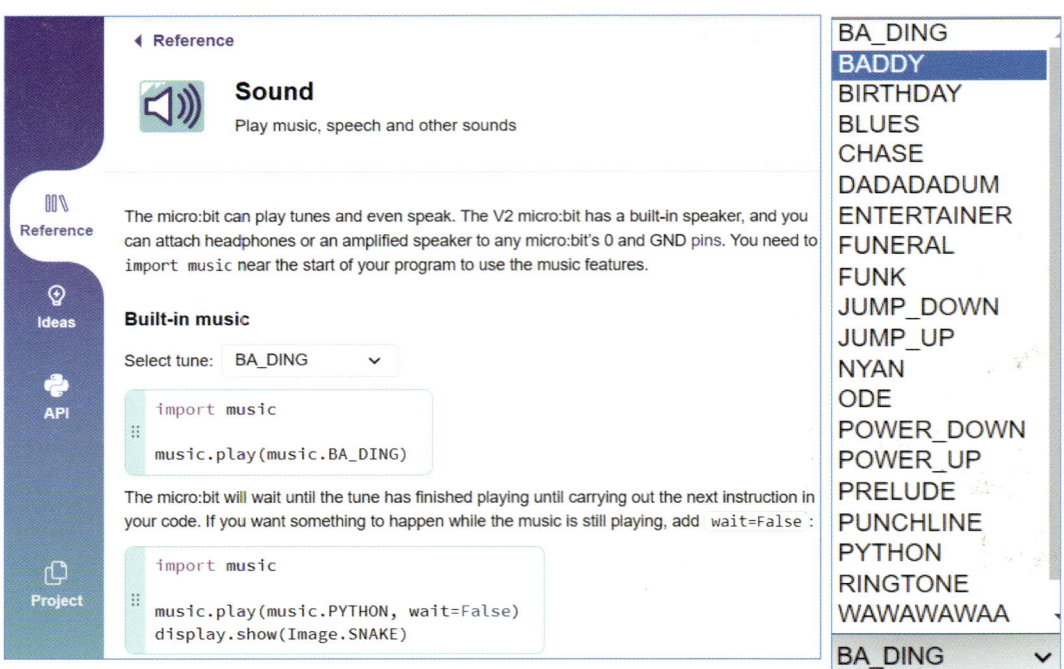

파이썬 편집기를 실행합니다. (https://python.microbit.org/v/3)

프로젝트 이름은 "4_2_coldAlert"으로 저장합니다.

파이썬의 조건문을 활용하여 한파 경보기를 만들어 봅시다.

```python
# Imports go at the top
from microbit import *
import music                  # 음악 모듈 호출

# Code in a 'while True:' loop repeats forever
while True:
    temp = temperature()      # 온도 센서 값을 temp에 저장
    if temp < -10:            # 온도 센서 값이 -10 미만이면
        music.play(music.BADDY, wait=False) # 내장된 음악으로 경고음 재생
        display.show(Image.SKULL) # 내장된 해골 이미지 출력
        sleep(500)            # 0.5초 일시 정지
        display.scroll(temp)  # 온도 센서 값 출력
        sleep(500)            # 0.5초 일시 정지
    else:
        music.stop()          # 음악 재생 중지
        display.show(Image.HAPPY) # 내장된 스마일 이미지 출력
        sleep(500)            # 0.5초 일시 정지
        display.scroll(temp)  # 온도 센서 값 출력
        sleep(500)            # 0.5초 일시 정지
```

import music

마이크로비트의 음악 모듈을 불러옵니다.

temp = temperature()

temperature() 함수를 사용하여 마이크로비트 온도 센서 값을 읽어 와 변수 **temp**에 할당합니다.

if, else:

파이썬의 조건 구문 **if, else**를 사용하여 온도 센서 값에 따라 경고음을 재생하고 온도 값과 이미지를 출력합니다.

music.play(music.BADDY, wait=False)

music.play() 함수를 사용해서 내장 음악을 재생시킵니다. 음악이 계속 재생되면서 다른 작업을 진행시키기 위해 wait=False를 추가합니다.

music.stop()

온도 센서 값이 기준값보다 높으면 **music.stop()** 함수를 사용해서 음악 재생을 중지합니다.

코드가 완성되면 시뮬레이터로 결과를 확인합니다. 시뮬레이터에서 오류 없이 실행이 되면 편집 화면 아래의 **micro:bit로 전송** 버튼을 눌러 컴퓨터와 마이크로비트를 연결 후 마이크로비트에 코드를 전송합니다.

마이크로비트에서도 잘 동작하면 편집 화면 아래의 **저장하기** 버튼을 눌러 컴퓨터에 프로젝트를 저장합니다.

5장

줄넘기 횟수 카운터와 전동 킥보드 방향 지시등

마이크로비트에 내장되어 있는 가속도 센서를 활용하여 파이썬으로 스마트한 웨어러블 기기를 구현해 봅시다.

프로젝트 1 - 줄넘기 횟수 카운팅 워치

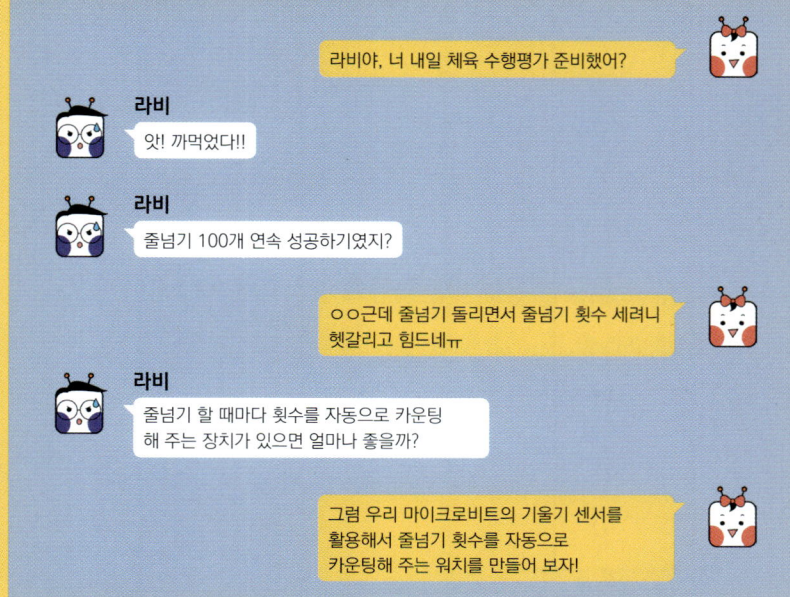

프로젝트 2 - 전동 킥보드 방향 지시등

1 프로젝트1 - 줄넘기 횟수 카운팅 워치 만들기

1. 기능 정의

- 마이크로비트의 가속도 센서를 이용하여 줄넘기 횟수를 자동으로 카운팅하는 스마트한 웨어러블 워치를 만들어 봅니다.

    1. 가속도 센서 값을 측정하여 흔들림이 감지되면 점프 횟수에 1을 증가시키고 LED 디스플레이에 총 횟수를 출력한다.
    2. 터치 로고를 터치하면 점프 횟수를 초기화하고 끝나는 사운드를 재생시킨다.

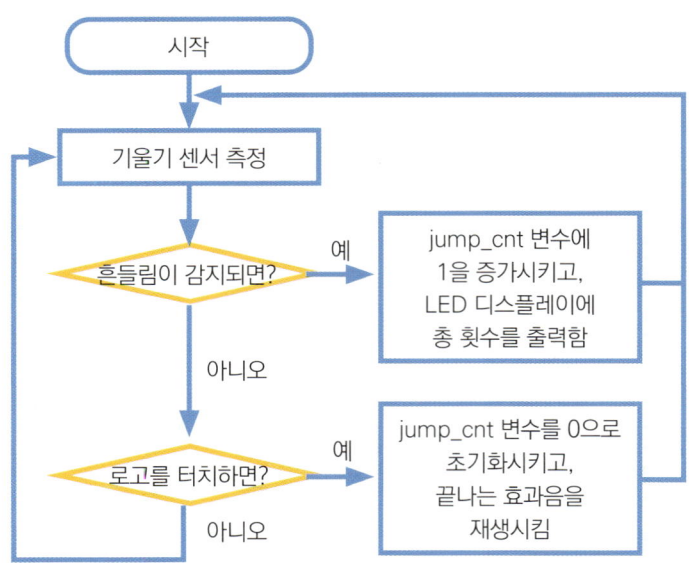

학습 목표	마이크로비트 내장 가속도 센서를 이용하여 줄넘기 카운팅 기기를 만들 수 있다. - 마이크로비트 가속도 센서 익히기 - 마이크로비트 터치 센서 익히기
핵심 키워드	마이크로비트, 파이썬
준비물	마이크로비트, micro 5pin USB 케이블
추가 파일	없음
학습 난이도	★☆☆☆☆

2. 코드 작성

Micropython API

마이크로비트 가속도 센서는 움직임을 감지할 수 있는 동작 감지 센서 중 하나로 왼쪽, 오른쪽, 위, 아래 방향으로 기울어진 상태와 특정 제스처에 대해 감지가 가능합니다.

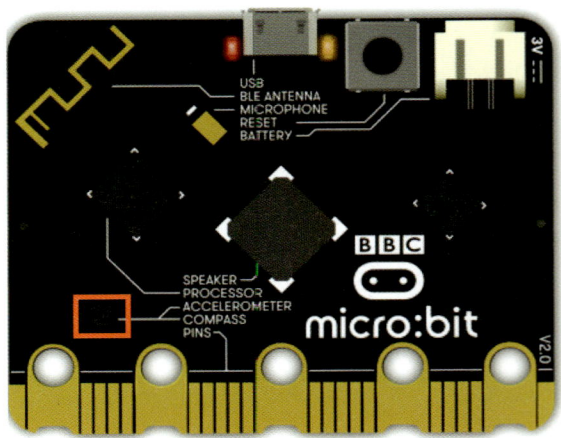

가속도 센서(Accelerometer)는 마이크로비트 뒷면에 위치하고 있습니다.

accelerometer.is_gesture("shake")

- 현재 마이크로비트 가속도 센서로 감지한 제스처가 흔들림이 맞는지 확인하는 함수입니다. 현재 제스처가 흔들림이 맞으면 True를 반환하고 아니면 False를 반환합니다. "shake" 외에도 아래와 같은 제스처를 사용할 수 있습니다.

shake	마이크로비트를 흔들 때 트리거 됨.
up	마이크로비트가 제대로 세워져 있고 로고가 위에 있을 때 트리거 됨.
down	마이크로비트가 뒤집혀 있고 로고가 아래에 있을 때 트리거 됨.
face up	마이크로비트가 눕혀져 있고 LED 디스플레이가 위를 향할 때 트리거 됨.
face down	마이크로비트가 눕혀져 있고 LED 디스플레이가 아래를 향할 때 트리거 됨.
left	마이크로비트가 왼쪽으로 기울어져 있을 때 트리거 됨.
right	마이크로비트가 오른쪽으로 기울어져 있을 때 트리거 됨.
freefall	가속도계가 바닥으로 떨어지고 있다는 것을 감지할 때 트리거 됨.
3g(*)	가속도계가 약 3g 정도의 가속을 감지할 때 트리거 됨.

(*)1g은 중력과 동일합니다. 3g은 중력 가속도 값으로 3g 이상은 레이싱 카 드라이버 또는 지구를 벗어나는 우주비행사들이 느끼는 가속도를 의미합니다.

파이썬 편집기 화면의 좌측 참조 메뉴에서 가속도 센서 내용을 찾아봅니다.

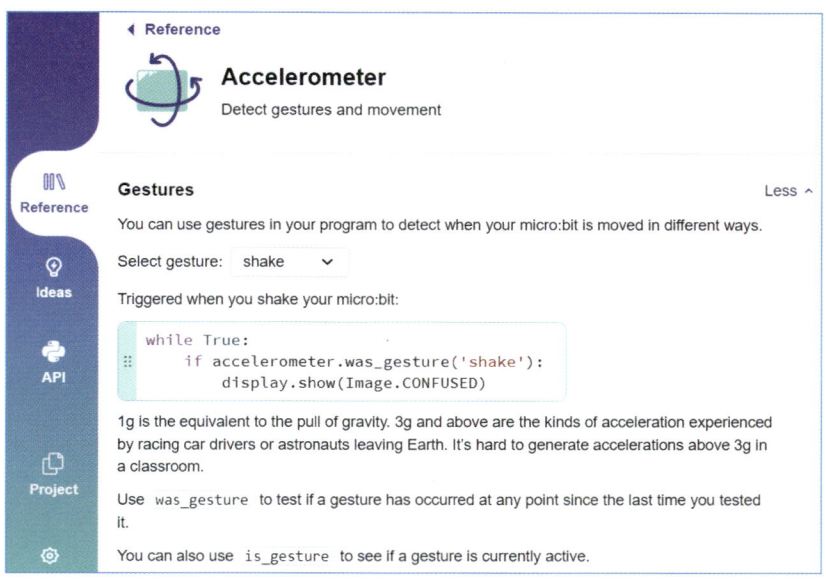

이번에는 줄넘기 횟수를 다시 초기화하기 위해 사용할 터치 센서에 대해 알아보도록 하겠습니다.

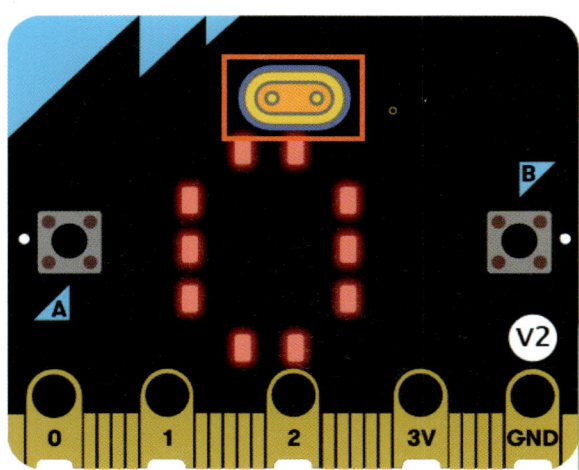

마이크로비트 버전 2.0 이상에서는 금색 터치 로고를 추가 버튼처럼 프로젝트의 입력으로 사용할 수 있습니다. 터치 로고는 휴대폰 터치 스크린처럼 정전식 방식을 사용하기 때문에 손가락이 누를 때 미세한 전기장의 변화를 감지할 수 있습니다.

기본적인 감압식 핀의 터치 동작 대신 그냥 손가락으로 버튼을 터치해도 되며, GND 핀을 잡고 있을 필요도 없습니다.

pin_logo.is_touched()

– 터치 센서의 로고 터치 상태를 반환하는 함수로 해당 핀에 손가락의 터치가 발생했으면 **True**를 반환, 그렇지 않으면 **False**를 반환합니다.

파이썬 편집기 화면의 좌측 참조 메뉴에서 터치 센서 내용을 찾아봅니다.

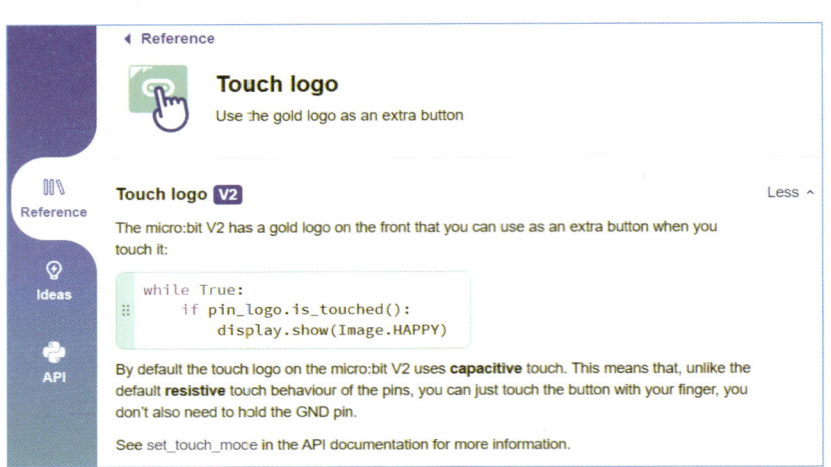

파이썬 편집기를 실행합니다. (https://python.microbit.org/v/3)
프로젝트 이름은 "5_1_jumpCounter"으로 저장합니다.

```
 5_1_jumpCounter
1  from microbit import *
2  import audio    # 오디오 모듈 호출
3
4  audio.play(Sound.HELLO)    # 전원을 켤 때 헬로우 사운드를 한 번 재생
5  display.show(Image.HAPPY)  # 전원을 켤 때 행복한 이미지 출력
6  jump_cnt=0    # 줄넘기 횟수 변수 초기화
7
8  while True:
9      if accelerometer.was_gesture("shake"):  # 흔들림이 감지 되었을때
10         jump_cnt += 1   # 줄넘기 횟수 변수를 1 증가시킴.
11         display.show(jump_cnt)  # 총 횟수를 LED 디스플레이에 출력
12     if pin_logo.is_touched():   # 터치 로고가 터치 되었을 때
13         jump_cnt = 0   # 줄넘기 횟수를 초기화 시킴.
14         display.show(jump_cnt)  # 초기화 시킨 횟수를 LED 디스플레이에 출력
15         audio.play(Sound.SLIDE)  # 카운트를 끝내는 SLIDE 사운드 재생
16         sleep(500)    # 0.5초 일시 정지
```

import audio

마이크로비트의 오디오 모듈을 불러옵니다.

audio.play(Sound.HELLO)

마이크로비트의 내장된 사운드(V 2.0 이상)를 사용하여 사운드를 재생시키는 함수입니다.

jump_cnt = 0

줄넘기 횟수를 저장할 **jump_cnt** 변수를 초기화합니다.

accelerometer.is_gesture("shake")

마이크로비트 가속도 센서로 인식한 제스처가 현재 흔들림이 맞는지 확인하는 함수입니다.

pin_logo.is_touched()

터치 센서의 로고 터치 상태를 반환하는 함수입니다.

코드가 완성되었으니 시뮬레이터에서 결괏값을 확인해 봅시다. 시뮬레이터의 가속도 센서 값을 조정하면서 결괏값을 확인해 볼 수 있습니다.

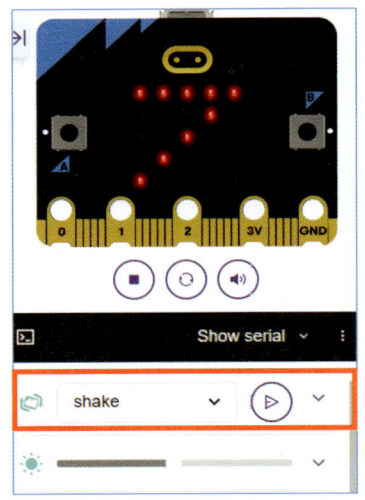

흔들림의 횟수가 마이크로비트에 표시됨

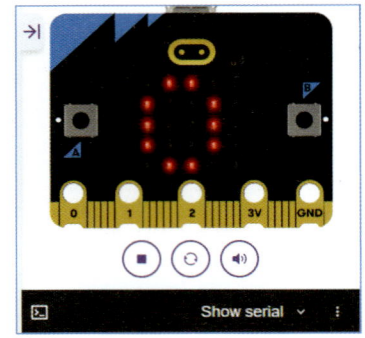

터치 로고를 터치하면 횟수가 0으로 초기화됨

시뮬레이터로 동작 확인 후 마이크로비트에 코드를 전송합니다.
마이크로비트에서도 잘 동작하면 편집 화면 아래의 **저장하기** 버튼을 눌러 컴퓨터에 프로젝트를 저장합니다.

❷ 프로젝트2 – 전동 킥보드 방향 지시등

1. 기능 정의

- 마이크로비트의 가속도 센서를 이용하여 전동 킥보드의 방향 지시등을 만들어 봅니다.
    1. x축에 대한 기울기 값이 100 이상이면 LED 디스플레이에 오른쪽 화살표를 출력한다.
    2. x축에 대한 기울기 값이 -100 이하이면 LED 디스플레이에 왼쪽 화살표를 출력한다.
    3. x축에 대한 기울기 값이 -100보다 크고 100보다 작을 경우 LED 디스플레이에 sleep 이미지를 출력한다.

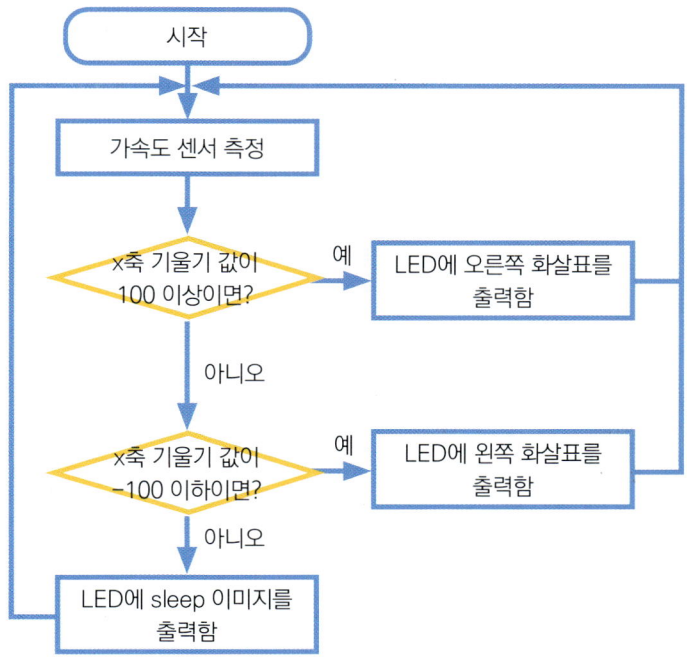

학습 목표	마이크로비트의 가속도 센서를 이용하여 방향 지시등을 만들 수 있다. - 마이크로비트 가속도 센서 익히기
핵심 키워드	마이크로비트, 파이썬
준비물	마이크로비트, micro 5pin USB 케이블
추가 파일	없음
학습 난이도	★☆☆☆☆

2. 코드 작성
Micropython API

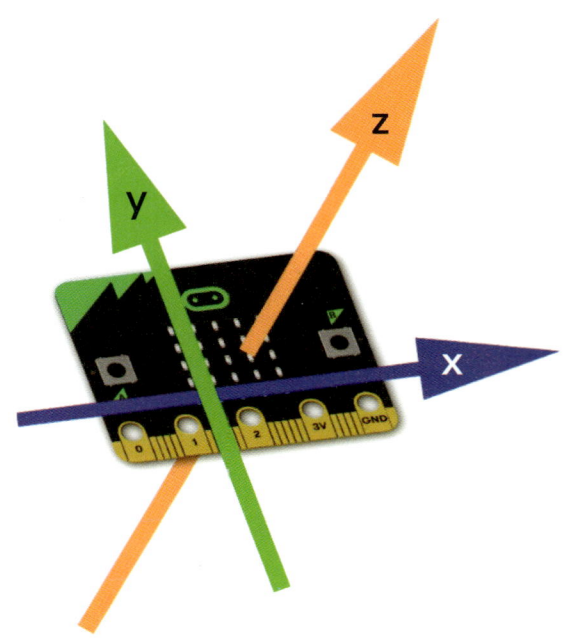

마이크로비트의 가속도 센서는 x축, y축, z축의 3축 방향으로 가속도를 측정할 수 있습니다. x축은 왼쪽 또는 오른쪽으로 기울일 때, y축은 앞 또는 뒤로 기울일 때, z축은 위아래로 움직일 때 운동 값을 측정할 수 있습니다. 측정 단위는 밀리그램(mg)입니다. 기본적으로 가속도계는 +/- 2g 범위로 구성되어 있으므로 이 방법은 +/- 2,000mg 범위 내에서 반환됩니다.

accelerometer.get_x()
- x 방향에 따라 양의 정수 또는 음의 정수로 축의 가속도 측정값을 가져오는 함수입니다. 반환 값이 0일 경우 x축에 대해 수평을 의미하며 반환 값이 양수일 경우 오른쪽, 반환 값이 음수일 경우는 왼쪽을 의미합니다.

accelerometer.get_y()
- y 방향에 따라 양의 정수 또는 음의 정수로 축의 가속도 측정값을 가져오는 함수입니다. 반

환 값이 0일 경우 y축에 대해 수평을 의미하며 로고가 앞쪽(내 몸에 가까워지는 방향)으로 기울어질 경우에는 반환 값이 양수이고 로고가 뒤쪽(내 몸에서 멀어지는 방향)으로 기울어지면 반환 값이 음수입니다.

accelerometer.get_z()

- z 방향에 따라 양의 정수 또는 음의 정수로 축의 가속도 측정값을 가져오는 함수입니다. 반환 값이 양수일 경우 위쪽, 반환 값이 음수일 경우는 아래쪽을 의미합니다.

파이썬 편집기 화면의 좌측 참조 메뉴에서 가속도 센서 관련 내용을 찾아봅니다.

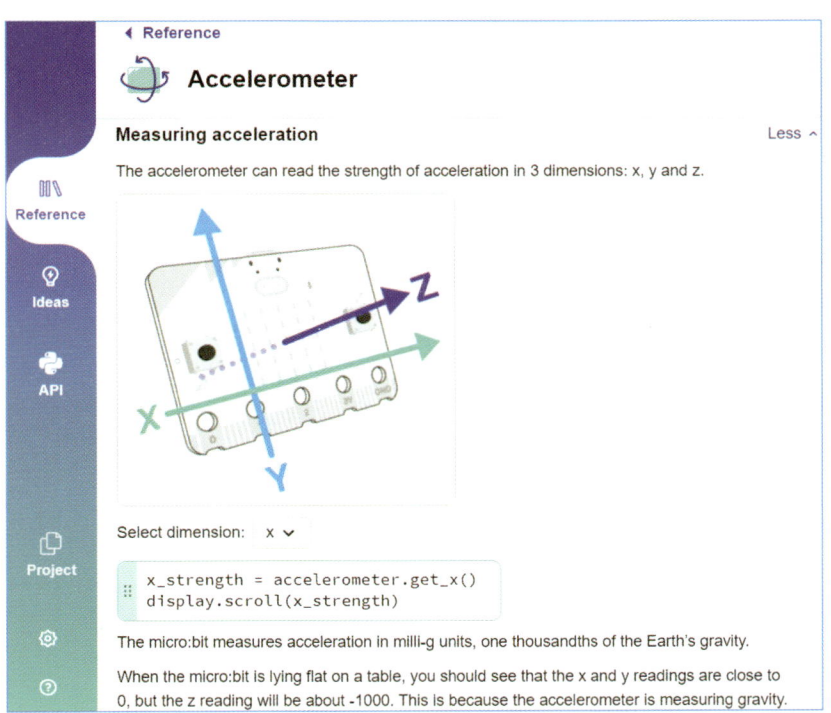

이제 전동 킥보드의 방향 지시등을 만들어 봅시다.

파이썬 편집기를 실행합니다. (https://python.microbit.org/v/3)
프로젝트 이름은 "5_2_scooterSignal"으로 저장합니다.

```
✎  5_2_scooterSignal
1   # Imports go at the top
2   from microbit import *
3   import audio       # 오디오 모듈 호출
4
5   audio.play(Sound.HAPPY) # 전원을 켤때 HAPPY 사운드 재생
6   display.show(Image.ROLLERSKATE) # 전원을 켤때 ROLLERSKATE 이미지 재생
7
8   # Code in a 'while True:' loop repeats forever
9   while True:
10      direction = accelerometer.get_x()  # X축의 기울기 값을 direction 변수에 저장함.
11      if direction >= 100:      # X축의 기울기 값이 100 이상이면
12          display.show(Image.ARROW_E)  # 오른쪽 화살표를 LED에 출력
13          sleep(500)
14      elif direction <= -100:   # X축의 기울기 값이 -100 이하이면
15          display.show(Image.ARROW_W) # 왼쪽 화살표를 LED에 출력
16          sleep(500)
17      else: # 위 두 조건을 충족하지 않으면
18          display.show(Image.ASLEEP) # SLEEP 이미지를 LED에 출력
19          sleep(500)
```

import audio

마이크로비트의 오디오 모듈을 불러옵니다.

audio.play(Sound.HAPPY)

마이크로비트의 내장된 **audio** 모듈(v2.0 이상)을 사용하여 사운드를 재생시키는 함수입니다. v2.0 이전 버전에서는 오류가 발생합니다. v2.0 이전 버전은 다음과 같은 코드로 수정하여 프로젝트를 완성합니다.

import music
music.play(music.POWER_UP)

accelerometer.get_x()

마이크로비트 x축에 대한 기울기 값을 반환하는 함수로 측정값을 통해 오른쪽, 왼쪽 기울기 정도를 파악할 수 있습니다.

코드가 완성되었으니 시뮬레이터에서 결괏값을 확인해 봅시다. 시뮬레이터의 가속도 센서 값을 조정하면서 결괏값을 확인해 볼 수 있습니다.

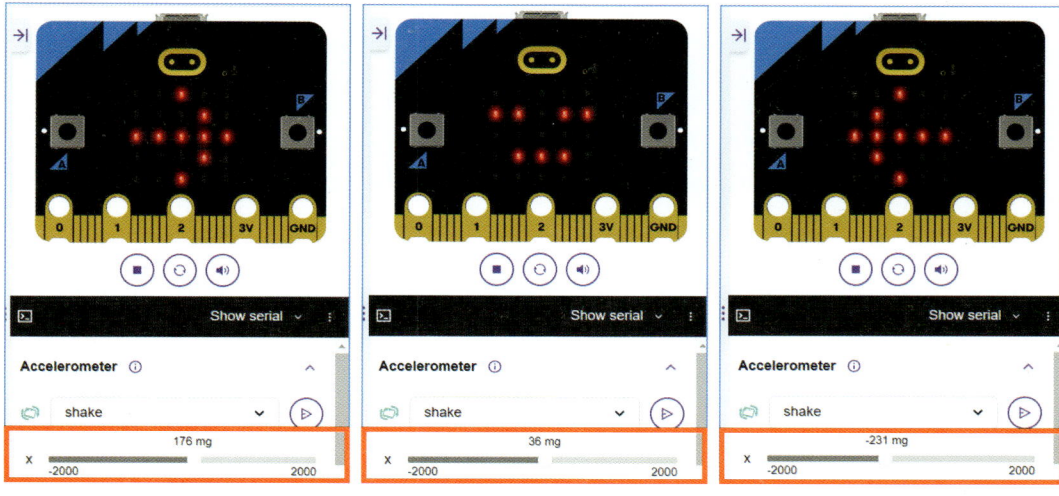

X축 기울기 값이 100 이상이면 LED에 오른쪽 화살표를 출력함.

X축 기울기 값이 -100보다 크고 100보다 작으면 LED에 sleep 이미지를 출력함.

X축 기울기 값이 -100 이하이면 LED에 왼쪽 화살표를 출력함.

시뮬레이터에서 동작 확인이 되면 마이크로비트에 코드를 전송합니다.

마이크로비트에서도 잘 동작하면 편집 화면 아래의 **저장하기** 버튼을 눌러 컴퓨터에 프로젝트를 저장합니다.

6장
노래하는 디지털 펫

마이크로비트에 내장되어 있는 마이크와 스피커를 사용하여 파이썬으로 귀여운 디지털 펫을 만들어 봅시다.

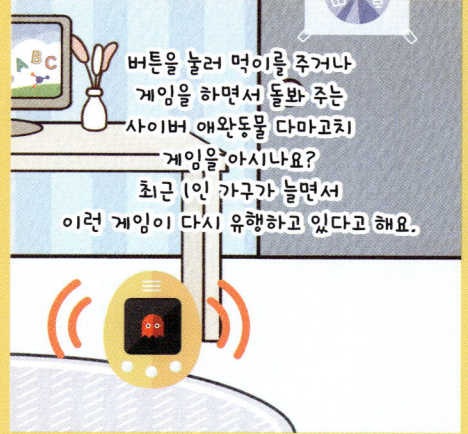

1 프로젝트1 - 내 목소리에 반응하는 디지털 펫

1. 기능 정의

- 마이크로비트의 마이크를 이용하여 내 목소리에 반응하는 신기한 디지털 펫을 만들어 봅니다.
  1. 마이크로비트로 소리 레벨을 측정하여 내가 만든 이미지가 소리 크기에 따라 빛의 밝기가 다르게 출력되도록 한다.
  2. 터치 로고를 터치하면 행복한 이미지 출력과 소리를 재생시키고, 흔들림이 감지되면 깜짝 놀란 모습과 소리를 재생시키고, 펫을 그냥 놔두면 방치 시간을 증가시킨다.
  3. 펫을 1분 이상 방치되면 졸린 이모티콘과 효과음이 출력되며, 2분 이상 방치되면 어리둥절한 이모티콘과 효과음이 출력되고 3분 이상 방치되면 화난 표정과 효과음이 출력되며 작동을 멈춘다.

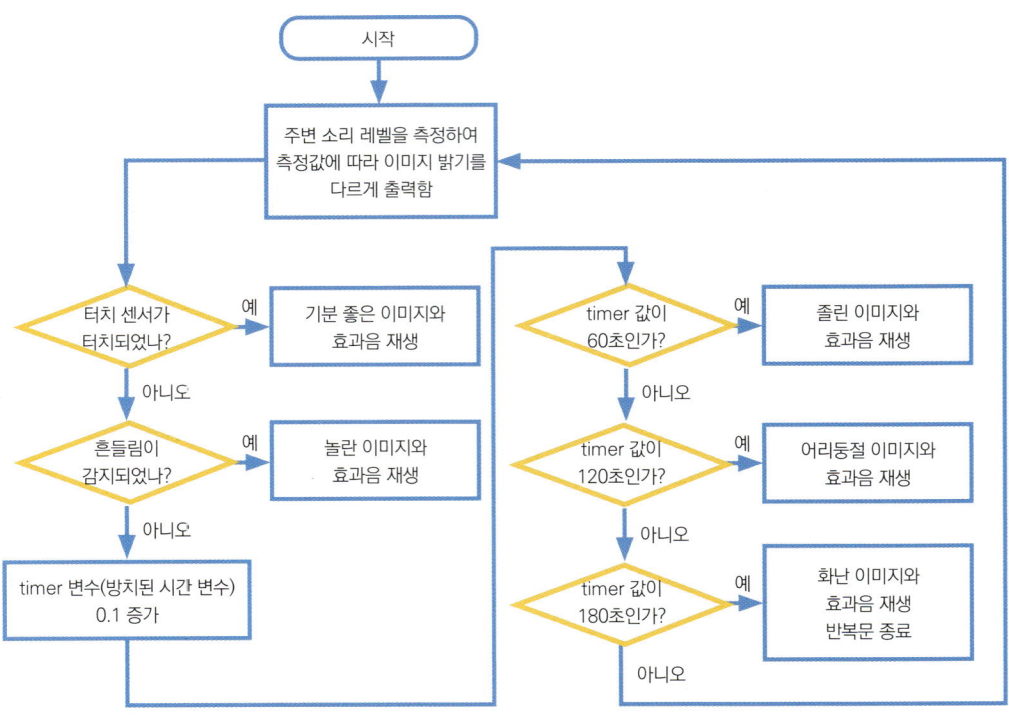

학습 목표	내 목소리에 반응하는 마이크로비트 펫을 만들 수 있다. - 마이크로비트 마이크 센서와 스피커 알아보기 - 마이크로비트 LED로 나만의 이모티콘 생성하기 - 파이썬 while-break 익히기
핵심 키워드	마이크로비트, 파이썬
준비물	마이크로비트, micro 5pin USB 케이블
추가 파일	없음
학습 난이도	★★☆☆☆

2. 코드 작성

Micropython API

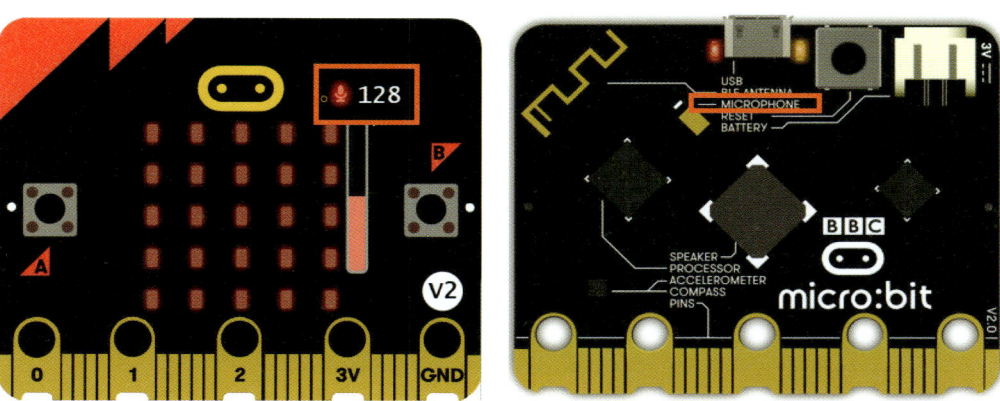

마이크로비트(v2.0 이상)에는 마이크가 내장되어 있어 주변 소리의 크기를 측정할 수 있습니다. 마이크로비트의 후면에 위치해 있으며, 터치 로고의 오른쪽 전면에는 구멍이 있어 소리를 입력합니다. 또한 전면에 마이크 LED가 있어 마이크가 사용 중일 때는 빛이 켜집니다.

microphone.sound_level()

- 마이크로비트 마이크를 센서로 사용해서 소리 레벨을 측정하는 함수입니다. 0부터 255까지의 범위로 소리를 측정할 수 있으며, 0이 가장 조용한 상태이고 255가 가장 시끄러운 소리입니다.

파이썬 편집기 화면의 좌측 참조 메뉴에서 마이크와 관련된 내용을 찾아봅니다.

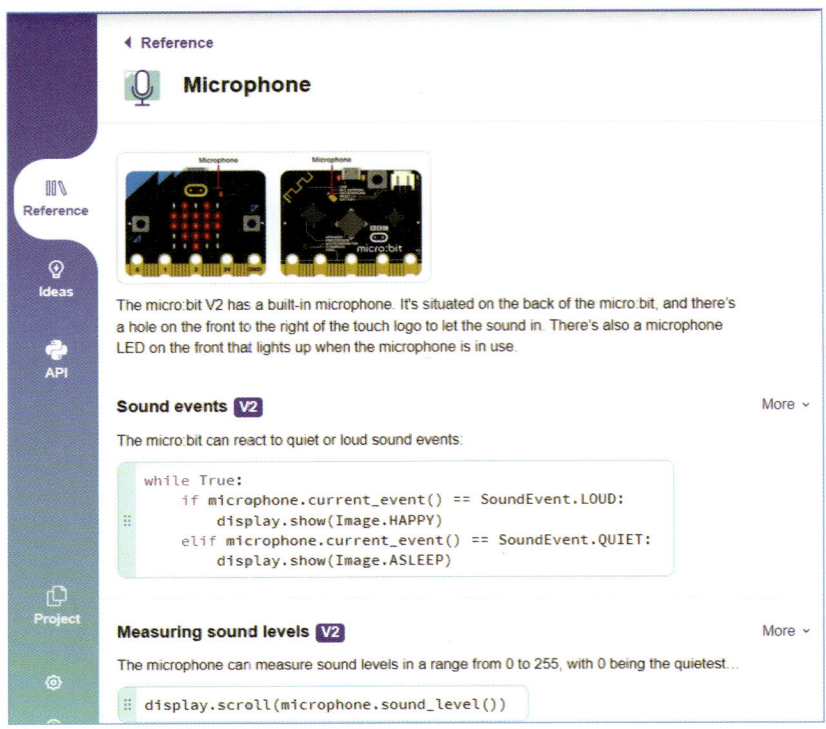

내 목소리에 반응하는 디지털 펫을 만들기 위해 파이썬 편집기를 실행합니다.
(https://python.microbit.org/v/3)
프로젝트 이름은 "6_1_soundreactionPet"으로 저장합니다.

우선 내 목소리의 크기에 따라 반응할 수 있는 이미지를 먼저 만들어 보도록 하겠습니다. 앞에서 마이크로비트가 제공해 주는 내장 이미지를 사용해서 이미지를 출력했다면 이번에는 디스플레이의 픽셀을 이용해서 이미지를 만들어 보겠습니다.
마이크로비트의 디스플레이는 총 25개(5×5)의 픽셀을 가지고 있으며 각각 0(꺼짐)~9(가장 밝음)까지의 밝기를 표현할 수 있습니다.

1	1	0	1	1
1	1	0	1	1
0	1	1	1	0
1	1	1	1	1
1	1	1	1	1

이렇게 표현된 이미지는 어떤 이미지일까요?

LED가 들어오는 곳은 1이고 꺼진 곳은 0이라고 할 때, 아래와 같이 표현해 볼 수 있습니다.

1	1	0	1	1
1	1	0	1	1
0	1	1	1	0
1	1	1	1	1
1	1	1	1	1

해당 이미지가 강아지 모양으로 보이시나요?

눈, 코, 입을 좀 더 밝게 보이게 하면 더 확실하게 강아지 이미지를 확인할 수 있습니다.

1	1	0	1	1
1	1	0	1	1
0	3	1	3	0
1	1	3	1	1
1	1	1	1	1

여기에서 1의 부분을 1~9까지로 정의하여 LED 밝기를 정할 수 있으므로 눈, 코, 입을 보다 밝게 표현되도록 출력값을 3으로 변경해 놓았습니다.

이를 파이썬으로 구현해 보겠습니다.

Image("11011:"
    "11011:"
    "03130:"
    "11311:"
    "11111:")

각 줄에 대한 픽셀 정보를 각각 0~9 값으로 밝기를 표현할 수 있으며, 한 줄이 끝나면 콜론(:)으로 마치고 각각의 줄은 큰 따옴표 안에 표현하면 됩니다. 또는 아래와 같이 표현할 수도 있습니다.

Image("11011:11011:03130:11311:11111:")

위 이미지는 밝기가 최솟값으로 표현되어 있어 이 이미지 자체만 출력되면 이미지가 잘 보이지 않을 것입니다.

이 이미지 기본값에 주변 소리 크기(microphone.sound_level())의 측정값을 곱하여 소리 크기에 따라 밝기가 달라지는 강아지 모양의 이미지를 LED에 출력할 수 있도록 구현해 봅시다.

```
6_1_soundreactionPet

1   from microbit import *
2   import audio
3
4   led_image = Image("11011:"
5                     "11011:"
6                     "03130:"
7                     "11311:"
8                     "11111")
9   touch_image = Image("00000:"
10                      "09090:"
11                      "00000:"
12                      "90009:"
13                      "09990")
14  shake_image = Image("99099:"
15                      "99099:"
16                      "00900:"
17                      "09090:"
18                      "00900")
19  timer = 0
20
21  audio.play(Sound.HELLO)
22
```

import audio

마이크로비트의 오디오 모듈을 불러옵니다.

```
led_image = Image("11011:"
                  "11011:"
                  "03130:"
                  "11311:"
                  "11111:")
```

강아지 모양의 이미지를 변수 **led_image**에 저장합니다.

```
touch_image = Image("00000:"
                    "09090:"
                    "00000:"
                    "09090:"
                    "09990:")
```

터치 로고를 터치했을 때 출력되는 웃는 이미지를 변수 **touch_image**에 저장합니다.

```
shake_image = Image("99099:"
                    "99099:"
                    "00900:"
                    "90009:"
                    "00900:")
```

흔들림을 감지했을 때 출력되는 놀라는 이미지를 변수 **shake_image**에 저장합니다.

```
timer = 0
```

디지털 펫을 방치했을 때 시간을 측정하는 변수 **timer**를 생성하여 0으로 초기화합니다.

```
audio.play(Sound.HELLO)
```

마이크로비트를 실행시켰을 때 hello 효과음을 송출합니다.

```python
23  while True:
24      display.show(led_image * microphone.sound_level())
25      if pin_logo.is_touched():
26          timer = 0
27          display.show(touch_image)
28          audio.play(Sound.HAPPY)
29      elif accelerometer.was_gesture('shake'):
30          timer = 0
31          display.show(shake_image)
32          audio.play(Sound.GIGGLE)
33      else:
34          sleep(100)
35          timer += 0.1
36      if 60 < timer <60.1:
37          display.show(Image.ASLEEP)
38          audio.play(Sound.YAWN)
39      elif 120 < timer <120.1:
40          display.show(Image.CONFUSED)
41          audio.play(Sound.SAD)
42      elif 180 < timer <180.1:
43          display.show(Image.ANGRY)
44          audio.play(Sound.MYSTERIOUS)
45          break
```

display.show(led_image * microphone.sound_level())

마이크를 통해서 측정된 주변 소리 크기(microphone.sound_level() 값)에 따라 밝기가 달라지는 강아지 모양의 이미지를 LED에 출력합니다.

pin_logo.is_touched():

터치 로고가 터치 되었을 때 펫은 행복감을 느끼므로 행복한 이미지와 효과음을 출력합니다.

acceleromerter.was_gesture('shake'):

흔들림을 감지하면 펫은 깜짝 놀라는 이미지와 키득거리는 효과음을 출력합니다.

timer += 0.1

펫을 터치하거나 흔들지 않으면 펫과 교감하지 않는 것이므로 방치 시간을 설정하는 변수 **timer**에 0.1씩 증가시킵니다.

if 60 < timer < 60.1:

변수 **timer**의 값이 60초 일 때(펫 방치 시간이 1분일 때) 졸린 이미지와 효과음을 출력합니다. 펫을 방치할 경우 변수 **timer** 값을 0.1씩 증가시키나 print()함수를 이용하여 timer 값을 확인해 보면 시간과 출력값 사이의 미세한 차이가 존재합니다. 따라서 timer == 60이라는 조건을 사용할 경우에는 1분 방치 시간에 걸리지 않기 때문에 **60 < timer < 60.1**이라는 조건문을 사용합니다.

if 120 < timer < 120.1:

변수 **timer**의 값이 120초(펫 방치 시간이 2분)일 때 혼란스러워하는 이미지와 효과음을 출력합니다.

if 180 < timer < 180.1:

변수 **timer**의 값이 180초(펫 방치 시간이 3분)일 때 화난 표정과 효과음을 출력합니다.

break

디지털 펫이 3분 이상 방치될 경우 반복문을 종료하고 작동을 중지합니다.

여기서 잠깐 break 알아보기

while True:
   if 조건문:
      break

반복문을 수행하다가 특정 조건을 만족하면 반복을 종료하고 싶을 때 사용하는 구문입니다.

```
1    from microbit import *
2    
3    total_cnt = 0
4    while True:
5        total_cnt += 1
6        display.scroll(total_cnt)
7        if total_cnt > 9:
8            display.scroll("Game Over")
9            break
```

예를 들어 게임 횟수가 10번보다 많으면 더 이상 게임을 진행하지 않고 끝내고 싶을 때 **break**문을 사용하여 무한 반복을 종료할 수 있습니다.

코드가 완성되었으니 시뮬레이터에서 결과를 확인해 봅시다. 시뮬레이터에서 오류 없이 잘 동작하면 마이크로비트에 코드를 전송합니다.

마이크로비트에서도 잘 동작하면 편집 화면 아래의 **저장하기** 버튼을 눌러 컴퓨터에 프로젝트를 저장합니다.

2 프로젝트2 – 나를 위해 노래해 주는 디지털 펫

1. 기능 정의

- 마이크로비트의 스피커를 이용하여 나를 위해 노래해 주는 디지털 펫을 만들어 봅니다.

　　1. 버튼 A를 누르면 나를 위한 생일 축하 노래를 불러 준다.
　　2. 버튼 B를 누르면 내가 만든 음악을 불러 준다.
　　3. 터치 로고를 터치하면 행복한 이미지 출력과 소리를 재생시키고, 흔들림이 감지되면 깜짝 놀란 모습과 소리를 재생시키고, 펫을 그냥 놔두면 방치 시간을 증가시킨다.
　　4. 펫을 1분 이상 방치되면 졸린 이모티콘과 효과음이 출력되며, 2분 이상 방치되면 어리둥절한 이모티콘과 효과음이 출력되고 3분 이상 방치되면 화난 표정과 효과음이 출력되며 작동을 멈춘다.

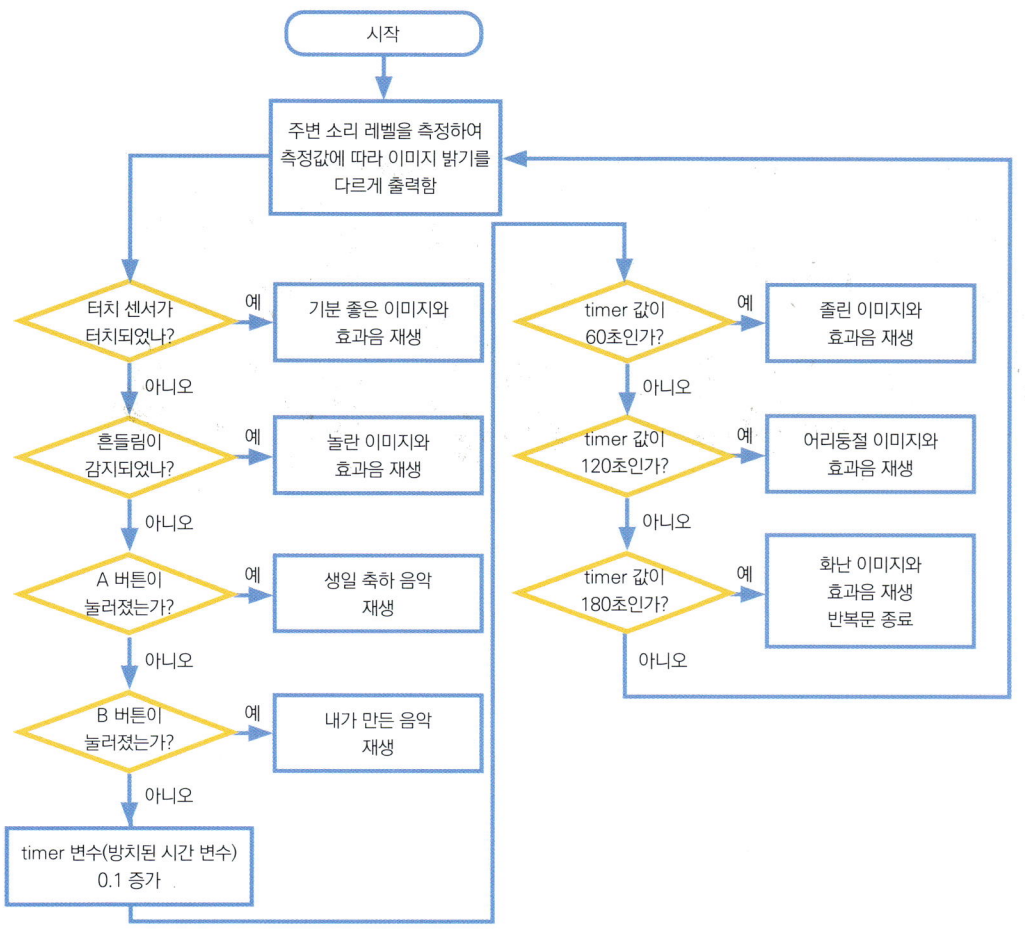

학습 목표	마이크로비트로 노래를 불러 주는 나만의 펫을 만들 수 있다. - 마이크로비트로 음악 만들어 재생하기 - 리스트를 이용하여 음악 만들기
핵심 키워드	마이크로비트, 파이썬
준비물	마이크로비트, micro 5pin USB 케이블
추가 파일	없음
학습 난이도	★★☆☆☆

2. 코드 작성

Micropython API

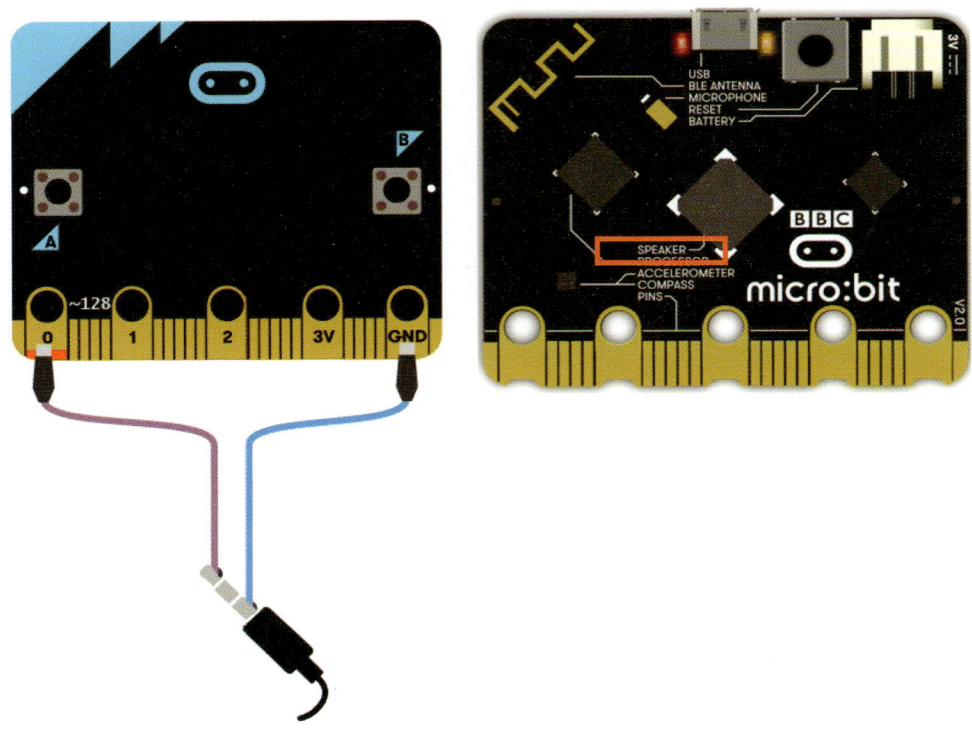

마이크로비트는 스피커를 통해 음악이나 말소리, 효과음을 재생시킬 수 있습니다.
마이크로비트(v2.0 이상)에는 내장 스피커가 있으며 헤드폰이나 앰프 스피커를 0번 및 GND 핀에 연결하여 사용할 수도 있습니다.

music.play(music.BIRTHDAY)

- 마이크로비트에 내장되어 있는 음악을 재생시키고 싶을 때 사용하는 함수입니다.
  마이크로비트는 노래 재생이 끝날 때까지 코드의 다음 명령이 실행되기를 기다리므로 음악이 계속 재생되면서 다른 작업을 진행시키고 싶다면 wait=False를 추가해서 코드 작성합니다.

music.play(music.BIRTHDAY, wait=False)

- 더 많은 내장 음악을 확인해 보고 싶다면 음악 종류를 클릭해서 알아볼 수 있습니다.

music.play(['d4', 'e4', 'c4', 'g3'])

- 기보법을 이용하여 나만의 곡을 만들 수 있습니다.

도	레	미	파	솔	라	시
C	D	E	F	G	A	B

기본 옥타브는 4옥타브로 음을 재생하며 다른 옥타브를 특정할 수 있습니다.

d4(레 4옥타브), e4(미 4옥타브), c4(도 4옥타브), g3(솔 3옥타브)를 표현한 값입니다.

music.play(['d4:3', 'e4', 'c4', 'g3:15'])

- 음표의 이름 뒤에 콜론과 숫자를 사용해서 음이 얼마나 길게 재생될지 선택할 수 있습니다. 음표 뒤에 지속 시간이 표기되지 않는 경우 앞의 지속 시간에 영향을 받으며 다시 재생 시간을 변경할 경우에는 'g3:15' 처럼 다시 콜론과 숫자를 사용해서 재생 시간을 표기해 주면 됩니다.

파이썬 편집기 화면의 좌측 참조 메뉴에서 음악 관련 내용을 찾아봅니다.

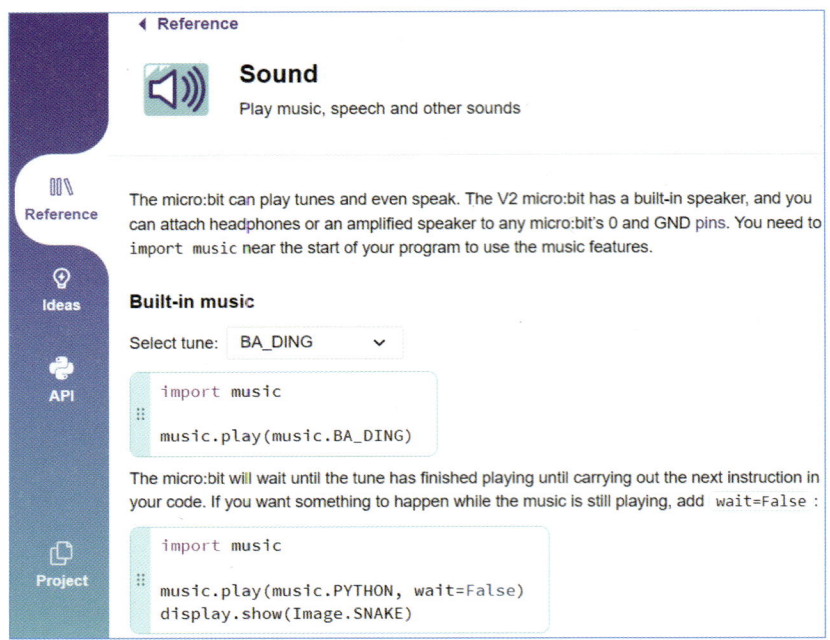

앞에서 만든 soundreactionPet 기능에 노래 부르는 기능을 추가하여 특별한 날 나에게 노래를 불러 주거나 내가 만든 음악을 불러 주는 노래하는 디지털 펫을 만들어 봅시다.

이번 프로젝트는 앞의 6_1 프로젝트에 코드를 추가하면서 진행합니다.

프로젝트 이름은 "6_2_singingPet"으로 수정합니다.

```
6_2_singingPet
1  from microbit import *
2  import audio
❶ import music
4
5  led_image = Image("11011:"
6                    "11011:"
7                    "03130:"
8                    "11311:"
9                    "11111")
10 touch_image = Image("00000:"
11                    "09090:"
12                    "00000:"
13                    "90009:"
14                    "09990")
15 shake_image = Image("99099:"
16                    "99099:"
17                    "00900:"
18                    "09090:"
19                    "00900")
20 timer = 0
❷ tune = ['d4:3','e4','c4','g3:15','g3:3','e3','f3','c4','c4',
22         'd4','d4','d4','e4','c4','g3:15','e4:3','f4','e4','e4','d4','d4']
23
```

```
24    audio.play(Sound.HELLO)
25
26    while True:
27        display.show(led_image * microphone.sound_level())
28        if pin_logo.is_touched():
29            timer = 0
30            display.show(touch_image)
31            audio.play(Sound.HAPPY)
32        elif accelerometer.was_gesture('shake'):
33            timer = 0
34            display.show(shake_image)
35            audio.play(Sound.GIGGLE)
36        elif button_a.is_pressed():
37            timer = 0
38            music.play(music.BIRTHDAY)
39        elif button_b.is_pressed():
40            timer = 0
41            music.play(tune)
42        else:
43            sleep(100)
44            timer += 0.1
```

❶ **import music**

먼저 마이크로비트에서 음악을 출력시키기 위해서는 음악 모듈을 불러와야 합니다.

❷ tune = ['d4:3', 'e4', 'c4', 'g3:15', 'g3:3', 'e3', 'f3', 'c4', 'c4',
         'd4', 'd4', 'd4', 'e4', 'c4', 'g3:15', 'e4:3', 'f4', 'e4', 'e4', 'd4', 'd4']

연주하고 싶은 곡을 미리 **tune** 리스트에 만들어 놓습니다. 이 프로젝트에서 미리 만들어 놓은 곡은 디즈니 애니메이션 COCO의 메인 OST "Remember me"의 한 구절입니다.

❸ 버튼 A, 버튼 B를 눌렀을 때 조건을 추가합니다.

elif button_a.is_pressed():
    music.play(music.BIRTYDAY)

버튼 A를 클릭하면 나를 위해 생일 축하 노래를 재생시켜 줍니다.

elif button_b.is_pressed():
    music.play(tune)

버튼 B를 클릭하면 미리 만들어 놓은 **tune**을 가져와 재생시킵니다.

코드가 완성되었으니 시뮬레이터에서 동작을 확인해 봅시다. 시뮬레이터에서 동작 확인이 되면 마이크로비트에 코드를 전송합니다.
마이크로비트에서도 잘 동작하면 편집 화면 아래의 **저장하기** 버튼을 눌러 컴퓨터에 프로젝트를 저장합니다.

7장
장애물 피하기 게임(slalom)

마이크로비트의 가속도 센서를 이용하여 재미있는 장애물 피하기 게임(slalom)을 만들어 봅시다.

1 프로젝트 – 장애물 피하기 게임(slalom)

1. 기능 정의

- 위에서 점 4개(wall)가 내려오면 마이크로비트를 좌우로 움직여 아래에 있는 점(player)을 이동시켜 내려오는 점들(wall)을 피하는 게임을 만들어 봅니다.

    1. 위에서 4개의 점(wall)이 임의의 위치로 내려온다. (0.5초)
    2. 아래의 점(player)은 마이크로비트의 움직임에 따라 이동한다. (0.2초)
    3. 아래의 점(player)가 장애물을 잘 피하면 score를 1점 추가한다.
    4. 총 게임 횟수는 10번이며 게임이 끝나면, LED 디스플레이에 획득한 점수가 출력된다.

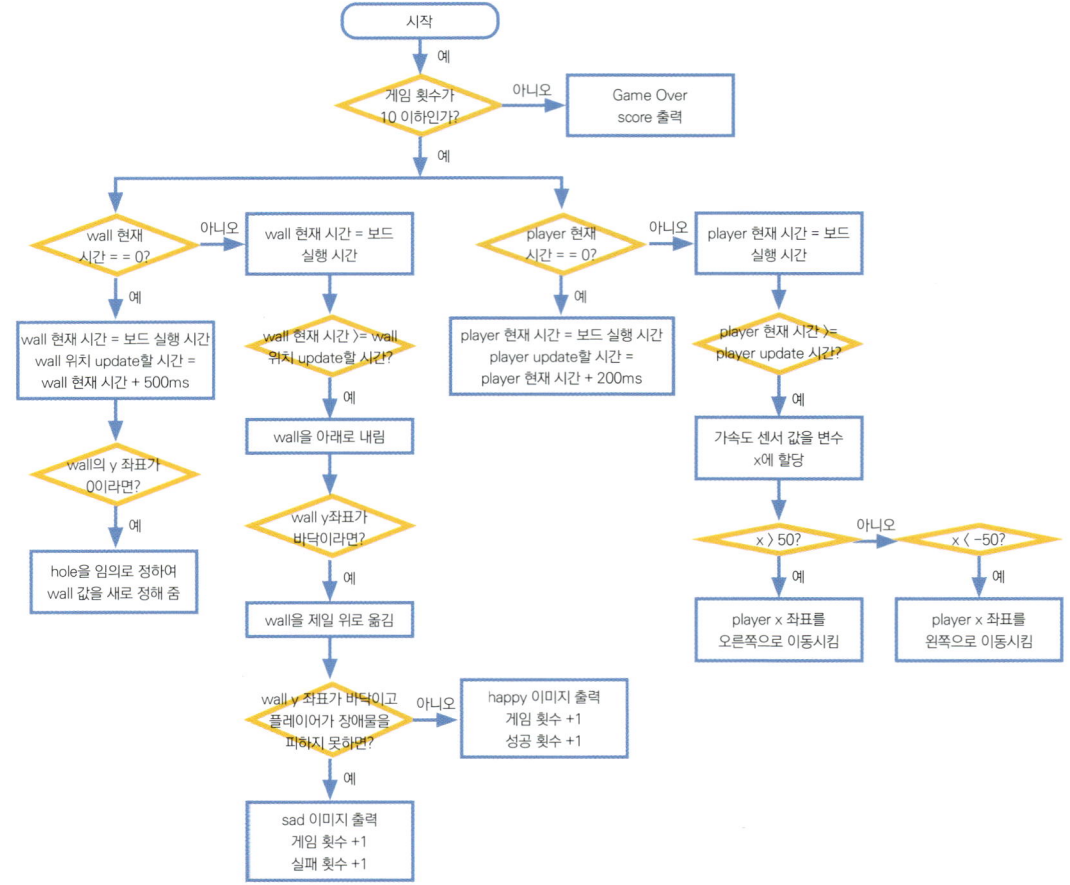

참고) 이 순서도는 실제 코드의 구성과는 차이가 있습니다. 전체적인 게임의 흐름을 파악하기 쉽게 표시하였습니다.

학습 목표	가속도 센서를 이용하여 장애물 피하기 게임을 만들 수 있다. – 마이크로비트 가속도 센서 이해하기 – 파이썬 반복 제어문(for, break) 익히기
핵심 키워드	마이크로비트, 파이썬, 게임
준비물	마이크로비트, micro 5pin USB 케이블
추가 모듈	없음
학습 난이도	★★★☆☆

2. 코드 작성

Micropython API

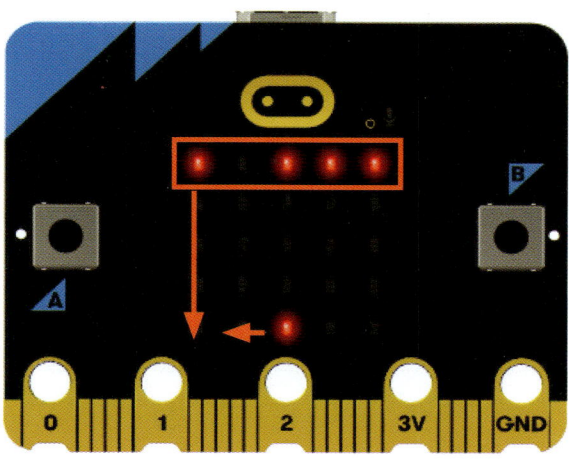

우리가 만드는 게임은 위에서 내려오는 점 4개(wall)를 피해 아래의 점(player) 위치를 조정하여 장애물을 피하는 게임이므로 점들의 위치를 픽셀 단위의 좌표(x, y)로 파악해야 합니다. 마이크로비트는 각 LED가 픽셀이 되고 각 픽셀은 x, y 좌표가 존재하며 왼쪽 위 (0, 0) 지점부터 시작합니다.

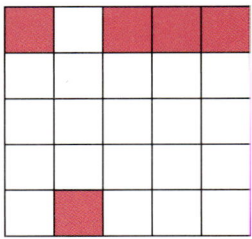

display.set_pixel(x, y, 9)

- 각 픽셀의 밝기를 0부터 9까지의 숫자를 사용해 설정하는 함수로 9가 가장 밝은 값을 나타내어 각 픽셀의 밝기를 제어할 수 있습니다.

파이썬 편집기 화면의 좌측의 참조 메뉴에서 디스플레이와 관련된 내용을 찾아봅니다.

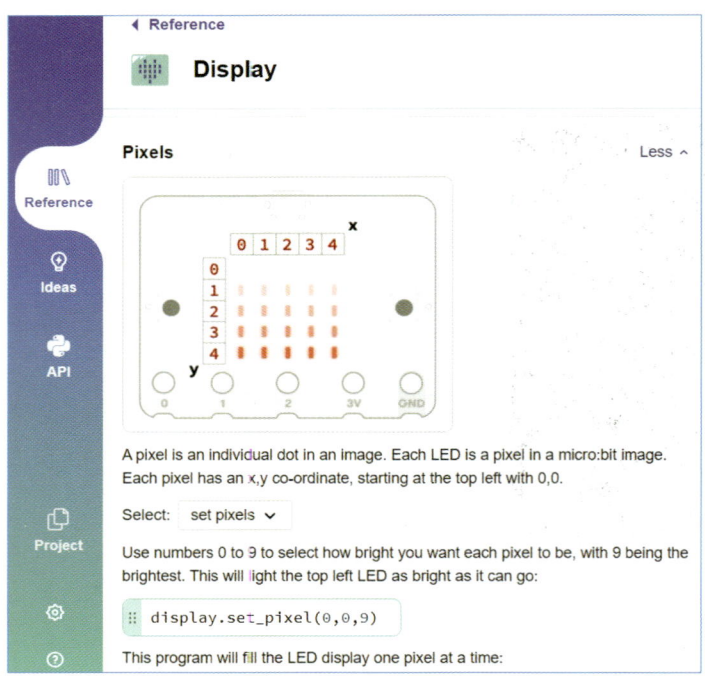

running_time()

- 이 게임에서는 위에서 내려오는 점(wall)은 500ms마다 위치가 바뀌어야 하고, 동시에 아래의 점(player)는 가속도 센서 값에 따라 좌우로 움직여야 하기 때문에 동시에 다른 동작을 수행하기 위해 **running_time()** 함수를 사용합니다.

  running_time()은 마이크로비트에 전원이 들어온 이후 또는 리셋된 이후의 시간을 밀리세컨드(milliseconds) 단위로 알려 주는 함수입니다.

 **for_in range() 구문 알아보기**

for i in range(a, b):
    실행문

실행문을 정해진 횟수만큼 반복적으로 수행하고자 할 때 사용하는 반복문으로 **a**부터 **b-1**의 구간 동안 실행문을 반복시킵니다.

range(시작 값, 끝 값, 간격) 함수는 **시작 값**부터 **끝 값-1**까지 숫자까지 **간격**만큼 떨어져서 정수를 생성합니다.

예를 들어 range(1, 6, 1)은 1, 2, 3, 4, 5의 숫자를 생성합니다.

range() 함수의 매개변수는 생략이 가능하며 range(시작 값, 끝 값) 형태로 사용하는 경우 생략된 간격은 항상 1입니다. range(끝 값) 형태로 사용하는 경우 생략된 시작 값은 무조건 0이고 간격은 1입니다.

예를 들어 range(5)는 시작 값은 0, 끝 값은 5이고, 간격은 1입니다. 즉 0, 1, 2, 3, 4의 숫자를 생성합니다.

range() 함수는 for 구문과 같이 사용하여 for 구문의 명령을 반복할 범위로 사용할 수 있습니다.

파이썬 편집기를 실행합니다. (https://python.microbit.org/v/3)
프로젝트 이름은 "7_1_slalomGame"으로 저장합니다.

7_1_slalomGame_comment

```python
from microbit import *
import random   #위에서 내려오는 점들(wall)중 구멍의 위치를 랜덤하게 바꾸기 위해 random 모듈 호출

wall = [9, 9, 9, 9, 9]
hole = 0   #장애물 5개 중 4개만 불이 들어오고 하나는 비워 둬야 하므로 이 부분을 hole 이라는 변수로 표현
total_cnt = 1   #전체 게임 횟수를 저장하는 변수
success_cnt = 0   #성공 횟수를 저장하는 변수
fail_cnt = 0   #실패 횟수를 저장하는 변수

time_s_wall = 0
time_n_wall = 0   #wall의 위치를 이동시키기 위해 시간을 체크하는 변수(s_wall, n_wall)
time_s_player = 0
time_n_player = 0   #player의 위치를 이동시키기 위해 시간을 체크하는 변수(s_player, n_player)
wall_y = 0   #wall의 y 값을 나타내는 변수(0~4 사이의 값을 가짐)
player_x = 2   #player_x는 5번째 줄 중간에 위치하며 player의 y 값은 항상 4가 됨.
display.set_pixel(player_x, 4, 9)   #게임 시작 할때 player 위치는 x:2, y:4, 밝기:9로 설정함.

while True:
    if total_cnt <= 10:   #총 게임 횟수가 10번까지만 게임을 진행할 수 있도록 함.
        if time_s_wall == 0:   #wall을 아래로 내리기 위한 다음 시간을 변수 time_n_wall에 저장
            time_s_wall = running_time()
            time_n_wall = time_s_wall+500
            if wall_y == 0:   #wall의 위치가 0일때(가장 윗줄이면), wall의 값을 새롭게 종함.
                wall = [9, 9, 9, 9, 9]   #불이 켜질 wall의 모든 값을 9(LED켜짐)로 만듬.
                hole = random.randint(0, 4)   #wall의 값 중 임의의 값(0~4)을 선택하여 구멍을 만듬.
                wall[hole] = 0
                print(wall)
                for i in range(5):   #wall을 하나씩 차례대로 마이크로비트에 표시함.
                    display.set_pixel(i, wall_y, wall[i])
        else:
            time_s_wall = running_time()
            print("1")
            if time_s_wall >= time_n_wall:   #이전에 설정한 wall 위치를 업데이트할 시간이 되었다면
                for i in range(5):   #현재 wall의 위치의 LED를 모두 끔.
                    display.set_pixel(i, wall_y, 0)
                wall_y += 1   #변수 wall_y 값을 1만큼 증가시킴.
                if wall_y > 4:   #wall_y 값이 가장 바닥일 때 1을 증가시키면 더 이상 내려갈 곳이 없으므로
                    wall_y = 0   #제일 위(wall_y = 0)로 옮김.
                for i in range(5):   #업데이트 된 변수 wall_y의 위치에 wall을 표시함.
                    display.set_pixel(i, wall_y, wall[i])
                if wall_y == 4:   #wall이 바닥에 있을 때
                    if hole != player_x:   #player의 x위치와 wall의 구멍이 다르다면 장애물에 닿은 것이므로
                        display.show(Image.SAD)   #SAD 이미지를 출력하고
                        sleep(500)
                        total_cnt += 1   #총 게임 횟수를 1만큼 증가시키고
                        fail_cnt +=1   #실패 횟수를 1만큼 증가시키고
                        display.clear()   #화면을 지움.
                    else:   #player가 구멍의 위치에 있다면 장애물을 피한 것이므로
                        display.show(Image.HAPPY)   #HAPPY 이미지를 출력하고
                        sleep(500)
                        total_cnt += 1   #총 게임 횟수를 1만큼 증가시키고
                        success_cnt +=1   #성공 횟수를 1만큼 증가시키고
                        display.clear()   #화면을 지움.
                time_s_wall = 0
```

```
55
56              if time_s_player == 0:   #player의 위치를 업데이트할 시간(time_n_player)을 설정함.
57                  time_s_player = running_time()
58                  time_n_player = time_s_player+200
59              else:
60                  time_s_player = running_time()
61                  print("3")
62                  if time_s_player >= time_n_player:  #현재 시간이 업데이트할 시간이 되면
63                      x = accelerometer.get_x()   #x축 기울기 값을 읽어 와서 변수 x에 저장함.
64                      if x > 50:  #좌우로 움직였다는 기준 값을 50으로 설정하고 기울기 값이 50보다 크면
65                          print("2")
66                          display.set_pixel(player_x, 4, 0)
67                          player_x += 1  #player의 x좌표를 1만큼 증가시켜 오른쪽으로 이동시킴.
68                          if player_x==5:  #x좌표가 4를 초과하면 더 이동할 수 없으므로 4로 지정함.
69                              player_x = 4
70                      elif x < -50:  #좌우 기울기 값이 -50보다 작으면
71                          print("3")
72                          display.set_pixel(player_x, 4, 0)
73                          player_x -= 1  #점의 x좌표를 1만큼 감소시켜 왼쪽으로 이동시킴.
74                          if player_x==-1:  #x좌표가 0 미만이면 0으로 지정함.
75                              player_x = 0
76
77                      display.set_pixel(player_x, 4, 9)  #player 위치를 수정하여 마이크로비트에 표시하고
78                      time_s_player = 0  #다음 위치를 정하기 위해 변수 time_s_player를 0으로 정함.
79          else:
80              display.scroll("game over")  #게임횟수가 10보다 많으면 "game over"를 출력하고
81              display.scroll("your score is")  #score를 출력하고 종료함.
82              display.scroll(success_cnt)
83              break
84
```

iimport random

위에서 내려오는 점들(wall) 중에서 구멍의 위치를 랜덤하게 바꾸기 위해 random 모듈을 호출합니다.

wall = [9, 9, 9, 9, 9]
hole = 0

위에서 내려오는 점(wall) 장애물 5개 중에 4개만 불이 들어오고 하나는 비워 둬야 하므로 이 부분을 **hole**이라는 변수로 표현합니다. 게임이 시작될 때 **hole**은 0~4 사이의 랜덤 값으로 지정됩니다.

total_cnt = 1
success_cnt = 0
fail_cnt = 0

게임 횟수를 한정시키기 위해 전체 게임 횟수를 저장하는 변수 **total_cnt**를 생성하고, 게임이 끝나면 스코어를 알려 주기 위해 성공 횟수를 저장하는 변수 **success_cnt**와 실패 횟수를 저장하는 변수 **fail_cnt**를 생성합니다.

time_s_wall = 0

time_n_wall = 0

wall의 위치를 이동시키기 위해 시간을 체크하는 변수를 생성합니다.

time_s_player = 0

time_n_player = 0

player의 위치를 이동시키기 위해 시간을 체크하는 변수를 생성합니다.

wall_y=0

wall의 y 값을 나타내는 변수로 0~4까지의 값을 갖습니다.

player_x = 2

player_x는 5번째 줄 중간에 위치하며 player의 y 값은 항상 4가 됩니다.

display.set_pixel(player_x,4,9)

게임을 시작할 때 player 위치는 x는 2, y는 4, 밝기는 9로 지정합니다.

if total_cnt <= 10:

총 게임 횟수가 10 이하일 경우에만 게임이 진행될 수 있도록 합니다. 변수 **total_cnt**의 값이 1~10까지 게임이 진행됩니다. 줄 번호 20부터 78까지의 코드가 이 if 문 안에서 처리됩니다.

if time_s_wall == 0:
    time_s_wall = running_time()
    time_n_wall = time_s_wall+500
    if wall_y == 0:
        wall = [9, 9, 9, 9, 9]
        hole = random.randint(0, 4)
        wall[hole] = 0
        print(wall)

```
        for i in range(5):
            display.set_pixel(i, wall_y, wall[i])
```

변수 **time_s_wall**이 0이면 wall을 아래로 내리기 위한 다음 시간을 변수 **time_n_wall**에 저장합니다. 변수 **time_s_wall**의 값은 wall이 한 칸 아래로 내려가면 다시 0이 됩니다. wall의 위치가 0일 때(if wall_y == 0), 즉, 가장 윗줄이면 wall의 값을 새롭게 정합니다. 불이 켜질 wall의 모든 값을 9(LED 켜짐)로 만든 후 wall의 값 중 임의의 값(0~4)을 선택하여 구멍(LED 꺼짐)을 만듭니다. wall을 하나씩 차례대로 마이크로비트에 표시합니다.

```
else:
    time_s_wall = running_time()
    print("1")
    if time_s_wall >= time_n_wall:
        for i in range(5):
            display.set_pixel(i, wall_y, 0)
        wall_y += 1
            if wall_y > 4:
        wall_y = 0
        for i in range(5):
            display.set_pixel(i, wall_y, wall[i])
```

wall을 다음 줄로 이동시키는 코드입니다. 현재 wall을 지우고 wall의 y 좌표를 업데이트하여 다시 그립니다.

현재 시간을 체크해 보고 이전에 설정한 wall 위치를 업데이트할 시간이 되었으면 현재 wall의 위치의 LED를 모두 끕니다. 그리고 변수 **wall_y** 값을 1만큼 증가시킵니다. 변수 **wall_y** 값이 가장 바닥일 때 1을 증가시키면 더 이상 내려갈 곳이 없으므로 제일 위(wall_y = 0)로 옮깁니다.

업데이트 된 변수 **wall_y**의 위치에 wall을 표시합니다.

```
if wall_y == 4:
```

wall이 바닥에 있을 때(if wall == 4)는 player의 위치에 따라 성공인지 실패인지가 결정이 됩니다. 따라서 player가 wall의 구멍의 위치에 있는지 구멍이 아닌 다른 곳의 위치에 있는지에 따라 나누어 처리합니다.

    if hole != player_x:

        display.show(Image.SAD)

        sleep(500)

        total_cnt += 1

        fail_cnt +=1

        display.clear()

현재 player의 x 위치(변수 [player_x])와 wall의 구멍(변수 [hole])이 같지 않다면 wall에 닿은 것이므로 sad 이미지를 출력하고 총 게임 횟수와 실패 횟수를 1만큼 증가시키고 화면을 지웁니다.

    else:

        display.show(Image.HAPPY)

        sleep(500)

        total_cnt += 1

        success_cnt +=1

        display.clear()

player가 구멍의 위치에 있다면 wall을 피한 것이므로 전체 게임 횟수도 1만큼 증가시키고, 성공 횟수도 1 증가시킨 후 화면을 지웁니다.

time_s_wall = 0

wall이 한 줄 아래로 내려왔을 때에 대한 모든 처리가 끝났으므로 다시 다음 처리를 위해 변수 **time_s_wall**을 0으로 초기화합니다.

줄 번호 56~78까지는 player를 제어하는 코드입니다.

if time_s_player == 0:

    time_s_player = running_time()

    time_n_player = time_s_player+200

player의 위치를 업데이트할 시간(time_n_player)을 설정합니다.
Player는 0.2초마다 가속도계의 x축 기울기 값을 읽어 와서 위치를 변경합니다.

```
else:
    time_s_player = running_time()
    print("3")
if time_s_player >= time_n_player:
    x = accelerometer.get_x()
```

현재 시간이 업데이트할 시간이 되면 x축 기울기 값을 읽어 와서 변수 [x]에 저장합니다.

```
if x > 50:
    print("2")
    display.set_pixel(player_x, 4, 0)
    player_x += 1
        if player_x==5:
            player_x = 4
```

좌우로 움직였다는 기준 값을 50으로 설정하고 기울기 값이 50보다 크면 player의 x 좌표를 1만큼 증가시켜 오른쪽으로 이동시킵니다. x 좌표가 4를 초과하면 더 이동할 수 없으므로 4로 지정합니다.

```
elif x < -50:
    print("3")
    display.set_pixel(player_x, 4, 0)
    player_x -= 1
    if player_x==-1:
        player_x = 0
```

좌우 기울기 값이 -50보다 작으면 점의 x 좌표를 1만큼 감소시켜 왼쪽으로 이동시킵니다. x 좌표가 0 미만이면 0으로 지정합니다.

display.set_pixel(player_x, 4, 9)

time_s_player = 0

player 위치를 수정하여 마이크로비트에 표시하고, 다시 다음 위치를 정하기 위해 변수 **time_s_player**를 0으로 정합니다. 다음에 줄 번호 56번부터 다시 처리가 됩니다.

else:
    display.scroll("game over")
    display.scroll("your score is")
    display.scroll(success_cnt)
    break

게임 횟수가 10보다 많으면(줄 번호 19의 조건을 만족하지 않는 경우), "game over" 문구와 변수 **success_cnt**에 저장된 점수를 출력하고 게임의 반복을 종료합니다.

다소 길고 어려웠던 코드 작성이 끝났습니다. 이제 시뮬레이터로 동작을 확인해 보세요. 오류가 없이 실행된다면 마이크로비트에 코드를 전송하고 내가 만든 slalom 게임을 신나게 즐겨 보세요!

8장

말하는 마이크로비트

speech 모듈을 이용하여 말하는 마이크로비트를 만들어 봅시다.

1 프로젝트1 - 이야기를 읽어 주는 마이크로비트

1. 기능 정의

- 마이크로비트가 켜지면 LED 디스플레이에 HAPPY 이모티콘을 보여 줍니다.

    1. 버튼 A를 누르면 새로운 이야기를 생성해서 읽어 준다.

    2. 버튼 B를 누르면 저장된 이야기를 다시 읽어 준다.

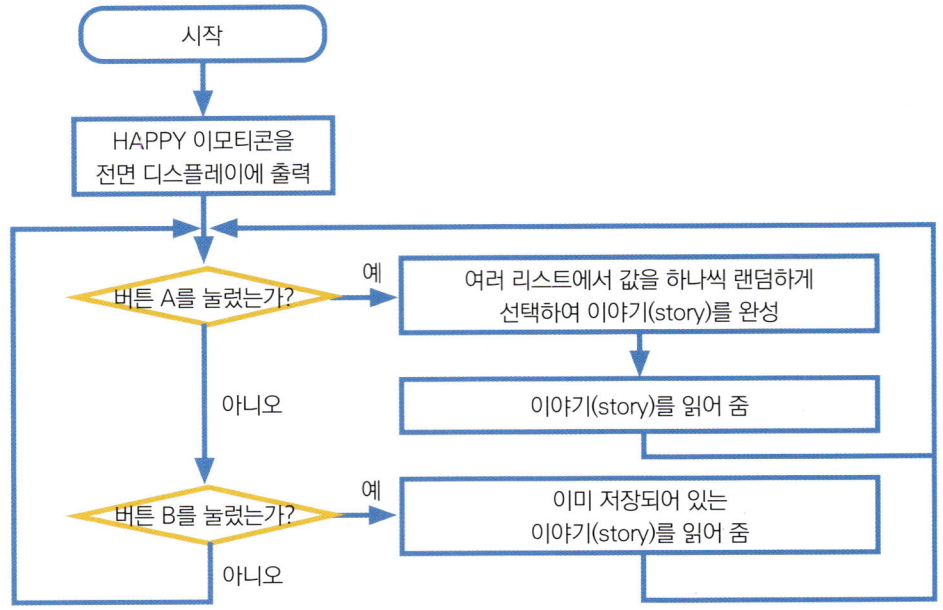

학습 목표	speech 모듈을 이용하여 말하는 마이크로비트를 만들 수 있다. - speech 모듈의 say 함수 익히기 - 파이썬 리스트, format 함수 익히기
핵심 키워드	마이크로비트, 파이썬
준비물	마이크로비트, micro 5pin USB 케이블
추가 모듈	없음
학습 난이도	★☆☆☆☆

2. 코드 작성

Micropython API

마이크로비트 2.0 버전부터는 마이크로비트 후면에 스피커가 부착되어 있습니다. music 모듈의 sound 함수로 소리(음악)를 출력할 수도 있지만 사람이 말하는 것처럼 소리를 내도록 할 수도 있습니다. 이 기능을 사용하기 위해서는 speech 모듈을 import해야 합니다.

 마이크로비트 v1.5인 경우 소리 출력 확인 방법

1. 확장보드와 피에조 부저를 이용하여 확인할 수 있습니다.
2. 악어집게와 이어폰을 이용하여 확인할 수 있습니다.
3. 또는 시뮬레이터에서 확인할 수 있습니다. (시뮬레이터 아래의 스피커 버튼을 확인해 주세요.)

speech.say(문자열)

- speech.say(words, pitch=64, speed=72, mouth=128, throat=128, pin=pin0)
- 선택적 피치, 속도, 입 및 목구멍 설정을 재정의하여 음성의 음색(품질)을 변경할 수 있습니다.
  * speed : how quickly the device talks(0 = fast, 255 = slow)
    - 빠르기를 지정합니다.

0-20 impractical

20-40 very fast

40-60 fast

60-70 fast conversational

70-75 normal conversational

75-90 narrative

90-100 slow

100-225 very slow

(The default is 72)

* pitch : how high or low the voice sounds(0 = high, 255 = low)

  - 음의 높낮이를 지정합니다.

  0-20 impractical

  20-30 very high

  30-40 high

  40-50 high normal

  50-70 normal

  70-80 low normal

  80-90 low

  90-255 very low

  (The default is 64)

* throat : how tight-lipped or overtly enunciating the voice sounds(0 = closed mouth, 255 = open mouth)

  - 목소리가 얼마나 딱딱하거나 명백하게 발음하는지, 숫자가 낮을 수록 소리가 편안해집니다.

* mouth : how relaxed or tense is the tone of voice(0 = tense, 255 = relaxed)

  - 목소리 톤이 얼마나 편안하거나 긴장되어 있는지, 숫자가 낮을 수록 입을 덜 벌리고 말하는 것처럼 느껴집니다.

speech. pronounce(음소)

- speech.pronounce(phonemes, pitch = 64, speed = 72, mouth = 128, throat = 128, pin = pin0)
- 문자열 음소의 음소를 발음합니다. 선택적 피치, 속도, 입 및 목구멍 설정을 재정의하여 음성의 음색(음질)을 변경할 수 있습니다.
- https://github.com/s-macke/SAM/wiki/Text-to-phoneme-translation-table 또는 http://www.apple-iigs.info/newdoc/sam.pdf 문서를 참고해서 발음을 만들면 됩니다.

speech.translate(문자열)

- 발음하기에 적합한 음소를 만들어 줍니다. 이 결과를 수정하여 최적의 음소를 만들 수 있습니다. 이렇게 만들어진 결과를 pronounce() 함수에 사용할 수 있습니다.

speech.sing(음소)

- speech.sing(phonemes, pitch = 64, speed = 72, mouth = 128, throat = 128, pin = pin0)
- 음소를 노래합니다. **pronounce()** 함수와 비슷하지만 다른 소리를 냅니다.

파이썬 편집기의 API에서도 확인할 수 있습니다.

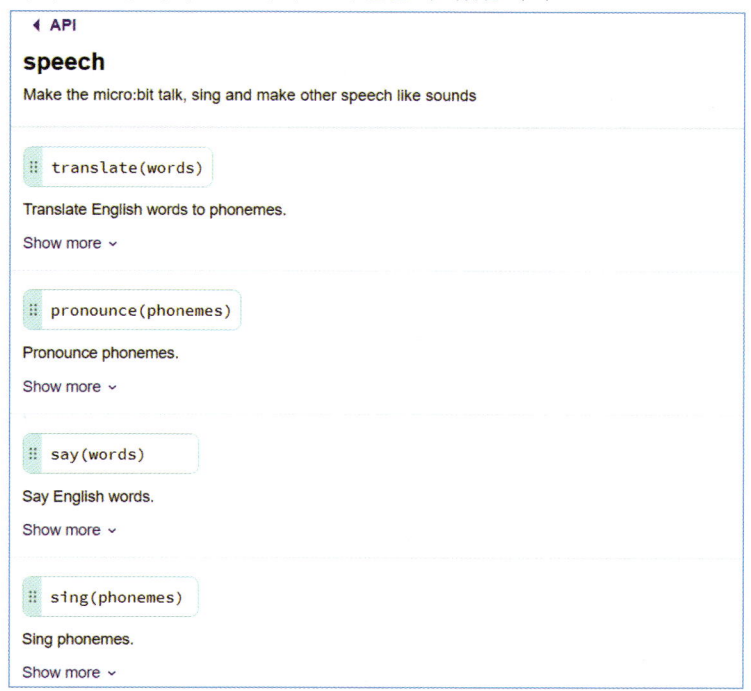

파이썬 편집기를 실행합니다. (https://python.microbit.org/v/3)

프로젝트 이름은 "8_1_readStory"으로 저장합니다.

```python
import speech
import random
from microbit import sleep

when = random.choice(["Once upon a time", "A hundred years ago",
                      "A day ago", "Long time ago"])
who = random.choice(["a hare and a' tortoise", "a prince and a princess",
                     "Little red and a wolf", "Three little pig"])
do = random.choice(["fought each other", "had lunch ", "jumped rope",
                    "studied hard", "took a walk"])
where = random.choice(["in the park", "in the gym",
                       "in the woods", "in the castle"])

story = ["{}, there were {}".format(when, who),
         "They {} {}".format(do, where),
         "Good night"]

print(story)

for word in story:
    speech.say(word, speed=120, pitch=100, throat=100, mouth=200)
    sleep(500)
```

import speech

speech 관련 함수를 사용하기 위해 speech 모듈을 추가합니다.

import random

임의의 값을 추출하기 위한 함수들을 사용하기 위해 파이썬 내장 모듈인 random 모듈을 추가합니다.

from microbit import sleep

이 예제에서는 microbit 모듈의 다른 함수는 사용하지 않고 sleep 함수만 사용합니다.
이런 경우 특정 함수만 사용하겠다고 선언할 수도 있습니다.

when = random.choice(["Once upon a time", "A hundred years ago", "A day ago", "Long time ago"])

리스트 **["Once upon a time", "A hundred years ago", "A day ago", "Long time ago"]**에 있는 항목들 중에서 임의의 항목을 선택하여 변수 **when**에 저장합니다.

story = ["{ }, there were { }".format(when, who),
       "They { } { }".format(do, where),
       "Good night"]

항목이 3개인 리스트를 만들어 변수 **story**에 저장했습니다.

"{ }, there were { }".format(when, who)

문자열을 만들 수 있는 여러 가지 방법 중 하나로 format 함수를 이용하였습니다.
변수에 저장된 값을 이용하여 문자열을 완성하고자 할 때 변수가 들어갈 부분은 중괄호({})로 남겨 놓고, format 함수의 인자로 변수 이름을 넘겨주면 됩니다.

print(story)

변수 **story** 내용을 시리얼 모니터를 이용하여 확인합니다.

for word in story:
    speech.say(word, speed = 120, pitch = 100, throat = 100, mouth = 200)
    sleep(500)

리스트 **story**에 저장된 항목을 하나씩 가져옵니다.
제일 처음에는 **story**의 0번 항목이 word에 저장되어 **speech.say(word, …)**를 실행합니다.
speech.say(word, …)가 실행이 완료되고 **sleep(500)**를 실행한 다음에는 **story**의 1번 항목이 word에 저장되어 **speech.say(word, …)**를 실행합니다.
리스트 **story**에 있는 항목을 한 번씩 다 가져오면 for 반복문은 종료됩니다.

 문자열 포맷팅(formatting)에 대해 알아보기

문자열을 출력하고자 할 때 단순하게는 "안녕하세요"와 같이 문자만 사용하는 경우도 있지만 때에 따라서는 변수를 사용하여 그때그때 다른 내용의 문자열을 표현해야 하는 경우도 있습니다.

예를 들어 "홍길동 고객님 안녕하세요"나 "김흥부 고객님 안녕하세요"와 같이 이름 부분만 바꾸어 문장을 완성하는 경우가 있습니다. 이처럼 이름에 해당하는 부분에 변수를 넣어 문장을 만들려고 할 때 문자열 포맷팅을 사용하면 편리합니다.

1. % 기호(서식 지정자)를 사용하기
- 변수에 해당하는 부분을 % 기호를 사용하여 표시합니다.
  변수가 정수면 %d, 실수면 %f, 문자열이면 %s 등으로 나타낼 수 있습니다.
  여러 개의 값을 넣고 싶을 때는 소괄호를 사용하여 콤마(,)로 구분하여 순서대로 넣어 줍니다.

```
name = "홍길동"
waiting = 20
print("%s님 안녕하세요"%name)
print("%s님 대기번호는 %d입니다"%(name, waiting))
```

2. format 함수 사용하기

서식 지정자(%)를 사용하는 경우는 변수의 타입(type)을 알아야 합니다. 그러나 format 함수를 사용하는 경우는 변수가 어떤 타입인지 몰라도 사용이 가능합니다.

"{ }".format(변수 이름) 형태로 사용할 수 있습니다.

```
name = "홍길동"
waiting = 20
print("{}님 안녕하세요".format(name))
print("{}님 대기번호는 {}입니다".format(name, waiting))
```

앞의 중괄호부터 순서대로 변숫값이 대입됩니다.

"{}님 대기번호는 {} 입니다".format(name, waiting)

중괄호 안에 인덱스를 지정해서 사용할 수도 있습니다.

"{0}님 대기번호는 {1} 입니다".format(name, waiting)

인덱스를 사용하는 경우 하나의 값을 여러 번 사용할 수도 있습니다. 순서를 바꾸어 사용할 수도 있습니다.

"{0}님 대기번호는 {1} 입니다. {0}님 잠시만 기다려주세요."format(name, waiting)

3. f-string 사용하기
문자열 앞에 f 접두사만 붙이면 f-string 포맷팅을 사용할 수 있습니다.

```
name = "홍길동"
waiting = 20
print(f"{name}님 안녕하세요")
print(f"{name}님 대기번호는 {waiting}입니다")
```

변수가 들어갈 자리에 중괄호를 넣고, 중괄호 안에 변수 이름을 넣어 주기만 하면 됩니다.
단, 마이크로비트에서는 f-string 포맷팅은 사용할 수 없습니다.

코드가 완성되었으니 오류가 없는지 확인 후 마이크로비트로 전송하여 동작을 확인합니다.
마이크로비트가 이야기를 잘 읽어 주나요?
동작이 잘 되면 우선 작성된 프로젝트를 컴퓨터에 저장해 주세요.

이제 코드를 수정하여 알고리즘대로 버튼 A를 눌러서 새로운 이야기를 다시 만들어 내거나 또는 버튼 B를 눌러서 한 번 만들어진 이야기를 다시 들을 수 있도록 해 봅시다.

```
8_1_readStory
1  import speech
2  import random
3  from microbit import sleep
4
5  when = random.choice(["Once upon a time", "A hundred years ago",
6                        "A day ago", "Long time ago"])
7  who = random.choice(["a hare and a' tortoise", "a prince and a princess",
8                       "Little red and a wolf", "Three little pig"])
9  do = random.choice(["fought each other", "had lunch ", "jumped rope",
10                     "studied hard", "took a walk"])
11 where = random.choice(["in the park", "in the gym",
12                        "in the woods", "in the castle"])
13
14 story = ["{}, there were {}".format(when, who),
15          "They {} {}".format(do, where),
16          "Good night"]
17
18 print(story)
19
20 for word in story:
21     speech.say(word, speed=120, pitch=100, throat=100, mouth=200)
22     sleep(500)
```

❶ (lines 5-18)
❷ (lines 20-22)

우선 프로젝트 이름을 **8_1_readStory_2**로 수정해 주세요.

우리가 앞에서 작성했던 코드에서 버튼 A를 눌렀을 때 실행되어야 하는 부분은 ①과 ②입니다.

버튼 B를 눌렀을 때 실행되어야 하는 부분은 ②입니다.

while 반복문과 if 조건문을 이용하여 아래와 같이 만들어 봅니다.

```
 8_1_readStory_2
1  import speech
2  import random
3  from microbit import *
4
5  while True:
6      if button_a.was_pressed():
7          when = random.choice(["Once upon a time", "A hundred years ago",
8                                "A day ago", "Long time ago"])
9          who = random.choice(["a hare and a tortoise", "a prince and a princess",
10                               "Little red and a wolf", "Three little pig"])
11         do = random.choice(["fought each other", "had lunch ", "jumped rope",
12                              "studied hard", "took a walk"])
13         where = random.choice(["in the park", "in the gym",
14                                "in the woods", "in the castle"])
15
16         story = ["{}, there were {}".format(when, who),
17                  "They {} {}".format(do, where),
18                  "Good night"]
19
20         print(story)
21
22         for word in story:
23             speech.say(word, speed=120, pitch=100, throat=100, mouth=200)
24             sleep(500)
25     elif button_b.was_pressed():
26         for word in story:
27             speech.say(word, speed=120, pitch=100, throat=100, mouth=200)
28             sleep(500)
```

from microbit import *

microbit 모듈의 모든 기능을 추가합니다.

while True:
  if button_a.was_pressed():
      ①
      ②
  elif button_b.was_pressed():
      ②

8_1_readStory의 코드를 위와 같은 형태로 수정합니다. 이때 주의할 것은 들여쓰기입니다.

이제 마이크로비트에 전송하여 동작을 확인합니다. 혹시 오류를 찾았나요?

버튼 A를 누르기 전 버튼 B를 먼저 누르면 오류가 발생합니다.

NameError : name 'story' isn't defined

NameError는 정의되지 않은 변수에 접근하려고 하는 경우 발생하는 오류입니다.

즉, 이야기를 저장하는 변수 **story**에 저장된 값이 없는 상태에서 버튼 B를 눌러 읽어 오도록 했기 때문에 발생한 오류입니다.

이런 오류를 막기 위한 다른 방법도 있겠지만, 여기에서는 마이크로비트가 시작할 때 이야기를 하나 완성해서 변수 **story**에 저장하겠습니다.

즉, 앞의 코드 중 ①에 해당하는 부분을 마이크로비트가 시작되면 제일 먼저 실행시키는 것입니다.

①

```
while True:
    if button_a.was_pressed():
            ①
            ②
    elif button_b.was_pressed():
            ②
```

위와 같은 형태로 코드를 수정합니다. 코드를 수정할 때 들여쓰기를 주의해 주세요.

```python
# 8_1_readStory_3
import speech
import random
from microbit import *

when = random.choice(["Once upon a time", "A hundred years ago",
                      "A day ago", "Long time ago"])
who = random.choice(["a hare and a tortoise", "a prince and a princess",
                     "Little red and a wolf", "Three little pig"])
do = random.choice(["fought each other", "had lunch ", "jumped rope",
                    "studied hard", "took a walk"])
where = random.choice(["in the park", "in the gym",
                       "in the woods", "in the castle"])

story = ["{}, there were {}".format(when, who),
         "They {} {}".format(do, where),
         "Good night"]

while True:
    if button_a.was_pressed():
        when = random.choice(["Once upon a time", "A hundred years ago",
                              "A day ago", "Long time ago"])
        who = random.choice(["a hare and a tortoise", "a prince and a princess",
                             "Little red and a wolf", "Three little pig"])
        do = random.choice(["fought each other", "had lunch ", "jumped rope",
                            "studied hard", "took a walk"])
        where = random.choice(["in the park", "in the gym",
                               "in the woods", "in the castle"])

        story = ["{}, there were {}".format(when, who),
                 "They {} {}".format(do, where),
                 "Good night"]
        for word in story:
            speech.say(word, speed=140, pitch=100, throat=90, mouth=100)
            sleep(500)
    elif button_b.was_pressed():
        for word in story:
            speech.say(word, speed=120, pitch=100, throat=100, mouth=200)
            sleep(500)
```

다시 한번 마이크로비트에 전송하여 동작을 확인합니다. 잘 동작하나요?

컴퓨터에도 꼭 저장하는 것 잊지 말아 주세요.

2 프로젝트2 – 말하는 마이크로비트

1. 기능 정의

- 마이크로비트에 전원이 들어오면 HAPPY 이모티콘이 표시되고, 버튼 A와 버튼 B를 누르면 누를 때마다 저장되어 있는 다른 표정 이모티콘이 순서대로 출력되면서 이모티콘 모양에 따라 알맞은 기분을 음성으로 알려 줍니다.

    1. 이모티콘을 HAPPY, CONFUSED, SURPRISED, SMILE, SAD 순서로 저장한다. 이모티콘의 순서와 동일하게 이모티콘의 기분을 표현하는 문장을 저장한다.
    2. 버튼 A를 누르면 현재 이모티콘의 이전 이모티콘을 출력한다. 그리고 이모티콘 모양에 따라서 알맞은 기분이 음성으로 출력된다.
    3. 버튼 B를 누르면 현재 이모티콘의 다음 이모티콘을 출력한다. 그리고 이모티콘 모양에 따라서 알맞은 기분이 음성으로 출력된다.

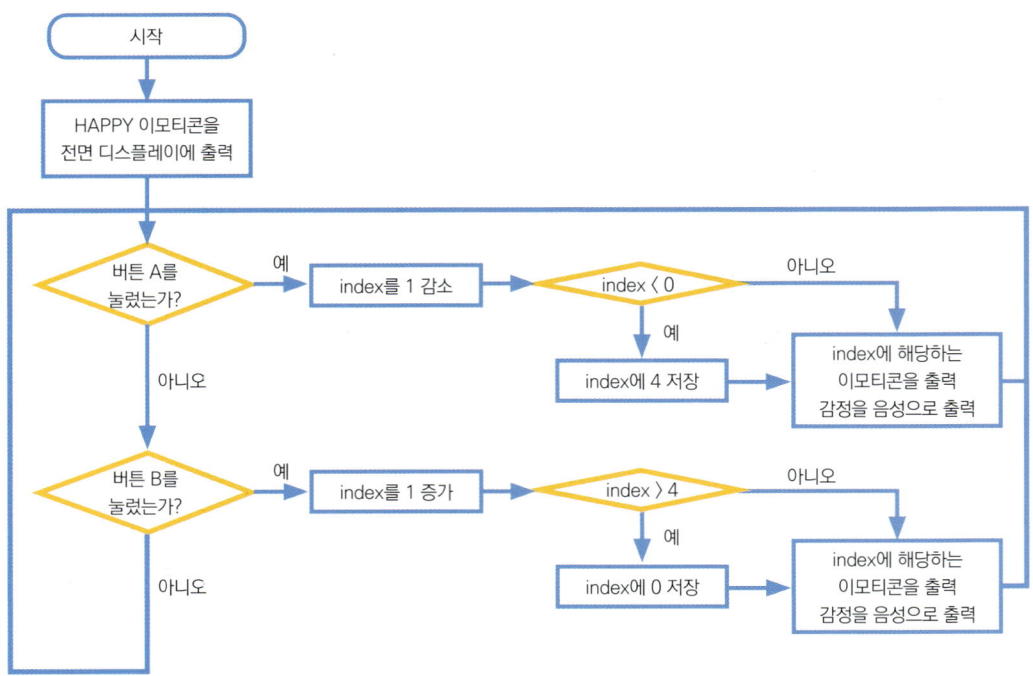

학습 목표	다양한 기분을 표현하는 마이크로비트를 만들 수 있다. - speech 모듈의 다양한 함수 익히기 - 파이썬 리스트 사용법 익히기
핵심 키워드	마이크로비트, 파이썬
준비물	마이크로비트, micro 5pin USB 케이블
추가 모듈	없음
학습 난이도	★☆☆☆☆

2. 코드 작성

파이썬 편집기를 실행합니다. (https://python.microbit.org/v/3)

프로젝트 이름은 "8_2_Emoticon"으로 저장합니다.

```python
from microbit import *
import speech

index = 0
emotion = [Image.HAPPY, Image.SAD, Image.SMILE,
           Image.SURPRISED, Image.CONFUSED]
emotion_word = ["I'm happy..", "I'm sad..", "I'm good..",
                "I'm surprised..", "I'm confused.."]
display.show(emotion[index])

while True:
    if button_a.was_pressed():
        index -= 1
        if index < 0:
            index = 4
        display.show(emotion[index])
        speech.say(emotion_word[index])
    elif button_b.was_pressed():
        index += 1
        if index > 4:
            index = 0
        display.show(emotion[index])
        speech.say(emotion_word[index])
```

emotion = [Image.HAPPY, Image.SAD, Image.SMILE, Image.SURPRISED, Image.CONFUSED]

emotion_word = ["I'm happy..", "I'm sad..", "I'm good..", "I'm surprised..", "I'm confused.."]

리스트 **emotion**과 **emotion_word**에 감정 이모티콘 이름과 감정을 나타내는 문장을 저장해 두었습니다.

다른 이모티콘과 문장으로 수정할 때는 꼭 순서를 맞추어 수정해 주세요.

display.show(emotion[index])

speech.say(emotion_word[index])

리스트 **emotion**과 **emotion_word**에서 index 위치에 있는 값을 가져와 화면에 보여 주고, 소리를 출력합니다. 동일한 **index**를 이용하여 접근하므로 두 리스트를 생성할 때 순서를 꼭 확인해 주세요.

마이크로비트에 전송하여 동작을 확인합니다.

마이크로비트가 켜지면 HAPPY 이모티콘만 화면에 보이고, 버튼 A나 B를 누르면 이모티콘이 바뀌면서 해당하는 감정을 말로 읽어 줍니다.

완성된 프로젝트를 컴퓨터에 다운로드합니다.

이제 마이크로비트가 한국어로 말하도록 수정해 보겠습니다.

이번에 사용할 함수는 **speech.pronounce()**입니다. 음소를 이용하여 소리를 내는 방법입니다. **speech.pronounce('/HEHLOW WERLD')** 이 명령어는 **speech.say("hello world")**와 동일한 소리를 출력합니다.

음소는 아래 테이블과

https://github.com/s-macke/SAM/wiki/Text-to-phoneme-translation-table의 음소 번역 테이블을 이용하였습니다.

```
SIMPLE VOWELS                    VOICED CONSONANTS
IY        f(ee)t                 R         (r)ed
IH        p(i)n                  L         a(ll)ow
EH        b(e)g                  W         a(w)ay
AE        S(a)m                  W         (wh)ale
AA        p(o)t                  Y         (y)ou
AH        b(u)dget               M         Sa(m)
AO        t(al)k                 N         ma(n)
OH        c(o)ne                 NX        so(ng)
UH        b(oo)k                 B         (b)ad
UX        l(oo)t                 D         (d)og
ER        b(ir)d                 G         a(g)ain
AX        gall(o)n               J         (j)u(dg)e
IX        dig(i)t                Z         (z)oo
                                 ZH        plea(s)ure
DIPHTHONGS                       V         se(v)en
EY        m(a)de                 DH        (th)en
AY        h(igh)
OY        b(oy)
AW        h(ow)                  UNVOICED CONSONANTS
OW        sl(ow)                 S         (S)am
UW        cr(ew)                 SH        fi(sh)
                                 F         (f)ish
                                 TH        (th)in
SPECIAL PHONEMES                 P         (p)oke
UL        sett(le) (=AXL)        T         (t)alk
UM        astron(om)y (=AXM)     K         (c)ake
UN        functi(on) (=AXN)      CH        spee(ch)
Q         kitt-en (glottal stop) /H        a(h)ead

YX        diphthong ending (weaker version of Y)
WX        diphthong ending (weaker version of W)
RX        R after a vowel (smooth version of R)
LX        L after a vowel (smooth version of L)
/X        H before a non-front vowel or consonant - as in (wh)o
DX        T as in pi(t)y (weaker version of T)

PHONEME        YOU PROBABLY WANT:      UNLESS IT SPLITS SYLLABLES LIKE:
COMBINATION
GS             GZ e.g. ba(gs)          bu(gs)pray
BS             BZ e.g. slo(bz)         o(bsc)ene
DS             DZ e.g. su(ds)          Hu(ds)on
PZ             PS e.g. sla(ps)         -----
TZ             TS e.g. cur(ts)y        -----
```

(이미지 출처: https://microbit-micropython.readthedocs.io/en/v2-docs/speech.html)

리스트 **emotion_word**의 영어로 된 문장을 음소 번역 테이블을 이용하여 한국어 발음으로 바꾸어 봅니다.

프로젝트 이름은 "8_2_Emoticon_kor"으로 수정합니다. 기존 코드의 리스트 **emotion_word**의 항목을 한국어 발음으로 수정하고, 함수 **speech.say()**를 **speech.pronounce()**로 수정합니다.

```
8_2_Emotion_kor
1  from microbit import *
2  import speech
3
4  index = 0
5  emotion = [Image.HAPPY, Image.SAD, Image.SMILE,
6             Image.SURPRISED, Image.CONFUSED]
7  emotion_word = ["NAA3UN4 /HAE4EH3NBOW4G /HAE6",   #나는 행복해
8                  "NAA3UN4 SULP4OW",                 #나는 슬퍼
9                  "NAA3UN4 GIH4BUHNIY JOHAA",        #나는 기분이 좋아
10                 "NAA3UN4 LOH4LAASAW",              #나는 놀랐어
11                 "NAA3UN4 MOWLGEHSOW"]              #나는 모르겠어
12 display.show(emotion[index])
13
14 while True:
15     if button_a.was_pressed():
16         index -= 1
17         if index < 0:
18             index = 4
19         display.show(emotion[index])
20         speech.pronounce(emotion_word[index])
21     elif button_b.was_pressed():
22         index += 1
23         if index > 4:
24             index = 0
25         display.show(emotion[index])
26         speech.pronounce(emotion_word[index])
```

emotion_word = ["NAA3UN4 /HAE4EH3NBOW4G /HAE6",   #나는 행복해
                "NAA3UN4 SULP4OW",   #나는 슬퍼
                "NAA3UN4 GIH4BUHNIY JOHAA",   #나는 기분이 좋아
                "NAA3UN4 LOH4LAASAW",   #나는 놀랐어
                "NAA3UN4 MOWLGEHSOW"]   #나는 모르겠어

음소 번역 테이블을 이용하여 한국말과 비슷하도록 만들었습니다.

NAA3UN4에서 숫자를 제거하고 **NAAUN**이라 해도 비슷하게 들립니다. 숫자는 해당 음의 강세(stress)로 범위는 1~8입니다. 이 숫자들을 이용하여 미세하게 조정이 가능합니다.

speech.pronounce(emotion_word[index])

emotion_word[index]에 해당하는 내용을 읽어 줍니다.

마이크로비트에 전송하여 확인합니다.
리스트 **emotion_word**의 발음을 수정하여 다른 말도 만들어 봅시다.
동작을 확인 후 프로젝트를 컴퓨터에 저장합니다.

9장

데이터를 기록하는 마이크로비트

log 모듈을 이용하여 데이터를 저장하고 읽는 방법을 알아봅시다.

1 프로젝트1 - 데이터를 기록하는 마이크로비트

1. 기능 정의
- 10초 단위로 마이크로비트의 온도 센서와 빛 센서 값을 기록합니다.

      1. 온도 센서와 빛 센서 값을 10초마다 기록한다.

      2. 마이크로비트 폴더에 저장된 데이터를 확인한다.

학습 목표	lcg 모듈을 이용하여 마이크로비트 데이터를 저장할 수 있다. - log 모듈의 다양한 함수 익히기 - 파이썬 리스트, format 함수 익히기
핵심 키워드	마이크로비트, 파이썬
준비물	마이크로비트, micro 5pin USB 케이블
추가 모듈	없음
학습 난이도	★☆☆☆☆

2. 코드 작성

Micropython API

마이크로비트의 데이터 로그 기능은 마이크로비트 2.0 버전 이상부터 사용이 가능합니다.

set_labels(*labels, timestamp=SECOND)

- 기록되는 데이터의 레이블을 명시합니다.
- *labels : 로그 헤더 항목에 해당하는 임의 개수의 항목을 표시할 수 있으며, 나열된 순서대로 표시됩니다.
- timestamp : 보통 데이터의 가장 앞 열에 표시되며 값은 MILLISECOND, SECOND, MINUTES, HOURS, DAYS, NONE을 사용할 수 있습니다. 기본값은 SECOND입니다.

add(data_dictionary)

- 기록할 데이터를 딕셔너리 형태로 추가합니다. {key1:value1, key2:value2 …}

add(**kwargs)

- 기록할 데이터를 keyword 인자를 이용하여 추가합니다.

delete()

- 헤더를 포함하여 로그 내용을 삭제합니다.
- full=True : 전체를 지웁니다. 물리적 저장소에서 데이터를 완전히 제거합니다.
- full=False : 빠른 지우기 모드로 지우는 것이 아니라 데이터를 무효화합니다.

set_mirroring()

- 직렬 미러링을 제공합니다. 기본값은 비활성화입니다.
- 활성화되면 로그 파일에 기록된 각 행을 직렬로 인쇄합니다.

파이썬 편집기의 API에서도 확인할 수 있습니다.

다양한 사용법은 참조의 Data logging에서 찾아볼 수 있습니다.

> **◀ Reference**
>
> ## Data logging
>
> **Set column labels** `V2`
>
> To set up data logging, you need to provide descriptions for your data. These will appear as th...
>
> ```python
> import log
>
> log.set_labels('temperature', 'sound', 'light')
> ```
>
> **Log rows of data** `V2`
>
> You can log data from any of the built-in sensors on your micro:bit:
>
> ```python
> import log
>
> log.add({
>   'temperature': temperature(),
>   'sound': microphone.sound_level(),
>   'light': display.read_light_level()
> })
> ```
>
> **Schedule log entries** `V2`
>
> You can use a scheduler to log data automatically at regular intervals:
>
> ```python
> import log
>
> @run_every(s=30)
> def log_data():
>     log.add({
>         'temperature': temperature(),
>         'sound': microphone.sound_level(),
>         'light': display.read_light_level()
>     })
>
> while True:
>     sleep(100000)
> ```

파이썬 편집기를 실행합니다. (https://python.microbit.org/v/3)

프로젝트 이름은 "9_1_dataLog"로 저장합니다.

```
9_1_dataLog

1   from microbit import *
2   import log
3
4   log.set_labels('temperature', 'light', timestamp=log.SECONDS)
5
6   while True:
7
8       log.add({
9           'temperature': temperature(),
10          'light': display.read_light_level()
11      })
12
13      sleep(10000)
```

import log

log 관련 함수를 사용하기 위해 log 모듈을 추가합니다.

from microbit import *

이 예제에서는 microbit 모듈을 전체를 사용하기 위해 추가합니다.

log.set_labels('temperature', 'light', timestamp = log.SECONDS)

기록하고자 하는 데이터는 온도와 빛이므로 레이블을 "temperature"와 "light"로 지정합니다. 시간단위는 초단위로 정합니다.

log.add({
    'temperature': temperature(),
    'light': display.read_light_level()
    })

딕셔너리 형태로 데이터를 추가합니다. 딕셔너리는 키(key)와 데이터(value) 쌍으로 기록됩니다.

코드를 마이크로비트로 전송합니다. 마이크로비트가 온도 센서와 빛 센서의 데이터를 저장할 수 있도록 빛도 가려 보고 손으로 감싸서 온도도 올려 봅니다. 1분 정도 활동을 유지합니다.

이제 컴퓨터에 있는 마이크로비트 폴더를 엽니다.

마이크로비트 폴더에 보면 "MY_DATA" 파일이 있습니다.

이 파일을 더블 클릭하여 실행시키면 브라우저에서 파일이 열립니다.

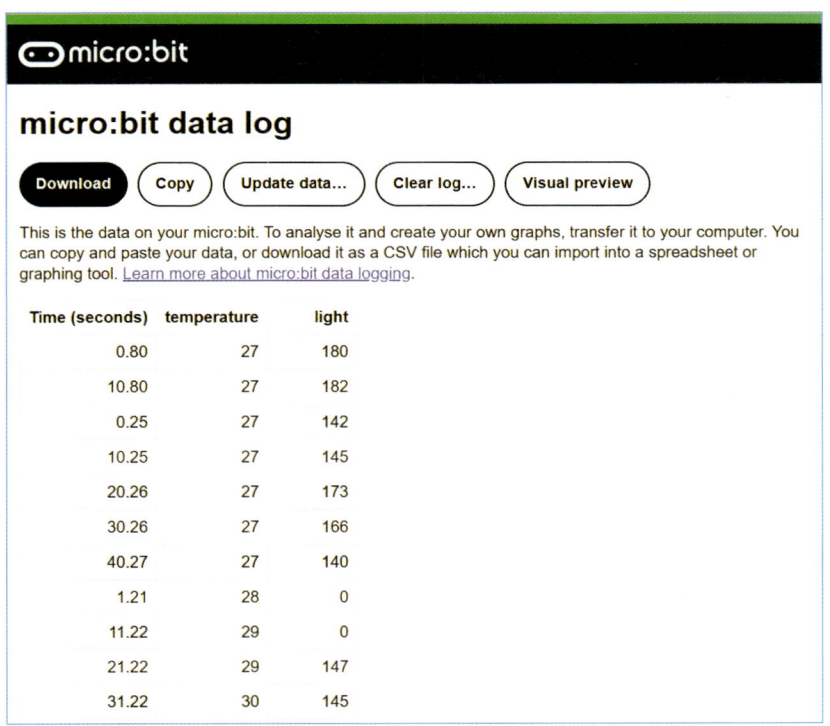

파일을 열었을 때 데이터가 없다고 해도 놀랄 필요가 없습니다.

마이크로비트가 컴퓨터와 계속 연결되어 있던 상태라면 연결을 해제(unplug) 후 다시 연결하고 다시 "MY_DATA" 파일을 열어 기록을 확인합니다.

제일 첫 번째 열을 보면 **Time**이라고 되어 있는데 이것이 마이크로비트에 기록되기 시작한 시간부터 누적된 시간입니다. 10초에 한 번씩 기록하도록 하였기 때문에 대략 10초 단위로 기록이 되어 있습니다.

중간에 한 번씩 **Time** 값이 줄어드는 부분은 리셋 버튼을 눌러 마이크로비트가 새로 시작되는 시점입니다.

위에 메뉴에 보면 "Download" … "Visual preview"가 있습니다.

Download를 선택하면 "microbit.csv"로 내 PC에 저장이 됩니다.

Copy는 전체 데이터가 copy가 되어 다른 엑셀에 붙여 넣을 수 있습니다.

Update Data 버튼을 클릭하면 "To see the latest data that changed after you opened this file, you must unplug your micro:bit and plug it back in."이라고 팝업 창이 뜹니다. 즉, 바로는 확인이 안 되고 마이크로비트를 PC에서 제거(unplug)한 후 다시 연결하여 확인할 수 있습니다.

Clear log 버튼을 클릭하면 "The log is cleared when you reflash your micro:bit. Your program can include code or blocks to clear the log when you choose."라는 팝업 창이 뜹니다. 즉, 위 버튼으로 로그가 지워지는 것은 아니고 다른 프로그램을 다시 마이크로비트로 전송하거나 로그를 지우기 위한 코드를 적용해야 합니다.

Visual preview를 클릭하면 그래프를 확인할 수 있습니다.

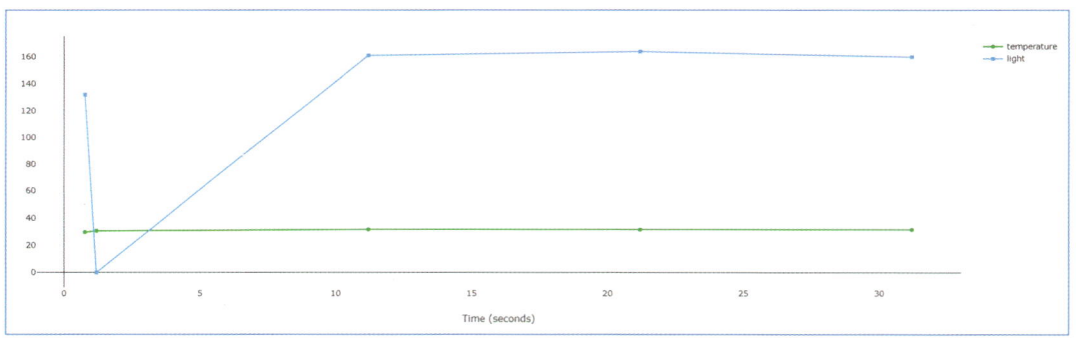

온도나 빛을 측정하여 저장하는 것 외에서 마이크로비트 마이크를 이용하여 주변 소음을 저장하거나 마이크로비트 움직임을 저장하는 것이 가능하므로 다양한 활동에 사용해 볼 수 있을 것 같습니다.

② 프로젝트2 - 오늘 기온을 파일에 저장해 줘

1. 기능 정의

- 기온을 측정하여 현재 기온, 최저 기온, 최고 기온을 알려 줍니다.

   1. 마이크로비트를 흔들면 현재 기온을 출력한다.
   2. 버튼 A를 누르면 최저 기온을 출력한다.
   3. 버튼 B를 누르면 최고 기온을 출력한다.
   4. 터치 로고를 터치하면 저장되어 있던 데이터를 삭제한다.
   5. 마이크로비트를 리셋하거나 전원을 껐다가 다시 연결해도 이전의 최저 기온과 최대 기온을 출력한다.

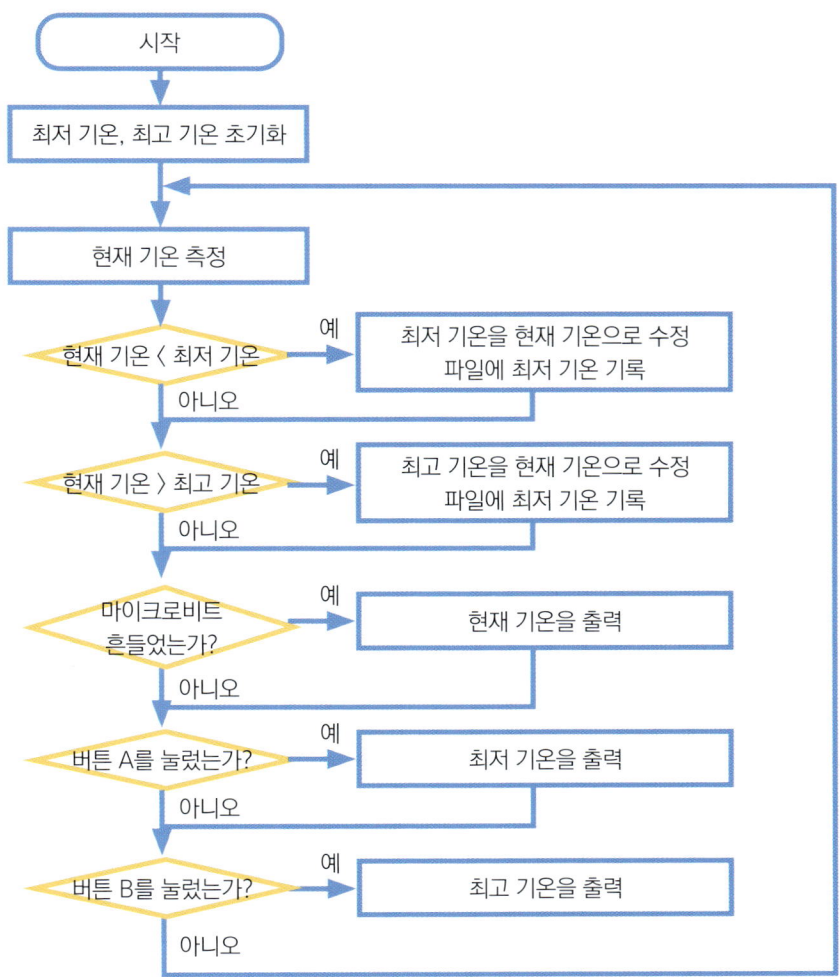

학습 목표	마이크로비트의 데이터를 파일에 쓰고 읽을 수 있다. - 파일 입출력 함수 익히기 - 사용자 정의 함수 익히기
핵심 키워드	마이크로비트, 파이썬
준비물	마이크로비트, micro 5pin USB 케이블
추가 모듈	없음
학습 난이도	★★☆☆☆

2. 코드 작성

파이썬 편집기를 실행합니다. (https://python.microbit.org/v/3)

프로젝트 이름은 "9_2_fileReadWrite"으로 저장합니다.

```python
from microbit import *

# 데이터 파일을 읽는 함수
def get_nv_data(name):
    try:
        with open(name) as f:
            v = int(f.read())
    except OSError:
        v = temperature()
        try:
            with open(name, 'w') as f:
                f.write(str(v))
        except OSError:
            display.scroll('Cannot create file %s' % name)

    except ValueError:
        display.scroll('invalid data in file %s' % name)
        v = temperature()

    return v
```

```
22  # 데이터를 파일에 쓰는 함수
23  def set_nv_data(name, value):
24      try:
25          with open(name, 'w') as f:
26              f.write(str(value))
27      except OSError:
28          display.scroll('Cannot write to file %s' % name)
29
30  min = get_nv_data('min.txt')
31  max = get_nv_data('max.txt')
32
33  while True:
34      currentTemp = temperature()
35      if currentTemp < min:
36          min = currentTemp
37          set_nv_data('min.txt', min)
38      if currentTemp > max:
39          max = currentTemp
40          set_nv_data('max.txt', max)
41      if accelerometer.was_gesture('shake'):
42          display.scroll(currentTemp)
43      if button_a.was_pressed():
44          display.scroll(get_nv_data('min.txt'))
45      if button_b.was_pressed():
46          display.scroll(get_nv_data('max.txt'))
47      if pin_logo.is_touched():
48          display.scroll('clearing data')
49          set_nv_data('min.txt', currentTemp)
50          set_nv_data('max.txt', currentTemp)
```

def get_nv_data(name):

get_nv_data라는 이름의 함수를 정의합니다.

이 함수는 **name**을 매개변수로 받습니다. 즉, 이 함수를 호출할 때 열고자 하는 파일 이름을 **name** 값으로 넘겨줍니다.

try:

오류 발생 시 처리를 위한 **try, except** 문의 기본 구조입니다.

정상적으로 처리되는 경우 **try** 블록을 수행합니다.

with open(name) as f:

v = int(f.read())

매개변수로 받은 **name**이라는 이름의 파일을 엽니다. 연 파일을 읽어서 읽은 데이터를 **int()** 함수를 이용하여 정수로 자료형(data type)을 변환한 후 변수 **v**에 저장합니다.

except OSError:

OSError가 발생하는 경우에 대한 처리 블록입니다.

우리 예제에서는 주로 파일을 찾을 수 없을 때 발생합니다. 확장자를 포함한 파일 이름이 실제 파일 이름과 동일한지 확인해 주세요.

v = temperature()

현재 온도를 읽어서 변수 **v**에 저장합니다.

try:
   with open(name, 'w') as f:
      f.write(str(v))

name 이라는 파일을 쓰기 위해 엽니다. 변수 **v**에 저장된 현재 온도를 지금 연 파일에 씁니다. 이 경우는 이 프로그램이 처음 실행되어 최저 기온이나 최고 기온이 한 번도 저장되지 않은 경우에 호출됩니다.

except OSError:
   display.scroll('Cannot create file %s' % name)

매개변수로 받은 **name**이라는 파일을 생성할 수 없는 경우 오류 메시지를 출력합니다.

except ValueError:
   display.scroll('invalid data in file %s' % name)
   v = temperature()

매개변수로 받은 **name**이라는 파일에 유효하지 않은 데이터가 있으면 오류를 출력합니다. 이 경우도 변수 **v**에 현재 온도 값을 저장합니다.

return v

변수 **v** 값을 반환합니다.

def set_nv_data(name, value):

set_data라는 이름의 함수를 정의합니다. 이 함수는 **name**과 **value**를 매개변수로 받습니다. **value**를 저장할 파일 이름이 **name**입니다.

   try:
      with open(name, 'w') as f:
         f.write(str(value))

name이라는 파일에 데이터를 쓰기 위해 엽니다. **value**를 저장하기 위해 str() 함수를 이용하여 문자열로 변환한 후 파일 **name**에 저장합니다.

   except OSError:
      display.scroll('Cannot write to file %s' % name)

파일 **name**에 데이터를 쓸 수 없을 때 처리하는 코드입니다.

min = get_nv_data('min.txt')

min.txt 이름의 파일에서 값을 읽어서 변수 **min**에 저장합니다.

max = get_nv_data('max.txt')

max.txt 이름의 파일에서 값을 읽어서 변수 **max**에 저장합니다.

줄 번호 34에서 50에 대한 코드 설명입니다.

currentTemp = temperature()

현재 온도를 읽어서 변수 **currentTemp**에 저장합니다.

if currentTemp < min:
   min = currentTemp
   set_nv_data('min.txt', min)

현재 온도가 최저 온도(변수 **min**에 저장된 값)보다 작다면 최저 온도를 수정합니다. **min.txt** 파일에 새로운 값을 저장합니다.

```
if currentTemp > max:
    max = currentTemp
    set_nv_data('max.txt', max)
```

현재 온도가 최고 온도(변수 **max**에 저장된 값)보다 크다면 최고 온도를 수정합니다. **max. txt** 파일에 새로운 값을 저장합니다.

```
if accelerometer.was_gesture('shake'):
    display.scroll(currentTemp)
```

마이크로비트를 흔들면 현재 온도를 보여 줍니다.

```
if button_a.was_pressed():
    display.scroll(get_nv_data('min.txt'))
```

버튼 A를 누르면 **min.txt**에서 최저 기온을 읽어 와 보여 줍니다.

```
if button_b.was_pressed():
    display.scroll(get_nv_data('max.txt'))
```

버튼 B를 누르면 **max.txt**에서 최고 기온을 읽어 와 보여 줍니다.

```
if pin_logo.is_touched():
    display.scroll('clearing data')
    set_nv_data('min.txt', currentTemp)
    set_nv_data('max.txt', currentTemp)
```

터치 로고를 누르는 경우 **min.txt**와 **max.txt**에 있는 데이터를 지우고 현재 값으로 수정합니다. 새롭게 최저 기온, 최고 기온을 측정할 수 있습니다.

마이크로비트에 전송하여 확인합니다. 마이크로비트를 손에 쥐고 인위적으로 온도를 올려 봅니다. 현재 온도, 최저 은도, 최고 온도를 확인해 봅니다.

그리고 마이크로비트 전원을 껐다가 다시 켜서 최저 온도, 최고 온도를 확인해 봅니다. 이제는 전원이 꺼졌다 켜져도 기록이 남아 있음을 알 수 있습니다.

10장

마이크로비트로 만드는 찐친 무전기

마이크로비트의 라디오를 이용하여 재미있고 실용적인 근거리 무선 통신 유틸리티를 만들어 봅시다.

1 프로젝트1 – 찐친 무전기 만들기

1. 기능 정의

- 마이크로비트의 라디오 통신과 speech 기능을 이용하여 파이썬으로 친구와 서로 비밀 메시지와 음성을 주고받는 무전기를 만들어 봅니다.

    1. 마이크로비트의 라디오 기능을 켜고 두 마이크로비트의 주파수를 동일하게 맞춘다. (라디오 그룹 번호 3번으로 설정)
    2. 송신기 마이크로비트를 흔들었을 때 수신기에 'snack'이란 메시지가 전달되고 LED 디스플레이에 '포크' 이미지가 출력되며 "how about a snack?"이라고 수신기 마이크로비트가 말한다.
    3. 송신기 마이크로비트의 터치 로고를 터치했을 때 수신기에 'game'이란 메시지가 전달되고 LED 디스플레이에 '팩맨' 이미지가 출력되며 "do you want to play a game?"이라고 수신기 마이크로비트가 말한다.
    4. 송신기 마이크로비트의 버튼 A를 누르면 수신기에 'yes'란 메시지가 전달되고 LED 디스플레이에 'yes' 이미지가 출력되며 "okay"라고 수신기 마이크로비트가 말한다.
    5. 송신기 마이크로비트의 버튼 B를 누르면 수신기에 'no'란 메시지가 전달되고 LED 디스플레이에 'no' 이미지가 출력되고 "sorry, maybe next time"이라고 수신기 마이크로비트가 말한다.

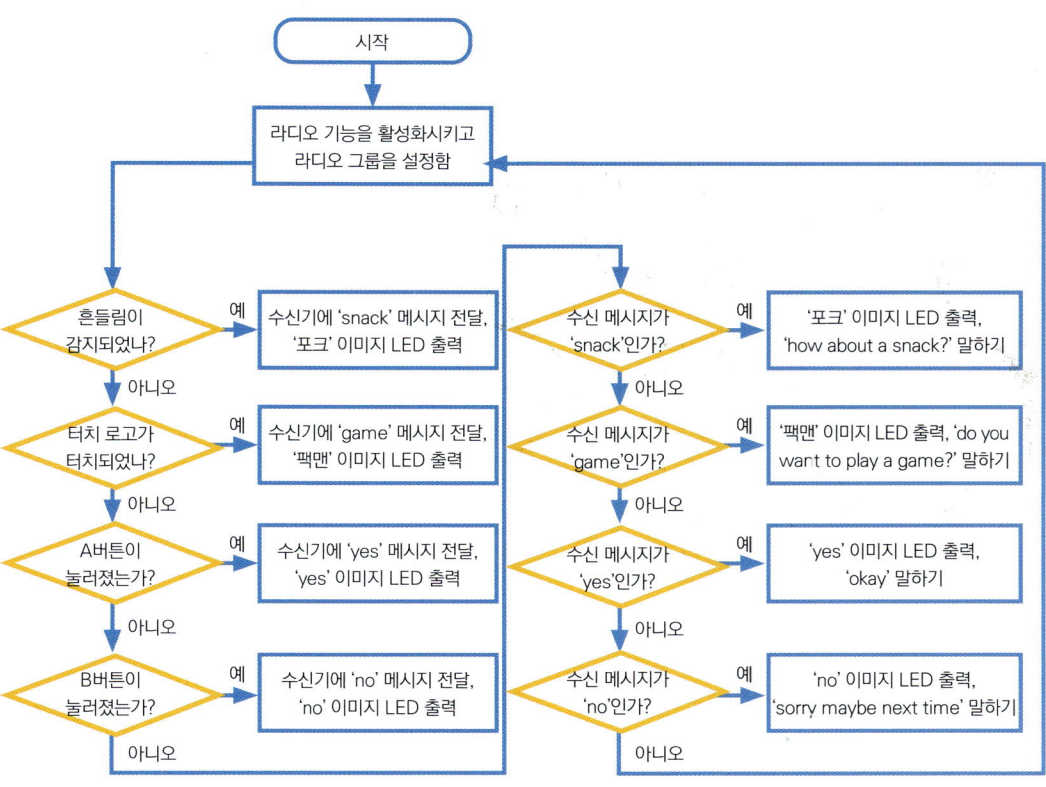

학습 목표	마이크로비트 라디오 기능을 이용하여 무전기를 만들 수 있다. – 마이크로비트 라디오 기능 알아보기 – 파이썬 기본 문법(dictionary) 익히기
핵심 키워드	마이크로비트, 파이썬
준비물	마이크로비트, micro 5pin USB 케이블
추가 파일	없음
학습 난이도	★★★☆☆

2. 코드 작성

Micropython API

마이크로비트에는 블루투스 안테나가 내장되어 있어 마이크로비트끼리 서로 메시지를 주고받을 수 있습니다. 일반적인 라디오 방송처럼 송신기(메시지 전송) 마이크로비트와 수신기(메시지 수신) 마이크로비트를 각각 정할 수도 있고 메신저나 무전기처럼 송수신을 함께 할 수 있도록 프로젝트를 설계할 수도 있습니다.

이 기능을 사용하기 위해서는 radio 모듈을 추가해야 합니다.

radio.on()

- 라디오 기능을 활성화하는 함수입니다. 라디오 기능이 전원과 메모리를 사용하기 때문에 비활성화되어 있는 상태이므로 사용하기 위해서는 활성화를 해야 합니다.

radio.off()

- 라디오 기능을 사용하지 않을 때는 기능을 비활성화합니다.

radio.config()

- 라디오 기능을 사용할 때 세부적인 값들을 설정하는 함수입니다. 메시지 길이, 채널 값, 파워, 주소, 그룹, 전송 속도 등이 있습니다. 우리는 주로 group을 지정하기 위해 사용합니다. 기

본값은 0이고 0~255 값 내에서 설정이 가능합니다. 같은 그룹의 마이크로비트들끼리만 메시지의 송수신이 가능합니다.

radio.send(message)

- 메시지를 보내는 함수입니다.

radio.receive()

- 메시지를 수신하는 함수입니다.

파이썬 편집기의 좌측 참조 메뉴에서 라디오와 관련된 내용을 찾아봅니다.

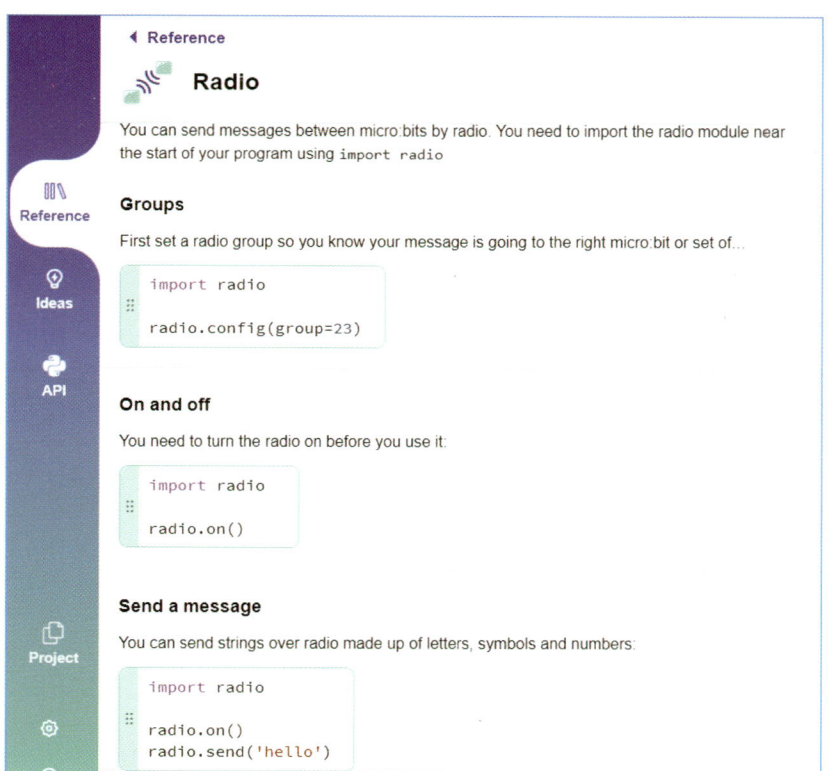

이번 프로젝트에서는 친구끼리 비밀 메시지와 음성을 서로 주고받는 무전기를 만들 것이므로 송수신을 함께 할 수 있는 마이크로비트를 구현하도록 하겠습니다.

파이썬 편집기를 실행합니다. (https://python.microbit.org/v/3)
프로젝트 이름은 "10_1_secretMessenger"으로 저장합니다.

```python
from microbit import *
import radio
import speech

radio.config(group=3)
radio.on()

while True:
    message = radio.receive()

    if accelerometer.was_gesture("shake"):
        radio.send('snack')
        display.show(Image.PITCHFORK)
        sleep(1000)
        display.clear()
    elif pin_logo.is_touched():
        radio.send('game')
        display.show(Image.PACMAN)
        sleep(1000)
        display.clear()
    elif button_a.is_pressed():
        radio.send('yes')
        display.show(Image.YES)
        sleep(1000)
        display.clear()
    elif button_b.is_pressed():
        radio.send('no')
        display.show(Image.NO)
        sleep(1000)
        display.clear()

    if message:
        if message == 'snack':
            display.show(Image.PITCHFORK)
            speech.say("how about a snack?", speed=92, pitch=60, throat=190, mouth=190)
            sleep(1000)
            display.clear()
        elif message == 'game':
            display.show(Image.PACMAN)
            speech.say("do you want to play a game?", speed=92, pitch=60, throat=190, mouth=190)
            sleep(1000)
            display.clear()
        elif message == 'yes':
            display.show(Image.YES)
            speech.say("okay", speed=92, pitch=60, throat=190, mouth=190)
            sleep(1000)
            display.clear()
        elif message == 'no':
            display.show(Image.NO)
            speech.say("sorry, maybe next time", speed=92, pitch=60, throat=190, mouth=190)
            sleep(1000)
            display.clear()
```

import radio

라디오 기능을 사용하기 위해서 radio 모듈을 import합니다.

import speech

말하기 기능을 사용하기 위해서 speech 모듈을 import합니다.

radio.config(group=3)

친구끼리 메시지를 주고받을 수 있도록 라디오 그룹을 3으로 설정합니다.

radio.on()

라디오 기능을 활성화합니다.

message = radio.receive()

수신된 메시지를 **message** 변수에 저장합니다.

if acceleromerter.was_gesture('shake'):
    radio.send('snack')
    display.show(Image.PITCHFORK)

흔들림을 감지하면 'snack'이라는 메시지를 수신기에 보내고 '포크' 이미지를 LED 디스플레이에 출력합니다.

elif pin_logo.is_touched():
    radio.send('game')
    display.show(Image.PACMAN)

터치 로고가 터치 되었을 때 'game'이라는 메시지를 수신기에 보내고 '팩맨' 이미지를 LED 디스플레이에 출력합니다.

```
elif button_a.is_pressed():
    radio.send('yes')
    display.show(Image.YES)
```
버튼 A를 눌렀을 때 'yes'라는 메시지를 수신기에 보내고 'yes' 이미지를 LED 디스플레이에 출력합니다.

```
elif button_b.is_pressed():
    radio.send('no')
    display.show(Image.NO)
```
버튼 B를 눌렀을 때 'no'라는 메시지를 수신기에 보내고 'no' 이미지를 LED 디스플레이에 출력합니다.

```
if message == 'snack':
    display.show(Image.PITCHFORK)
    speech.say("how about a snack?", speed = 92, pitch = 60, throat = 190, mouth = 190)
```
수신된 메시지가 'snack'이라면 '포크' 이미지를 LED 디스플레이에 출력시키고 "how about a snack?"이라고 마이크로비트가 말합니다.

```
if message == 'game':
    display.show(Image.PACMAN)
    speech.say("do you want to play a game?", speed = 92, pitch = 60, throat = 190, mouth = 190)
```
수신된 메시지가 'game'이라면 '팩맨' 이미지를 LED 디스플레이에 출력시키고 "do you want to play a game?"이라고 마이크로비트가 말합니다.

```
if message == 'yes':
    display.show(Image.YES)
    speech.say("okay", speed = 92, pitch = 60, throat = 190, mouth = 190)
```

수신된 메시지가 'yes'라면 'yes' 이미지를 LED 디스플레이에 출력시키고 "okay"라고 마이크로비트가 말합니다.

if message == 'no':
　display.show(Image.NO)
　speech.say("sorry, maybe next time", speed = 92, pitch = 60, throat = 190, mouth = 190)

수신된 메시지가 'no'라면 'no' 이미지를 LED 디스플레이에 출력시키고 "sorry, maybe next time"이라고 마이크로비트가 말합니다.

이 프로젝트에서는 게임하고 싶을 때, 간식 먹고 싶을 때, yes와 no를 표현할 때 이렇게 4가지의 메시지를 전달하고 있지만 친구와 더 재미있는 내용의 무전을 주고받을 수 있도록 내용을 변경하거나 추가하면 더 재미있는 프로젝트가 되겠지요?

내용을 추가할 때에는 라디오로 수신된 메시지에 따라 마이크로비트가 말하는 내용이 다르게 설정되어 있으므로 수신된 메시지와 말하는 내용은 짝꿍처럼 의미가 맞게 함께 변경이 되거나 추가가 되어야 합니다.

예를 들면 친구한테 game을 하자고 무전을 보내고 싶을 때, 라디오로 송신하는 메시지는 'game'이고 수신기 마이크로비트에서 'game' 메시지를 받았을 때 "do you want to play a game?"이라고 말해야 하는 것처럼 메시지('game')와 말하는 내용("do you want to play a game?")은 함께 짝꿍을 이루어 변경/추가/삭제가 되어야 합니다.

파이썬의 자료형에도 이러한 짝꿍 모양의 자료형이 있습니다. 바로 key와 value 값이 쌍으로 이루어진 자료 구조인 딕셔너리(dictionary)입니다.

이 딕셔너리 자료형을 사용하면 자료의 내용을 변경/추가/삭제할 때 훨씬 편리하게 관리할 수 있습니다.

여기서 잠깐 딕셔너리(dictionary) 자료형이란?

딕셔너리(dictionary) 자료형은 서로 연관된 값을 key 값과 value 값으로 쌍으로 묶어서 저장하는 자료형으로 사전(dictionary)에서 단어를 찾는 것처럼 key 값을 통해 value 값에 접근할 수 있습니다.

딕셔너리(dictionary)는 중괄호{}로 묶어서 표현하며 한 쌍을 이루는 자료(key:value)를 쉼표(,)로 구분해서 여러 쌍을 넣을 수 있습니다.

dic = { key1:value1, key2:value2, key3:value3, … }

딕셔너리는 데이터의 수정, 추가, 삭제가 가능합니다.

딕셔너리 값의 수정 : 딕셔너리이름[변경할 key] = 변경할 value 값

딕셔너리 값의 추가 : 딕셔너리이름[추가할 key] = 추가할 value 값

딕셔너리 값의 삭제 : del 딕셔너리이름[삭제할 key]

예를 들어 메뉴와 가격을 관리하는 딕셔너리가 있을 때 각 값을 어떻게 수정할 수 있는지 아래 예제로 알아보겠습니다. 아래 예제는 파이썬 IDLE 프로그램을 이용하였습니다.

```
>>> menu = { "coffee" : 4000, "milk" : 2500, "water" : 1500 }
>>> menu["coffee"] = 3500
>>> menu
{'coffee': 3500, 'milk': 2500, 'water': 1500}
>>> menu["juice"] = 3000
>>> menu
{'coffee': 3500, 'milk': 2500, 'water': 1500, 'juice': 3000}
>>> del menu["water"]
>>> menu
{'coffee': 3500, 'milk': 2500, 'juice': 3000}
```

이번 프로젝트에서는 라디오 메시지와 말하는 내용을 관리하는 딕셔너리 **dic_message**를 생성하도록 하겠습니다.

dic_message = {'snack':'how about a snack?', 'game':'do you want to play a game?', 'yes':'okay', 'no':'sorry, maybe next time'}

여기에서 라디오 메시지의 'game'의 내용이 너무 길어 변경하고 싶을 때는 어떻게 하면 될까요? game이라는 key 값의 value 값을 가져온 후 변경할 value 값을 다시 할당해 주면 됩니다.

예를 들면 dic_message['game']이라고 표현하면 game에 해당되는 value 값을 가져오고 이 value 값을 **변경**하고 싶다면 **딕셔너리이름[변경할 key] = 변경할 value 값** 형태로 변경 내용을 할당해 주면 됩니다.

실행 : dic_message['game'] = 'up for a game?'

결과 : dic_message : {'snack':'how about a snack?', 'game':'up for a game?', 'yes':'okay', 'no':'sorry, maybe next time'}

만약 친구와 보내는 메시지를 **추가**하고 싶다면 **딕셔너리이름[추가할 key] = 추가할 value 값** 형태로 추가할 수 있습니다.

실행 : dic_message['football'] = 'wanna play a football?'

결과 : dic_message : {'snack':'how about a snack?', 'game':'up for a game?', 'yes':'okay', 'no':'sorry, maybe next time', 'football':'wanna play a football?'}

```
10_1_secretMessenger_dic

1  from microbit import *
2  import radio
3  import speech
4
5  radio.config(group=3)
6  radio.on()
7
8  dic_message={'snack':'how about a snack?','game':'do you want to play a game?',
9               'yes':'okay','no':'sorry, maybe next time'}
10 dic_message['game']='up for a game?' # 변경
11 dic_message['football']='wanna play a football?' # 추가
12 print(dic_message)
```

```
{'game': 'up for a game?', 'no': 'sorry, maybe next time', 'yes': 'okay',
'football': 'wanna play a football?', 'snack': 'how about a snack?'}
```

print(dic_message) 결과

딕셔너리는 순서가 없는 자료형이므로 출력할 때 순서가 다르게 출력될 수 있습니다.

```
35  if message:
36      if message == 'snack':
37          display.show(Image.PITCHFORK)
38          speech.say(dic_message['snack'], speed=92, pitch=60, throat=190, mouth=190)
39          sleep(1000)
40          display.clear()
41      elif message == 'game':
42          display.show(Image.PACMAN)
43          speech.say(dic_message['game'], speed=92, pitch=60, throat=190, mouth=190)
44          sleep(1000)
45          display.clear()
46      elif message == 'yes':
47          display.show(Image.YES)
48          speech.say(dic_message['yes'], speed=92, pitch=60, throat=190, mouth=190)
49          sleep(1000)
50          display.clear()
51      elif message == 'no':
52          display.show(Image.NO)
53          speech.say(dic_message['no'], speed=92, pitch=60, throat=190, mouth=190)
54          sleep(1000)
55          display.clear()
```

speech.say(dic_message['game'], speed=92, ···)

딕셔너리 **dic_message**를 사용하여 기존 프로젝트를 변경했으므로 수신기 마이크로비트의 말하는 부분을 딕셔너리의 각 key를 읽은 value 값을 가져오면 코드가 훨씬 간결해집니다.

딕셔너리를 사용한 코드까지 완성되었으니 시뮬레이터에서 결과를 확인해 봅시다.
시뮬레이터에서 오류 없이 실행이 되면 편집 화면 아래의 **micro:bit로 전송** 버튼을 눌러 컴퓨터와 마이크로비트를 연결 후 마이크로비트에 코드를 전송합니다.
마이크로비트에서도 잘 동작하면 **저장하기** 버튼을 눌러 컴퓨터에 프로젝트를 저장합니다.

2 프로젝트2 - 핸드폰을 찾아 줘!

1. 기능 정의

- 마이크로비트의 라디오 기능을 이용하여 나의 핸드폰 위치를 찾아 주는 스마트한 유틸리티를 만들어 봅시다.

  1. 마이크로비트의 라디오 기능을 켜고 두 마이크로비트의 주파수를 라디오 그룹 번호 7번으로 동일하게 맞춘다.
  2. 송신기 마이크로비트가 라디오 메시지를 0.2초마다 지속적으로 보낸다.
  3. 수신기 마이크로비트가 전송된 메시지를 수신하면, 메시지 신호 강도를 저장한다. 라디오 신호 강도는 신호 송신기와 수신기가 서로 가까우면 가까울수록 커진다.
  4. 송신기와 수신기가 서로 가까울수록 LED 그래프의 높이를 더 높게 출력한다.
  5. 송신기와 수신기가 많이 가까워질 경우 수신기에서 "삐" 소리가 출력된다.

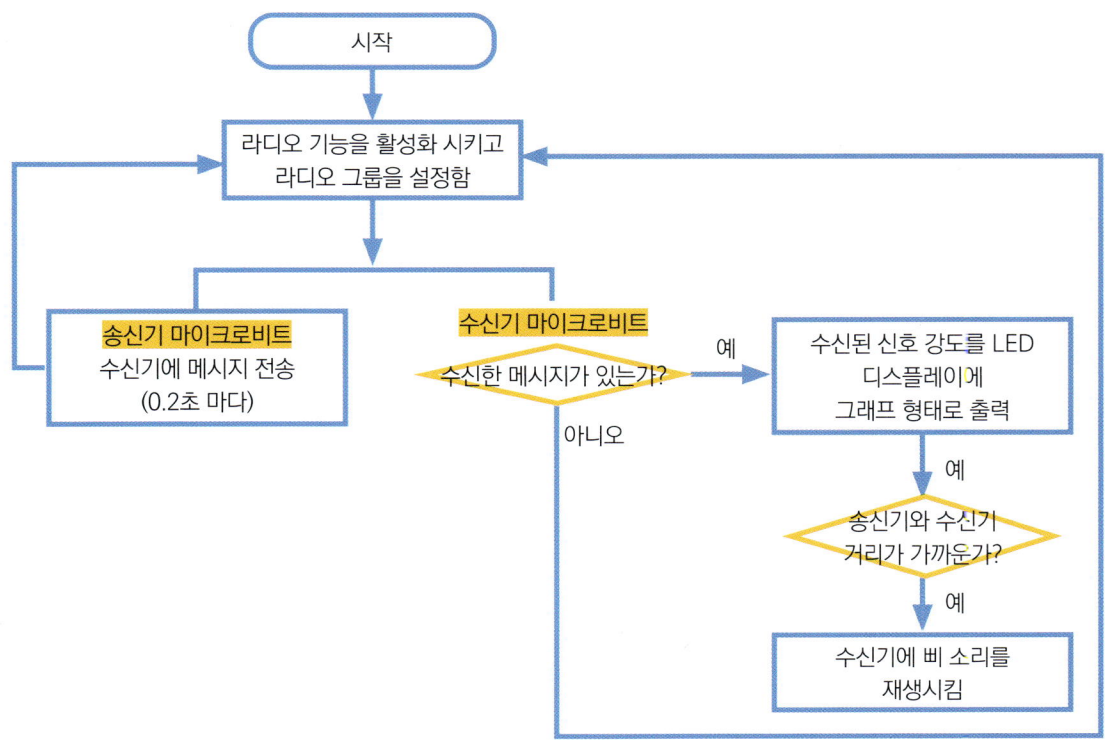

학습 목표	마이크로비트 라디오 기능으로 핸드폰 위치 추적기를 만들 수 있다. - 마이크로비트 라디오 사용하기 - 파이썬 사용자 정의 함수 만들기
핵심 키워드	마이크로비트, 파이썬
준비물	마이크로비트, micro 5pin USB 케이블
추가 파일	없음
학습 난이도	★★☆☆☆

2. 코드 작성

Micropython API

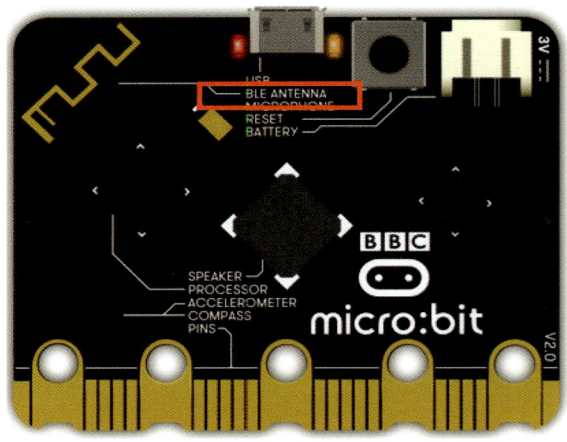

radio.receive_full()

- 수신된 데이터 전체를 확인하고자 할 때 사용하는 함수로 메시지, RSSI(수신 강도 0~255dBm, 0은 강함, 255는 약함), 시간(ms 단위) 등을 확인할 수 있습니다.

 여기에서 RSSI(Received Signal Strength Indicator)는 수신된 무선 신호의 현재 강도를 표시하는 값이므로 가까울수록 숫자가 높아집니다.

 예제를 통해 라디오 통신을 통해 수신된 값을 확인해 보도록 하겠습니다.

```
10_2_receiveFull

1  #수신부
2  from microbit import *
3  import radio
4  radio.config(group=7)
5  radio.on()
6
7  while True:
8      details = radio.receive_full()
9      if details:
10         print(details)
```

라디오 기능을 켜고 그룹을 7로 설정하고 함수 **receive_full()**를 이용하여 데이터를 수신합니다.

먼저 송신기와 수신기의 거리가 멀어질 때 값을 확인합니다.

첫 번째 항목 값이 메시지, 두 번째가 RSSI 값, 마지막이 시간 값입니다.

거리가 변경될 때 변화하는 값인 두 번째 항목의 RSSI 값을 확인해 보면 어느 정도 멀어졌을 때 -92 정도까지 값이 측정되는 것을 확인할 수 있습니다.

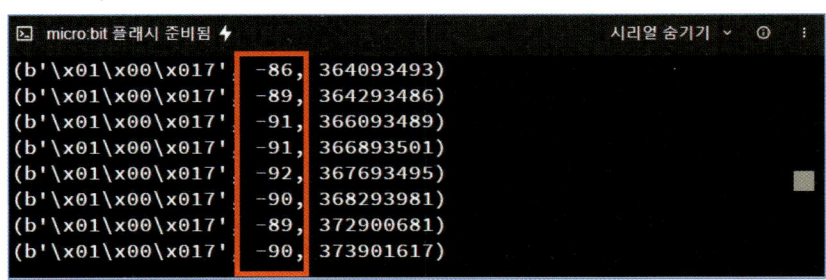

이번에는 송신기와 수신기의 거리가 가까울 때 값을 확인합니다.

```
micro:bit 플래시 준비됨                    시리얼 숨기기
(b'\x01\x00\x017'  -38,  142120479)
(b'\x01\x00\x017'  -38,  142320470)
(b'\x01\x00\x017'  -38,  142520477)
(b'\x01\x00\x017'  -38,  142720482)
(b'\x01\x00\x017'  -38,  142921227)
(b'\x01\x00\x017'  -38,  143121616)
(b'\x01\x00\x017'  -38,  143322009)
(b'\x01\x00\x017'  -38,  143522404)
```

두 마이크로비트 거리가 완전히 가까워졌을 때 값이 -38까지 측정되는 것을 확인할 수 있습니다. 이 측정값은 마이크로비트의 라디오 신호 강도 설정과 내가 핸드폰을 찾고자 하는 위치 설정에 따라 다소 다를 수 있으므로 예제와 같이 내가 설정하는 위치에 따른 값을 미리 확인하는 것이 좋습니다.

수신기와 송신기가 멀어질 때와 가까워질 때 값을 RSSI 값을 통해 확인했다면 이제 나의 핸드폰 위치를 찾는 마이크로비트를 구현합니다.

이번 프로젝트에서는 핸드폰 위치에 있는 신호 발신 비콘 마이크로비트(송신기)와 발신 신호를 수신해서 핸드폰 위치를 찾고자 하는 마이크로비트(수신기)를 따로 구현하여 내 핸드폰 위치를 찾는 마이크로비트를 만들어 보겠습니다.

파이썬 편집기를 실행합니다. (https://python.microbit.org/v/3)
신호 발신기 마이크로비트와 수신기 마이크로비트를 각각 구현해야 하므로 먼저 신호 발신기 마이크로비트부터 구현하도록 하겠습니다.
프로젝트 이름은 "10_2_findmyCellphone_transmitter"으로 저장합니다.

```
 ✎  10_2_findmyCellphone_transmitter
1   from microbit import *
2   import radio
3   radio.config(group=7, power=1)
4   radio.on()
5
6   while True:
7       radio.send('7')
8       sleep(200)
```

import radio

라디오 기능을 사용하기 위해서 radio 모듈을 import합니다.

radio.config(group = 7, power = 1)

라디오 기능을 사용할 때 세부적인 값들을 설정하는 함수입니다. 그룹을 7로 설정하고 저전력으로 라디오 통신을 할 수 있도록 power 값을 1로 설정합니다.

radio.on()

라디오 기능을 활성화시킵니다.

radio.send('7')

수신기 마이크로비트에 메시지를 보냅니다.

다음으로 메시지를 수신하는 수신기 마이크로비트를 구현하도록 하겠습니다.
프로젝트 이름은 "10_2_findmyCellphone_receiver"으로 저장합니다.

10_2_findmyCellphone_receiver

```python
from microbit import *
import radio
import music

radio.config(group=7)
radio.on()

graph0 = Image("00000:"
               "00000:"
               "00000:"
               "00000:"
               "00000")
graph1 = Image("00000:"
               "00000:"
               "00000:"
               "00000:"
               "99999")
graph2 = Image("00000:"
               "00000:"
               "00000:"
               "99999:"
               "99999")
graph3 = Image("00000:"
               "00000:"
               "99999:"
               "99999:"
               "99999")
graph4 = Image("00000:"
               "99999:"
               "99999:"
               "99999:"
               "99999")
graph5 = Image("99999:"
               "99999:"
               "99999:"
               "99999:"
               "99999")
graphs=[graph0, graph1, graph2, graph3, graph4, graph5]
```

```
40  def map(value, fromMin, fromMax, toMin, toMax):
41      fromRange = fromMax - fromMin
42      toRange = toMax - toMin
43      valueScaled = float(value - fromMin) / float(fromRange)
44      return toMin + (valueScaled * toRange)
45
46  while True:
47      message = radio.receive_full()
48      if message:
49          signalStrength = message[1]
50          distanceLevel = int(map(signalStrength, -92, -38, 0, 5))
51          print(distanceLevel)
52          display.show(graphs[distanceLevel])
53          if  distanceLevel > 3:
54              music.play(['C4:1', 'r:1'])
```

import music
마이크로비트에서 소리를 출력시키기 위해서 음악 모듈을 불러와야 합니다.

import radio
라디오 기능을 사용하기 위해서 radio 모듈을 import합니다.

radio.config(group=7)
송신기 마이크로비트와 동일하게 라디오 그룹을 7로 설정합니다.

radio.on()
라디오 기능을 활성화합니다.

graph0 = Image("00000:"
　　　　　　　"00000:"
　　　　　　　"00000:"
　　　　　　　"00000:"
　　　　　　　"00000")

마이크로비트와 가까운 정도에 따라 LED 디스플레이에 막대 그래프로 출력될 수 있도록 graph0, graph1, graph2, graph3, graph4, graph5 그래프 이미지를 생성합니다.

graphs = [graph0, graph1, graph2, graph3, graph4, graph5]
막대 그래프 형태의 각각의 이미지들을 graphs 리스트에 저장합니다.

def map(value, fromMin, formMax, toMin, toMax):
   fromRange = fromMax - fromMin
   toRange = toMax - toMin
   valueScaled = float(value - fromMin) / float(fromRange)
   return toMin + (valueScaled * toRange)

무선 신호에서 측정된 강도를 LED 디스플레이에 막대 그래프 형태로 출력하기 위해 필요한 비례 변환 함수를 정의하는 부분입니다. 신호 수신 강도는 앞에서 측정한 것처럼 -92(가장 약함)부터 -38(가장 강함) 사이에 있고 이 값을 디스플레이에 적용하기 위해 graph0~graph5 범위의 다른 값으로 변환하여 return 값으로 반환하는 함수입니다.

여기서 잠깐 함수란?

함수는 프로그래밍을 할 때 자주 반복되는 기능을 실행하는 코드를 한곳에 모아 놓은 것을 의미합니다. print(), input() 등 중요한 기능을 미리 만들어서 파이썬 내부에 저장되어 있는 **내장 함수**가 있고 사용자가 프로그래밍을 하면서 자주 사용할 함수를 직접 만들어서 사용하는 **사용자 정의 함수**가 있습니다.
사용자 정의 함수를 정의하는 방법은 아래와 같습니다.
def 함수명(매개변수):
     〈실행문1〉
     〈실행문2〉
     ...
     return 반환 값

message = radio.receive_full()

수신된 데이터 전체를 확인할 때 사용하는 함수입니다.

signalStrength = message[1]

수신된 데이터에서 RSSI 값은 두 번째 값이므로 message[1] 값을 읽어 변수 **signalStrength**에 할당합니다.

map(signalStrength, -92, -38, 0, 5)

위에서 정의한 **map** 함수를 이용하여 변수 **signalStrength**에 저장된 RSSI 값을 변환합니다.

distanceLevel = int(map(signalStrength, -92, -38, 0, 5))

map 함수를 통해 반환된 값을 정수형으로 변환하여 변수 **distanceLevel**에 저장합니다. 리스트 **graphs**의 인덱스로 사용하기 위하여 정수형으로 변환합니다.

display.show(graphs[distanceLevel])

distanceLevel 값으로 리스트 **graphs**를 읽어 LED 디스플레이에 출력합니다.

if distanceLevel > 3:
    music.play(['C4:1', 'r:1'])

변수 **distanceLevel**의 값이 3보다 클 경우(가까워질 경우) C4(4옥타브 도)음과 r(쉼표)을 출력합니다.

여기까지 코드가 다 완성되었습니다.

편집 화면 아래의 **micro:bit로 전송** 버튼을 눌러 컴퓨터와 마이크로비트를 연결 후 마이크로비트에 코드를 전송합니다. 마이크로비트 2개에 각각 전송 후 동작을 확인합니다. 동작 확인 후 컴퓨터에도 코드를 저장합니다.

11장

줄줄이 켜지는 LED

PIR 센서(인체 감지 센서)와 LED를 이용하여 자동으로 반응하는 조명을 만들어 봅시다.

> 토비야, 어제 물건 찾으러 너희 아파트 주차장에 갔었는데 내가 가는 곳마다 불이 켜져서 너무 신기하더라. 꼭 조명등이 내 위치를 감지하는 것 같더라구..

토비
ㅇㅇ나도 그게 너무 신기해서 찾아보니 PIR 센서로 인체의 움직임을 감지할 수 있대..

토비
사람이 들어오면 자동으로 조명이 켜지는 현관 조명등도 PIR센서를 사용해서 만든거래..

> 마이크로비트로 PIR 센서를 활용해서 스마트한 조명을 만들어 볼 수 있을까?

토비
물론이지! PIR 센서와 마이크로비트의 Pin을 활용하여 움직임이 감지되면 자동으로 켜지는 LED를 만들어 보자!

1 프로젝트1 - 움직임이 감지되면 자동으로 켜 줘요

1. 기능 정의

- PIR 센서 값에 따라서 자동으로 LED가 켜집니다. 켜진 후 5초 이후에 꺼집니다.

    1. 움직임이 감지되면 LED가 켜진다.

    2. 한 번 켜지면 5초 동안 유지한다.

    3. 5초 후 LED는 꺼진다.

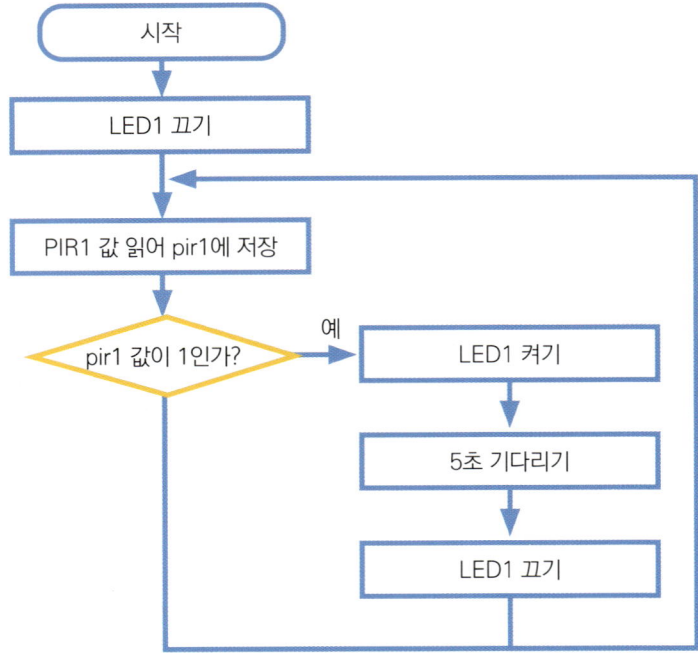

학습 목표	PIR 센서 값에 따라 LED를 제어할 수 있다. - 마이크로비트의 pin 제어 방법 익히기
핵심 키워드	마이크로비트, PIR센서, LED, 파이썬
준비물	마이크로비트, 확장보드, LED, PIR센서, octopus 전용 케이블, micro 5pin USB 케이블
추가 모듈	없음
학습 난이도	★☆☆☆☆

2. 회로 구성

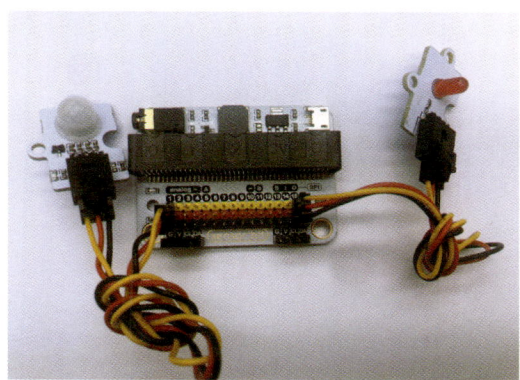

마이크로비트	PIR 센서
V	V
GND	G
1	S

마이크로비트	LED
V	V
GND	G
15	S

3. 코드 작성

Micropython API

이번 장은 마이크로비트의 핀을 이용하여 값을 읽거나 쓰기 위한 함수를 다루어 봅니다.

pin#.read_digital()

- pin#의 디지털 값(0 또는 1)을 읽어 옵니다.

pin#.write_digital(0) / pin#.write_digital(1)

- pin#에 0 또는 1 값을 설정합니다.

pin#.read_analog()

- pin#에 인가된 전압을 읽어 옵니다.
- 0(0V) ~ 1023(3.3V)

pin#.write_analog(0~1023)

- 듀티 사이클(duty cycle)이 값에 비례하도록 pin#에 PWM 신호를 출력합니다.

 **센서와 액츄에이터란?**

센서는 온도, 압력, 빛, 습도, 움직임 등과 같은 물리적 특성을 감지하고 측정하는 장치입니다. 일반적인 유형의 센서에는 온도 센서, PIR 모션 센서, 근접 센서, 압력 센서 등이 있습니다.

PIR센서

반면, 액츄에이터는 디지털이나 전기 신호를 물리적 운동 또는 다른 형태의 에너지로 변환하는 장치로서, 모터나 LED 같은 것들이 있습니다. 보통 액츄에이터는 센서나 제어 시스템에 의해 제공된 정보를 이용하여 여러 가지 동작을 수행하는 데에 사용됩니다.

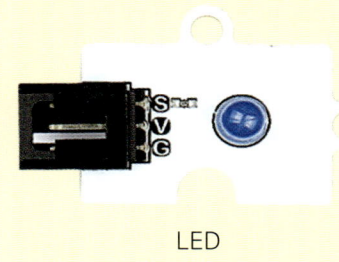 

LED   LED

우리는 마이크로비트 프로젝트에서 센서에서 값을 읽어 오기 위해서 read_digital/analog 함수를, 액츄에이터를 제어하기 위해서 write_digital/analog 함수를 사용합니다.

파이썬 편집기를 실행합니다. (https://python.microbit.org/v/3)
프로젝트 이름은 "11_1_autoLight"으로 저장합니다.

```python
 1  from microbit import *
 2
 3  pin15.write_digital(0)
 4
 5  while True:
 6      pir1 = pin1.read_digital()
 7
 8      if pir1 == 1:
 9          pin15.write_digital(1)
10          sleep(5000)
11          pin15.write_digital(0)
12
13      sleep(100)
```

pin15.write_digital(0)

15번 핀에 0으로 씁니다. 15번 핀에는 LED가 연결되어 있으므로 LED가 꺼집니다.

pir1 = pin1.read_digital()

1번 핀에서 값을 읽어 와 변수 **pir1**에 저장합니다.

pin15.write_digital(1)

15번 핀에 1로 씁니다. 15번 핀에는 LED가 연결되어 있으므로 LED가 켜집니다.

마이크로비트에 코드를 전송하고 동작을 확인합니다. 움직임이 감지되면 불이 켜집니다. 5초 동안 켜진 후 꺼집니다.
작성한 프로젝트를 컴퓨터에도 저장합니다.

2 프로젝트2 - 줄줄이 켜지는 LED

1. 기능 정의

- 여러 개의 인체 감지 센서의 감지 여부에 따라 해당하는 LED가 켜집니다. 요즘 주차장 같은 곳에 조명이 꺼져 있다가 사람이 지나가거나 자동차가 지나가면 따라서 불이 켜지는 것 본 적 있나요? 그런 시스템을 상상해 보면 됩니다.

  1. 1번 PIR 센서에 감지가 있으면 1번 LED(15번 핀)가 켜진다.
  2. 2번 PIR 센서에 감지가 있으면 2번 LED(16번 핀)가 켜진다.
  3. 켜진 LED는 5초 후 꺼진다.
  4. 하나의 LED가 켜져 있는 동안에도 다른 PIR 센서에서 감지가 있으면 해당 LED가 켜진다.

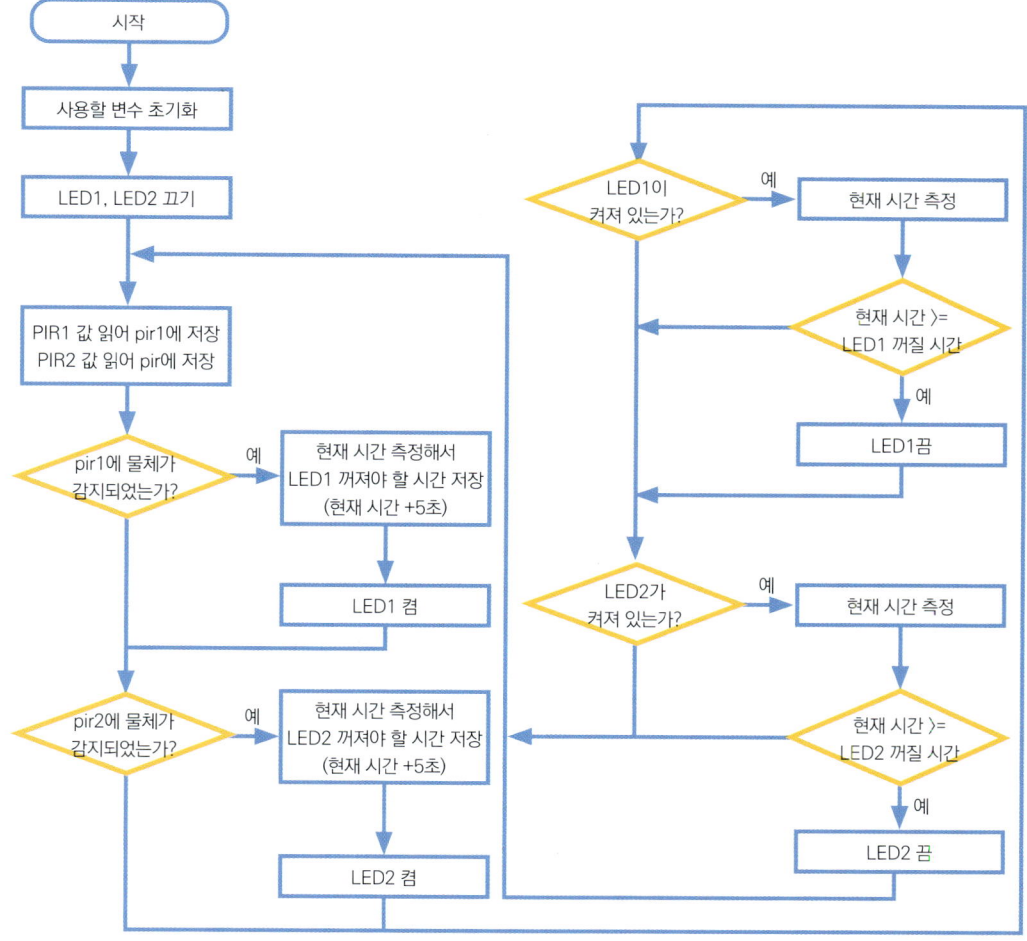

학습 목표	LED와 PIR 센서를 마이크로비트로 제어하여 움직임에 바로바로 반응하여 켜지는 조명을 만들 수 있다. - 동시에 여러 센서와 액츄에이터를 제어할 수 있다.
핵심 키워드	마이크로비트, 파이썬
준비물	마이크로비트, 확장보드, LED 2개, PIR 센서 2개, octopus 모듈 전용 케이블 2개, micro 5pin USB 케이블
추가 모듈	없음
학습 난이도	★★☆☆☆

2. 회로 구성

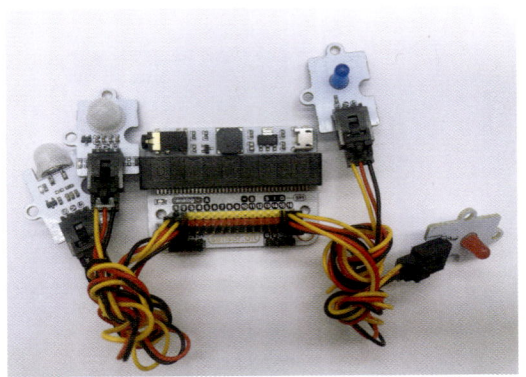

마이크로비트	PIR1
V	V
GND	G
1	S

마이크로비트	LED1
V	V
GND	G
15	S

마이크로비트	PIR2
V	V
GND	G
2	S

마이크로비트	LED2
V	V
GND	G
16	S

3. 코드 작성

파이썬 편집기를 실행합니다. (https://python.microbit.org/v/3)

프로젝트 이름은 "11_2_autoLights"으로 저장합니다.

```python
from microbit import *

pin15.write_digital(0)
pin16.write_digital(0)

while True:
    pir1 = pin1.read_digital()
    pir2 = pin2.read_digital()

    if pir1 == 1:
        pin15.write_digital(1)
        sleep(5000)
        pin15.write_digital(0)
    if pir2 == 1:
        pin16.write_digital(1)
        sleep(5000)
        pin16.write_digital(0)

    sleep(100)
```

앞에서 만든 코드를 조금 수정하여 만들었습니다.

PIR1에 물체가 감지되면 15번에 연결된 LED1이 켜지고, PIR2에 물체가 감지되면 16번에 연결된 LED2가 켜집니다.

동작을 확인하고 처음 만들고자 했던 시스템과 차이점을 찾아봅시다.

우리가 만들고자 하는 것은 다른 조명이 켜져 있어도 새로운 조명이 켜져야 합니다.

지금과 같이 켜져 있는 상태를 유지하기 위해 sleep(5000)를 사용하면 이 sleep(5000)이 유지되는 5초 동안은 다른 코드를 수행하지 않습니다.

즉, 움직임이 있어도 LED를 켤 수 없게 됩니다.

이제 **running_time()** 함수를 사용하여 이 문제를 해결합니다.

running_time() 함수는 마이크로비트에 전원이 들어온 이후 또는 리셋된 이후의 시간을 밀리세컨드(milliseconds) 단위로 알려 주는 함수입니다.

11_2_autoLights_2

```python
from microbit import *

holding_time = 5000      #불 켜짐 유지시간
led1_on = False          #LED1의 상태 저장
led2_on = False          #LED2의 상태 저장
now = 0                  #running_time 저장
led1_off_time = 0        #LED1을 꺼야 할 시간
led2_off_time = 0        #LED2을 꺼야 할 시간

pin15.write_digital(0)   #LED1 끄기
pin16.write_digital(0)   #LED2 끄기

while True:
    pir1 = pin1.read_digital()
    pir2 = pin2.read_digital()

    if pir1 == 1:
        now = running_time()                      #LED1이 켜지는 순간의 시간
        led1_off_time = now+holding_time          #LED1이 꺼져야할 시간
        pin15.write_digital(1)                    #LED1 켜기
        led1_on = True                            #LED1 상태 ON
    if pir2 == 1:
        now = running_time()                      #LED2이 켜지는 순간의 시간
```

```
24              led2_off_time = now+holding_time    #LED2이 꺼져야할 시간
25              pin16.write_digital(1)              #LED2 켜기
26              led2_on = True                      #LED2 상태 ON
27
28      if led1_on == True:
29          now = running_time()
30          if now >= led1_off_time:        #지금 시간과 꺼져야할 시간을 비교
31              pin15.write_digital(0)
32              led1_on = False
33      if led2_on == True:
34          now = running_time()
35          if now >= led2_off_time:        #지금 시간과 꺼져야할 시간을 비교
36              pin16.write_digital(0)
37              led2_on = False
```

pir1 = pin1.read_digital()

pir2 = pin2.read_digital()

1번 핀과 2번 핀에 연결되어 있는 두 PIR 센서에서 값을 읽어서 각 변수 **pir1**과 **pir2**에 저장합니다.

물체가 감지되면 1, 그렇지 않으면 0의 값이 변수 **pir1**과 **pir2**에 저장됩니다.

if pir1 == 1:

1번 핀에 연결된 PIR 센서에 물체가 감지되면 15번 핀에 연결된 LED1에 불을 켜고 5초를 유지하기 위한 코드들을 실행합니다.

now = running_time()

1번 핀에 연결된 PIR 센서에 물체가 감지된 순간의 시각을 변수 **now**에 저장합니다.

led1_off_time = now+holding_time

변수 **led1_off_time**는 켜진 LED가 꺼져야 하는 시각입니다.

"켜진 시각 + 5000ms"이 LED가 꺼져야 하는 시각입니다.

led1_on = True

LED1의 상태를 켜짐(True)로 저장합니다.

```
if led1_on == True:
```
LED1이 켜져 있는 동안에만 LED1을 끄기 위한 조건을 체크하면 됩니다.

```
if now >= led1_off_time:
    pin15.write_digital(0)
    led1_on = False
```

측정된 현재 시각(변수 **now**에 저장된 값)이 변수 **led1_off_time**에 저장해 놓은 값 즉, LED가 꺼져야 할 시각 이상이 되면 이제 LED를 끄고 변수 **led1_on**에 False를 저장합니다.

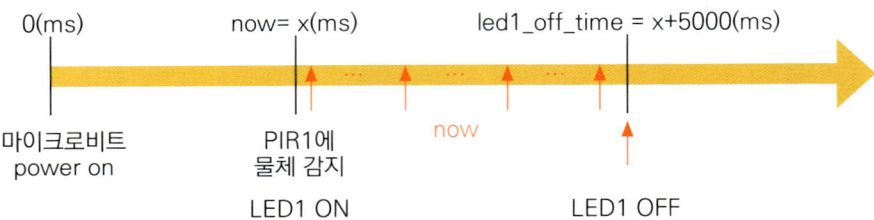

running_time을 주기적으로 측정하다 보면 led1_off_time에 저장된 값과 같거나 커지는 순간이 있습니다. 이 때가 LED1이 켜진 지 5초 이상이 되는 순간이므로 LED1을 끄면 됩니다.

코드가 완성되었다면 마이크로비트에 전송하여 동작을 테스트합니다.
두 개의 PIR 센서가 다른 PIR 센서에 영향을 받지 않고 독립적으로 동작을 잘하는지 확인합니다.

지금 구현한 시스템에서는 PIR이 감지되어 LED가 켜진 상태에서 동일한 PIR에 다시 움직임이 감지되면 LED가 다시 켜짐 상태가 되면서 그때부터 5초를 다시 계산하여 끄게 됩니다.
너무 오랫동안 LED가 꺼지지 않는다면 LED가 켜져 있는 중간에 PIR 센서에 다시 움직임이 감지되지 않는지 확인해 주세요.
동작이 확인되었으면 프로젝트를 컴퓨터에도 저장합니다.

 **마이크로비트 에지 커넥터 핀 알아보기**

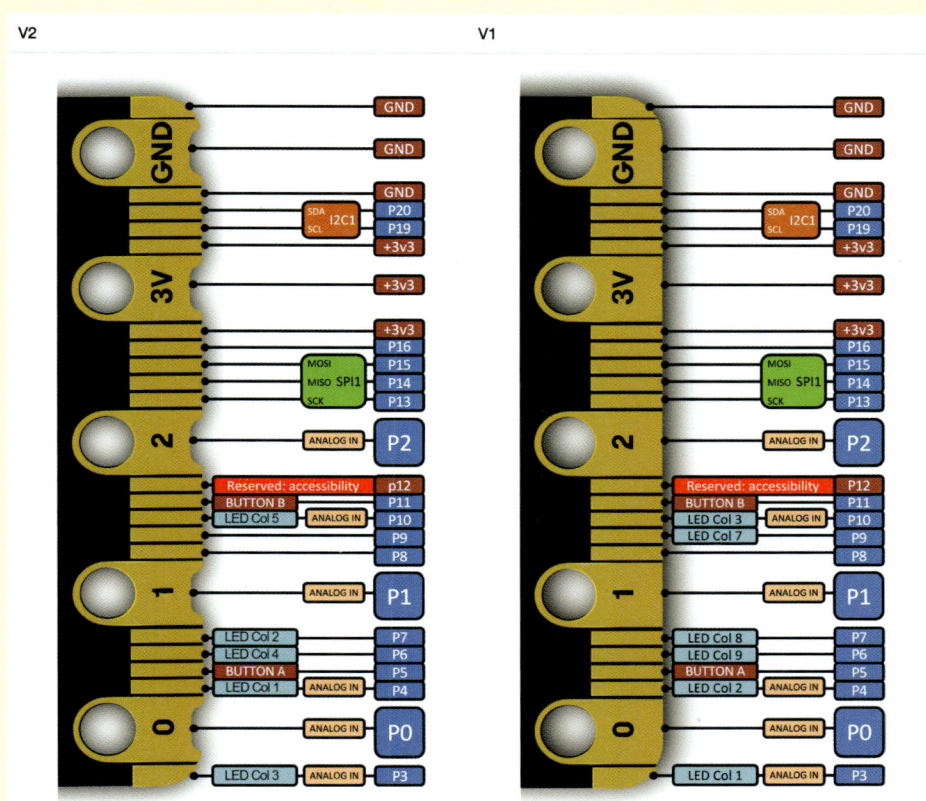

출처: https://tech.microbit.org/hardware/edgeconnector/

마이크로비트의 에지 커넥터는 외부 회로 및 구성 요소에 연결하는 데 사용됩니다. 0, 1, 2 핀은 범용 입력 및 출력(GPIO)용이며 아날로그-디지털 변환기(ADC) 기능도 있습니다. 또한 터치 감지도 가능합니다. 에지 커넥터 부분에 3V와 GND가 있어서 전원 공급 장치와 연결도 가능합니다.

각 핀이 입출력 기능으로만 사용되는 것이 아닌 경우 사용에 주의해야 합니다.

예를 들어 7번 핀의 경우는 전면 LED 디스플레이를 사용하지 않을 때 즉 꺼져 있을 때 디지털 입출력으로 사용할 수 있습니다.

12장

나만의 감성 무드등

네오픽셀 LED와 ADKeypad를 이용하여 내 방을 밝혀 줄 무드등을 만들어 봅시다.

1 프로젝트1 - 무지갯빛 네오픽셀 LED

1. 기능 정의

- 네오픽셀 LED를 제어하여 무지갯빛으로 LED를 켭니다.
  - 마이크로비트에 전원이 들어오면 네오픽셀 LED 링이 무지개색(빨간색, 주황색, 노란색, 초록색, 파란색, 남색, 보라색, 백색)으로 켜진다.

학습 목표	네오픽셀 LED를 제어할 수 있다. - 네오픽셀 LED 모듈 사용법 익히기
핵심 키워드	마이크로비트, 네오픽셀 LED, 파이썬
준비물	마이크로비트, 확장보드, 네오픽셀 LED, 암수 케이블 3개, micro 5pin USB 케이블
추가 모듈	없음
학습 난이도	★★☆☆☆

2. 회로 구성

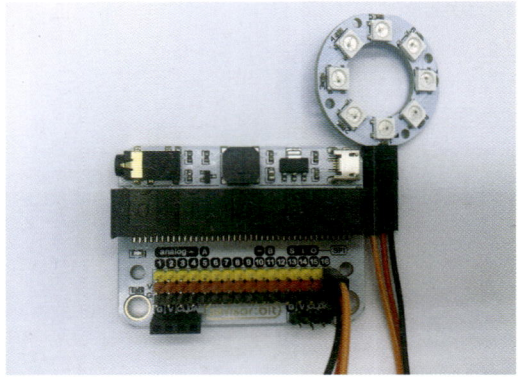

마이크로비트	네오픽셀 LED 링
5V	V
GND	G
16	DI

3. 코드 작성
neopixel API

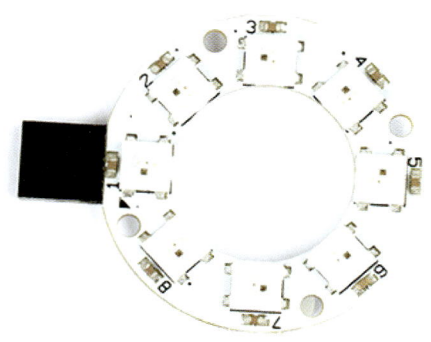

우리가 사용할 네오픽셀 LED 링의 이미지입니다.

네오픽셀 LED는 개별적으로 주소를 지정할 수 있는 LED입니다. 하나의 GPIO 핀으로 여러 개의 LED를 제어할 수 있다는 장점이 있습니다.

마이크로비트에서는 **neopixel** 모듈을 적용하여 함께 RGB 및 RGBW 네오픽셀을 사용할 수 있습니다.

np = neopixel.NeoPixel(pin#, n, bpp = 3)

- pin#: 네오픽셀 LED를 연결할 핀 번호입니다
- n: 사용할 네오픽셀 LED의 네오픽셀의 개수입니다. 우리가 사용할 네오픽셀 LED 링은 네오픽셀의 개수가 8개입니다
- bpp(byte per pixel): RGB 또는 GRB 인 경우가 기본이고 값은 3입니다. RGBW인 경우 4로 명시합니다.
- 프로그램에서 사용할 새로운 객체(np)를 생성하는 함수(초기화 함수)이며, 리스트 형태로 생성됩니다. 각 네오픽셀의 인덱스는 위치로 지정이 됩니다. 우리가 사용하는 네오픽셀 LED 링의 첫 번째 네오픽셀은 인덱스가 0(np[0]), 마지막 여덟 번째 네오픽셀은 인덱스가 7(np[7])입니다.

네오픽셀은 튜플 형태로 값을 지정합니다. 0-255 사이의 RGB(빨강, 녹색, 파랑)/RGBW(빨

강, 녹색, 파랑, 흰색) 값을 설정할 수 있습니다. 예를 들어 RGB에서 (255, 255, 255)는 흰색입니다. RGBW에서 (255, 255, 255, 0) 또는 (0, 0, 0, 255)는 흰색입니다.

clear()
- 모든 픽셀을 지웁니다.

show()/write()
- 픽셀의 색을 보여 줍니다. 픽셀의 색을 변경한 후 이 함수를 호출해야 변경 사항 확인이 가능합니다.
- **write()**는 마이크로비트 2.0 이상 버전에서만 사용이 됩니다.

fill(색)
- 2.0 버전에서 모든 픽셀의 색을 한꺼번에 변경할 때 사용합니다.
- fill((0, 0, 255)) 또는 fill((0, 0, 0, 255))

> **여기서 잠깐** **파이썬 리스트와 튜플 알아보기**
>
> 파이썬에는 다양한 자료형이 있습니다. 숫자형(int, float), 문자형(str), 시퀀스형(list, tuple), 매핑형(dict), 불형(bool) 등이 있습니다.
>
> 리스트(list)는 일반적으로 여러 항목을 저장하기 위해 사용되며, 항목의 변경이 가능한 자료형입니다.
>
> 한 쌍의 대괄호[]를 이용하여 자료를 표시합니다. 순서가 있기 때문에 인덱스로 접근이 가능합니다.
>
> **예** menu = ['coffee', 'latte', 'milk', 'water']
>
> 튜플(tuple)는 여러 항목을 저장하기 위해 사용되며, 항목을 변경할 수 없는 자료형입니다. 한 쌍의 소괄호()를 사용하여 자료를 표시합니다. 순서가 있기 때문에 인덱스로 접근이 가능합니다.
>
> **예** subject = ('korean', 'math', 'english')

파이썬 편집기를 실행합니다. (https://python.microbit.org/v/3)

프로젝트 이름은 "12_1_lamp"으로 저장합니다.

```python
from microbit import *
import neopixel
np = neopixel.NeoPixel(pin16, 8)

np.clear()
np[0] = (255, 0, 0)
np[1] = (255, 102, 0)
np[2] = (255, 255, 0)
np[3] = (0, 255, 0)
np[4] = (0, 0, 255)
np[5] = (51, 51, 102)
np[6] = (102, 0, 153)
np[7] = (255, 255, 255)
np.show()
```

import neopixel

네오픽셀 LED를 제어하기 위해서는 neopixel 모듈을 import해야 합니다

np = neopixel.NeoPixel(pin16, 8)

네오픽셀 LED를 초기화하면 해당 정보로 리스트(np)가 생성되었습니다.

네오픽셀 LED 링을 보면 각 LED에 번호가 붙어 있습니다. 개별 LED의 인덱스는 1번 LED부터 0으로 지정되어 순차적으로 할당됩니다.

앞으로 네오픽셀 LED를 켜기 위해서는 np에 값을 설정해 줍니다.

만약 첫 번째 LED에 빨강을 켜기 위해서는 아래와 같이 값을 넣어야 합니다.

np[0] = (255, 0, 0)

네오픽셀 LED는 RGB 값의 조합으로 색이 정해집니다.

(255, 0, 0)은 각각 (R, G, B) 값을 의미하고 각 값은 0~255의 총 256의 값을 가집니다.

이번 장에서는 빨, 주, 노, 초, 파, 남, 보, 백색의 8색이 필요합니다.
각색의 RGB 값은 다음과 같습니다.

빨간색 = (255, 0, 0)
주황색 = (255, 102, 0)
노랑색 = (255, 255, 0)
초록색 = (0, 255, 0)
파란색 = (0, 0, 255)
남색 = (51, 51, 102)
보라색 = (102, 0, 153)
백색 = (255, 255, 255)

np.clear()

네오픽셀 LED의 모든 값을 지웁니다.

np.show()

지정된 값으로 빛을 내도록 합니다. 이 함수가 없으면 실제로 발광하지 않습니다.

RGB 10진수 색상표

아래 사이트에서 원하는 색상의 10진수 RGB 값을 확인할 수 있습니다.
http://www.n2n.pe.kr/lev-1/color.htm
또는 "RGB 10진수 색상표"로 구글링해서 찾아보아도 좋을 것 같습니다.

시뮬레이터로 확인할 수 없으므로 바로 마이크로비트로 전송하여 확인합니다.
네오픽셀 LED의 빛이 굉장히 밝은 편입니다.
바로 쳐다보지 않도록 합니다. 화장지나 A4 종이 등을 위에 덮어서 확인하기를 권합니다.

이제, 위에서 작성한 코드를 조금 수정하겠습니다
지금은 각각의 네오픽셀 LED의 값에 정해진 색을 하나씩 넣어 주었습니다. 이 작업을 리스트와 반복문을 이용하여 다르게 표현해 보겠습니다.

color라는 리스트를 만들어 색 데이터를 저장합니다.
리스트는 대괄호[]로 표현합니다.
color = [(255, 0, 0), (255, 102, 0), (255, 255, 0), (0, 255, 0), (0, 0, 255), (51, 51, 102), (102, 0, 153), (255, 255, 255)]
color 리스트는 8개의 값을 가지고 있고 인덱스는 0~7까지 있습니다.
즉, color[0]의 값은 (255, 0, 0), color[3]의 값은 (0, 255, 0)가 됩니다.

RGB 색상 값을 저장하고 있는 리스트 color도 0~7, 네오픽셀 리스트 np도 0~7까지 값을 가지고 있으므로 간단히 for 반복문을 이용하여 리스트 np에 색상 값을 하나씩 넣어 주도록 하겠습니다.

```
12_1_lamp
1  from microbit import *
2  import neopixel
3  np = neopixel.NeoPixel(pin16, 8)
4
5  color = [(255, 0, 0), (255, 102, 0),
6           (255, 255, 0), (0, 255, 0),
7           (0, 0, 255), (51, 51, 102),
8           (102, 0, 153), (255, 255, 255)]
9
10 np.clear()
11 for i in range(8):
12     np[i] = color[i]
13 np.show()
```

color 리스트의 항목을 한 줄로 써도 되지만 가독성을 높이기 위해 항목을 두 개씩 나누어 적었습니다.

for i in range(8):

   np[i] = color[i]

반복문을 한 번 실행할 때마다 **color[i]** 값을 가져와 **np[i]**에 대입합니다.

np.show()

np.show()를 호출해야 네오픽셀 LED에 불이 켜집니다.

마이크로비트에 전송하고 동작을 확인합니다.
작성한 프로젝트를 컴퓨터에도 저장합니다.

2 프로젝트2 - 내 맘대로 무드등

1. 기능 정의

- ADKeypad로 네오픽셀 LED를 제어하여 단색 무드등을 만들어 봅시다.
    1. ADKeypad의 버튼 A를 누르면 백색 불이 켜진다.
    2. ADKeypad의 버튼 B를 누르면 LED가 꺼진다.
    3. ADKeypad의 버튼 C를 누르면 녹색 불이 켜진다.
    4. ADKeypad의 버튼 D를 누르면 빨간색 불이 켜진다.
    5. ADKeypad의 버튼 E를 누르면 보라색 불이 켜진다.

학습 목표	네오픽셀 LED와 ADKeypad를 마이크로비트로 제어하여 무드등을 만들 수 있다. - 외부 모듈 추가하기 - 파이썬 리스트, 튜플 알아보기
핵심 키워드	마이크로비트, 파이썬
준비물	마이크로비트, 확장보드, 네오픽셀 LED 링(레인보우링), ADKeypad, 3색 연결 케이블 1개, 암수 케이블 3개, micro 5pin USB 케이블
추가 모듈	없음
학습 난이도	★★☆☆☆

2. 회로 구성

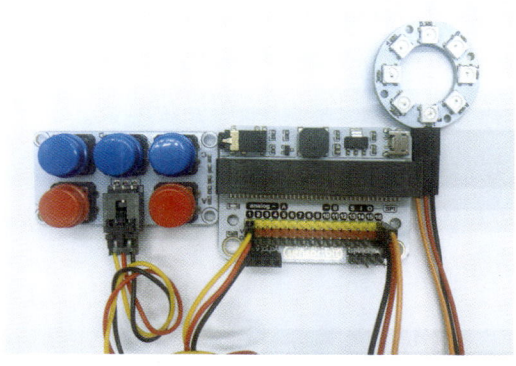

마이크로비트	네오픽셀 LED 링
V	V
GND	G
16	DI

마이크로비트	ADKeypad
V	V
GND	G
1	S

3. 코드 작성

Micropython API

pin#.read_analog()

- 핀에 적용된 전압을 읽습니다.
- 반환 값은 0(0V)~1023(3.3V) 사이의 정수입니다.

본격적인 프로젝트에 앞서 ADKeypad의 각 버튼의 값을 확인합니다.

ADKeypad는 하나의 IO 포트로 5개의 버튼을 처리할 수 있는 입력 장치입니다.

마이크로비트는 외부 입력(ADKeypad 입력)을 아날로그 값으로 받아서 처리합니다. 입력된 값은 변수 **ADKeypad**에 저장합니다.
시리얼 모니터를 이용해서 컴퓨터 화면으로 값을 확인합니다.

```python
1  from microbit import *
2
3  ADkeypad = 0
4
5  while True:
6      ADkeypad = pin1.read_analog()
7      print("ADkeypad : ", ADkeypad)
8      sleep(200)
```

ADKeypad = 0

변수 **ADKeypad**를 사용하기 위해 변수를 생성하고 초기화합니다.

ADkeypad = pin1.read_analog()

마이크로비트의 1번 핀에 연결된 ADKeypad로부터 입력값을 받아 변수 **ADKeypad**에 저장합니다.

print("ADkeypad : ", ADkeypad)

print() 함수를 이용하여 시리얼 모니터에 출력합니다.

print(값1, 값2, 값3….) 형태로 사용이 가능하며 각각의 값은 변수, 문자열, 숫자 등이 가능합니다.

소스 코드 전송이 완료되면 편집기 하단의 "시리얼 표시"를 열어서 값을 확인할 수 있습니다.

```
micro:bit 플래시됨 ✓                                         시리얼 숨기기
ADkeypad :   47
ADkeypad :   47
ADkeypad :   47
ADkeypad :   47
ADkeypad :   47
ADkeypad :   47
ADkeypad :   47
ADkeypad :   47
ADkeypad :   47
ADkeypad :   47
ADkeypad :   47
```

ADKeypad의 버튼 B를 눌렀을 때

ADKeypad의 버튼 E를 눌렀을 때

각 버튼을 누르면 다른 값이 출력되는 것을 볼 수 있습니다.

버튼을 누르지 않은 경우 1020~1023 사이의 값이 출력됩니다.

버튼 A를 누르면 0, 버튼 B는 46~48, 버튼 C는 90~93, 버튼 D는 131~133, 버튼 E는 546~549 사이의 값이 출력됩니다.

이 값은 부품마다 조금씩 다를 수 있으니 반드시 확인 후 코드에 적용합니다.

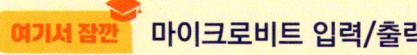 **마이크로비트 입력/출력**

마이크로비트는 각 핀은 디지털 입력/출력, 아날로그 입력/출력이 가능합니다. 사용법이나 자세한 설명은 참조에서 핀 항목을 찾아보면 됩니다.

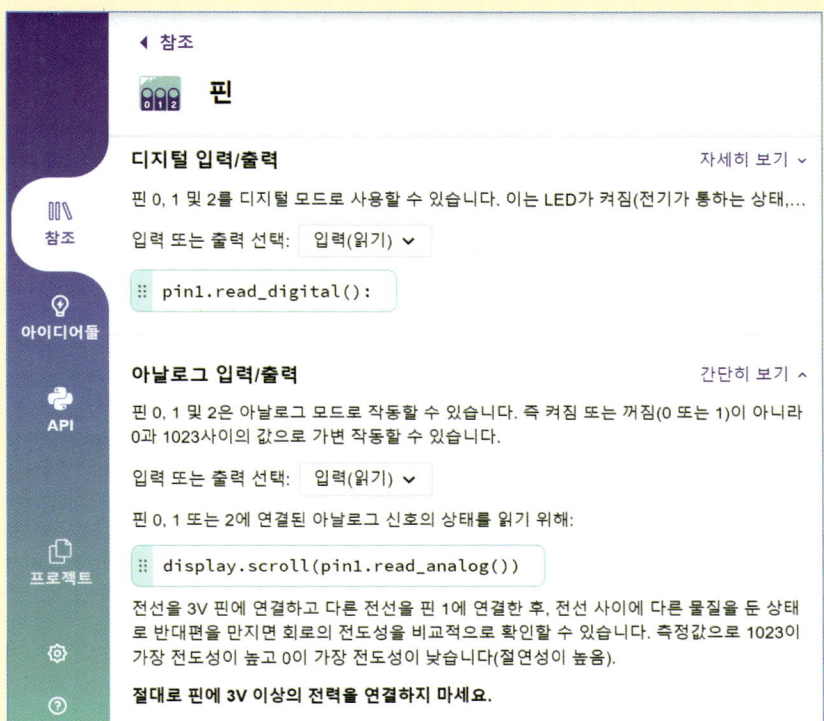

파이썬 편집기를 실행합니다. (https://python.microbit.org/v/3)
프로젝트 이름은 "12_2_lamp"으로 저장합니다.

- ADKeypad의 버튼 A : 백색
- ADKeypad의 버튼 B : LED 꺼짐
- ADKeypad의 버튼 C : 녹색
- ADKeypad의 버튼 D : 빨간색
- ADKeypad의 버튼 E : 보라색

예를 들어 ADkeypad에서 입력된 값이 90 이상이고 93 이하라면 버튼 C가 눌렸다고 판단하여 녹색으로 LED를 켭니다.

전체 코드는 다음과 같습니다.

while 반복문, if 조건문, for 반복문이 중첩으로 이루어진 구조입니다. 들여쓰기를 주의해 주세요.

```
12_2_lamp
1  from microbit import *
2  import neopixel
3
4  np = neopixel.NeoPixel(pin16, 8)
5  ADKeypad = 0
6
7  while True:
8      ADKeypad = pin1.read_analog()
9      if 0 <= ADKeypad <= 3 :              #A버튼 : 백색
10         np.clear()
11         for i in range(8):
12             np[i] = (255, 255, 255)
13         np.show()
14     elif 46 <= ADKeypad <= 48 :          #B버튼 : 꺼짐
15         np.clear()
16         np.show()
17     elif 90 <= ADKeypad <= 93 :          #C버튼 : 녹색
18         np.clear()
19         for i in range(8):
20             np[i] = (0, 255, 0)
21         np.show()
22     elif 131 <= ADKeypad <= 133 :        #D버튼 : 빨간색
23         np.clear()
24         for i in range(8):
25             np[i] = (255, 0, 0)
26         np.show()
27     elif 546 <= ADKeypad <= 549 :        #E버튼 : 보라색
28         np.clear()
29         for i in range(8):
30             np[i] = (102, 0, 153)
31         np.show()
```

소스 코드를 마이크로비트에 전송합니다.

ADKeypad의 버튼(A, C, D, E)을 누르면 각 버튼에 해당하는 색의 불이 켜집니다. LED를 끄기 위해서는 버튼 B를 눌러야 합니다.

동작이 확인되었으면 컴퓨터에도 프로젝트를 저장합니다.

13장

온도 감지 선풍기

TMP36 온도 센서를 이용하여 온도계를 만들어 봅시다.

토비
날씨가 너무 더워ㅠㅠ

ㅇㅇ이렇게 더운 날은
손 선풍기가 필수품이지..

 토비
그런데 손 선풍기는 배터리가 빨리
닳더라고.. 온도를 감지해서 기온이 높을
때만 자동으로 켜지는 손 선풍기가 있으면
좋을 텐데..

온도를 정확하게 측정하는 TMP36 온도 센서와
DC모터를 이용해서 마이크로비트로 구현해
볼 수 있지 않을까?

 토비
TMP36은 온도 센서와 LCD를 이용해서 실시간 기온을
확인해 보고 DC모터를 추가해서 마이크로비트로 기온에
자동으로 반응하는 스마트한 선풍기를 만들어 보자!

1 프로젝트1 – 지금 기온은 몇 도?

1. 기능 정의

- TMP36 온도 센서를 이용하여 기온을 측정하여 LCD에 출력합니다.

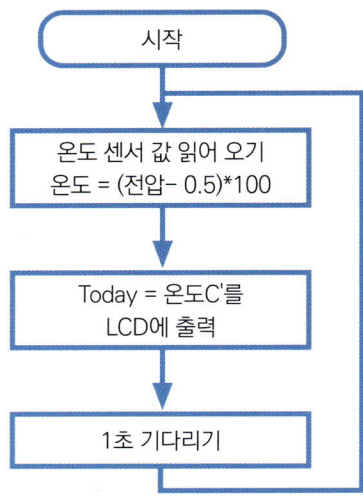

학습 목표	TMP36 온도 센서로 기온을 측정하여 LCD에 문자열을 출력할 수 있다. - I2C LCD 모듈 제어하기 - sub모듈이 있는 프로젝트 관리하기
핵심 키워드	마이크로비트, TMP36 온도 센서, LCD, 파이썬
준비물	마이크로비트, 확장보드, TMP36 온도 센서, I2C LCD, 3색 연결 케이블 1개, 암수 케이블 4개, micro 5pin USB 케이블
추가 모듈	lcd.py
학습 난이도	★☆☆☆☆

2. 회로 구성

마이크로비트	TMP36
V	V
GND	G
1	S

마이크로비트	LCD
V	V
GND	G
CL	SCL
DA	SDA

3. 코드 작성

lcd API

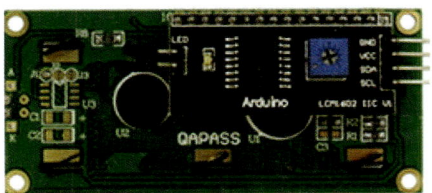

LCD1602 (addr)

- LCD 객체를 만듭니다. I2C LCD의 주소 값을 넘겨줍니다.
- 주소 값은 대체로 0×27 혹은 0×3f입니다.

clear()

- LCD를 지웁니다.

puts(string, x, y)

- string을 x, y 위치에 출력합니다.
- x는 0~15, y는 0, 1의 값을 갖습니다.

파이썬 편집기를 실행합니다. (https://python.microbit.org/v/3)
프로젝트 이름은 "13_1_checkTemperature"으로 저장합니다.
lcd.py 파일을 프로젝트에 추가합니다.

여기서 잠깐 파일 추가는 어떻게 하나요?

1. 코드 편집기 왼쪽의 프로젝트 탭을 엽니다.

열기 버튼을 클릭하고 추가할 파일 찾아서 클릭합니다.

아래와 같은 팝업 창이 뜨면 팝업 창의 오른쪽 작은 아이콘을 클릭합니다.

파일 추가를 선택합니다.

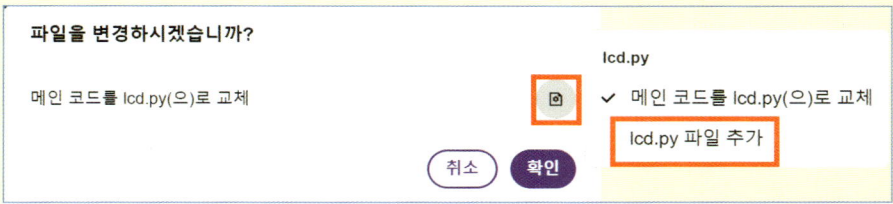

아래와 같이 팝업 창이 변경되면 **확인** 버튼을 클릭합니다.

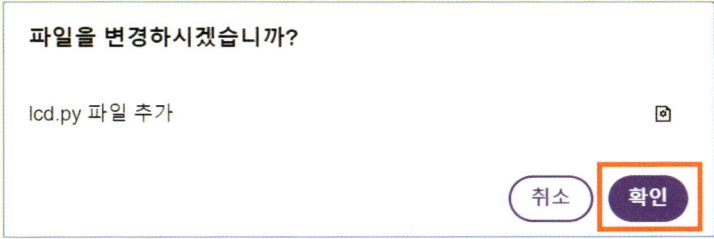

main.py 아래 추가된 파일이 보입니다.

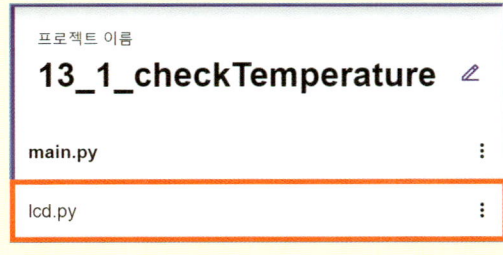

```
13_1_checkTemperature
2  import lcd
3
4  mylcd = lcd.LCD1602(0x3f)
5  #이 값은 온도 센서를 이용하여 온도를 측정한 후
6  #실제 온도와 차이를 보정하기 위해 사용합니다.
7  #각자 확인 후 값을 수정하여 사용합니다.
8  cal_value = 4
9  str_info = "Today : "
10
11 while True:
12     reading = pin1.read_analog()
13     voltage = (reading/1023)*3.3
14     celsius = (voltage-0.5)*100
15     celsius = celsius-cal_value
16     celsius = round(celsius, 1)
17     mylcd.clear()
18     temp_str = str_info + str(celsius) + "C'"
19     mylcd.puts(temp_str, 0, 0)
20     sleep(1000)
```

import lcd

I2C LCD를 제어하기 위해 lcd 모듈을 추가합니다.

cal_value

TMP36 온도 센서의 값을 실제 온도와 맞추기 위해 사용하는 값입니다.

TMP36 온도 센서의 데이터 시트에 의해 값을 측정하여 계산하면 실제 온도와 차이가 나기도 합니다. 이것은 TMP온도 센서의 문제일 수도 있고, 마이크로비트의 문제일 수도 있습니다. 여러 번 온도를 측정하여 평균적인 차이를 계산하여 사용합니다.

mylcd = lcd.LCD1602(0×3f)

LCD를 제어하기 위한 객체를 하나 만듭니다. I2C LCD의 주소 값은 대체로 0×27 혹은 0×3f입니다.

0×3f로 값을 설정하여 마이크로비트에 소스 코드를 전송했을 때 아래와 같은 오류 메시지가 확인이 된다면 우선 LCD에 전원이 공급된 상태인지 먼저 확인 후 이상이 없으면 주소 값을 0×27로 수정 후 다시 확인해 봅니다.

```
micro:bit ready to flash                                    Hide serial
  File "lcd.py", line 10, in __init__
  File "lcd.py", line 37, in setcmd
  File "lcd.py", line 31, in send
  File "lcd.py", line 24, in setReg
OSError: [Errno 19] ENODEV
MicroPython v1.18 on 2022-11-10; micro:bit v2.1.1 with nRF52833
Type "help()" for more information.
>>>
```

I2C 장치를 찾지 못해서 발생하는 오류입니다.

이 메시지는 다른 I2C 장치를 사용하는 경우에도 발생할 수 있습니다. 이 경우 장치가 잘 연결이 되었는지, 해당 장치에 전원이 들어와 있는지 확인 바랍니다.

str_info = "Today : "

LCD에 기온을 출력할 때 "Today : 19.5C" 형태로 출력하기 위해 문자열 "Today :"을 변수 **str_info**에 저장합니다.

reading = pin1.read_analog()
voltage = (reading/1023)*3.3

1번 핀에 연결되어 있는 TMP36 센서로부터 값을 읽어 옵니다.

마이크로비트가 읽어 온 **reading**은 TMP36 센서의 출력 전압 값을 0~1023의 값으로 변환한 값입니다. 온도를 알기 위해서는 TMP36의 출력 전압을 알아야 하므로 **reading** 값을 이용하여 TMP36의 출력 전압을 구합니다.

celsius = (voltage-0.5)*100

TMP36의 출력 전압을 구했으면 이 값을 TMP36의 온도와 전압의 관계식에 넣어 온도를 계산합니다.

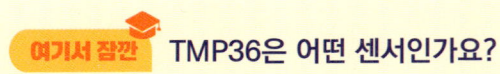 TMP36은 어떤 센서인가요?

TMP36은 넓은 범위의 저전력 온도 센서로 주변 온도에 비례하는 아날로그 전압을 출력합니다. TMP36의 전압과 기온의 상관 관계를 보면 아래 그림과 같습니다.

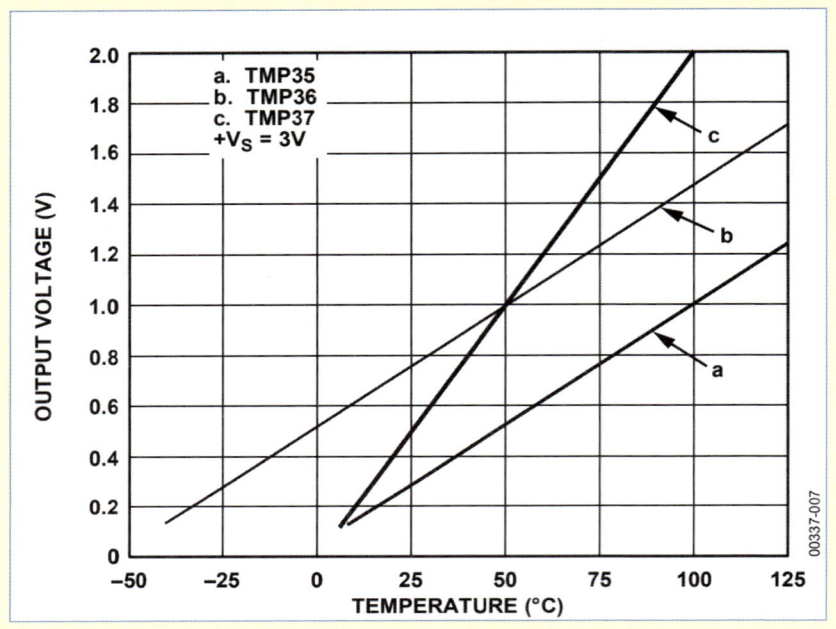

직선 b가 TMP36의 그래프입니다. TMP36은 온도가 섭씨 0도일 때 대략 0.5V의 출력을 나타냅니다. 온도가 섭씨 -50도일 때 0V의 출력을 보입니다. 이 관계를 이용하여 식을 만들면 아래와 같습니다.

OUTPUT VOLTAGE = 0.01×TEMPERATURE+0.5

TEMPERATURE = (OUTPUT VOLTAGE-0.5)×100

celsius = celsius-cal_value
측정된 온도에 보정값을 적용하여 온도를 수정합니다.

celsius = round(celsius, 1)
위에서 구한 기온 값 즉 **celsius** 값을 소수점 1자리까지만 다시 저장합니다.

mylcd.clear()
LCD에 있는 내용을 지웁니다.

temp_str = str_info + str(celsius) + "C"
변수 **str_info**에 저장된 문자열 "Today :"와 지금 측정된 기온을 하나의 문자열로 묶어서 처리합니다. 예를 들어 "Today : 21.5C"로 문자열을 만듭니다.

mylcd.puts(temp_str, 0, 0)
LCD에 위에서 만든 문자열을 출력합니다.

다시 한번 마이크로비트에 전송하고 동작을 확인합니다.
TMP36 온도 센서, I2C LCD를 모두 연결한 상태에서 마이크로비트에 전원을 공급하여 동작하도록 합니다.

작성한 프로젝트를 컴퓨터에도 저장합니다.

2 프로젝트2 - 선풍기를 틀어 줘

1. 기능 정의

- 기온을 측정하여 기온이 높으면 선풍기를 동작합니다.

      1. 기온을 측정한다.
      2. 기온이 25도 이상이면 모터를 동작한다.
      3. 기온이 25도 미만이면 모터를 멈춘다.

학습 목표	TMP36 온도 센서와 모터를 이용하여 기온에 자동으로 반응하는 선풍기를 만들 수 있다. - 외부 모듈 추가하기 - 파이썬 리스트, 튜플 알아보기
핵심 키워드	마이크로비트, 파이썬
준비물	마이크로비트, 확장보드, I2C LCD, DC모터, 팬, 3색 연결 케이블 2개, 암수 케이블 4개, micro 5pin USB 케이블
추가 모듈	lcd.py
학습 난이도	★☆☆☆☆

2. 회로 구성

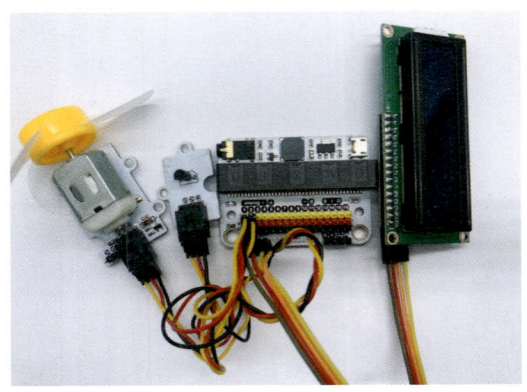

마이크로비트	TMP36
V	V
D	G
1	S

마이크로비트	LCD
V	V
GND	G
CL	SCL
DA	SDA

마이크로비트	모터
V	V
GND	G
2	S

3. 코드 작성

파이썬 편집기를 실행합니다. (https://python.microbit.org/v/3)

프로젝트 이름은 "13_2_soHot"으로 저장합니다.

lcd.py 파일을 프로젝트에 추가합니다.

```python
# 13_2_soHot
from microbit import *
import lcd

mylcd = lcd.LCD1602(0x3f)
cal_value = 4
str_info = "Today : "

while True:
    reading = pin1.read_analog()
    voltage = (reading/1023)*3.3
    celsius = (voltage-0.5)*100
    celsius = celsius-cal_value
    celsius = round(celsius, 1)
    mylcd.clear()
    temp_str = str_info + str(celsius) + "C'"
    mylcd.puts(temp_str, 0, 0)
    if celsius >= 25:
        pin2.write_digital(1)
    else:
        pin2.write_digital(0)
    sleep(1000)
```

if celsius >= 25:

   pin2.write_digital(1)

else:

   pin2.write_digital(0)

측정된 기온 **celsius** 값이 25도 이상이면 모터를 동작 시키고, 25도 미만이면 동작을 멈춥니다.

마이크로비트에 작성된 소스 코드를 전송하고 동작을 확인합니다.

손으로 TMP36 온도 센서를 쥐고 있으면 온도가 올라갑니다. 측정값이 25도 이상이면 모터가 동작하기 시작합니다. 모터가 동작하기 시작하면서 마이크로비트가 꺼졌다 켜졌다 한다면 전력이 부족하기 때문입니다. 우리가 사용하는 DC모터는 정격 전압이 5V입니다. 잘 동작하지 않는다면 모터에 별도 전원을 공급해 줘야 합니다.

14장

OX 전광판

8x16 매트릭스 LED(MAX7219)를 이용하여 전광판을 만들어 봅시다.

이번 체육 대회 때 우리반에서 OX 퀴즈를 진행해 볼까 하는데..

 레비
OX 퀴즈 너무 재미있겠네..
OX 퀴즈 진행할 소품을 준비해야겠는 걸?

 OX 표시할 효과적인 전광판을 만들까 하는데 좋은 방법 없을까?

 레비
LED Matrix를 활용해서 마이크로비트로 만들어 볼 수 있지 않을까?

 우와! 좋은 생각인걸 LED Matrix를 이용해서 마이크로비트로 OX도 표시하고 GO! 123도 할 수 있는 전광판을 만들어서 OX 퀴즈 대회에 사용해야겠어

1 프로젝트1 - OX를 전광판에 나타내 볼까요

1. 기능 정의

- 버튼 A를 누르면 왼쪽 매트릭스에 O가, 버튼 B를 누르면 오른쪽 매트릭스에 X가 표시되도록 합니다. 각 이미지는 화면 표시 0.5초 이후 사라집니다.

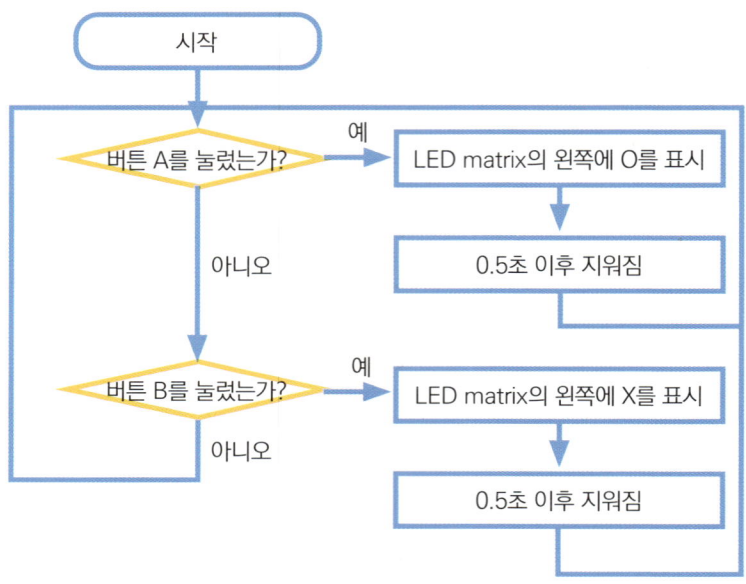

학습 목표	8×16 LED Matrix를 이용하여 정보를 표시할 수 있다. - 8×16 LED Matrix 모듈 사용법 익히기 - 이차원 리스트 사용하기
핵심 키워드	마이크로비트, 8×16 LED Matrix, 파이썬
준비물	마이크로비트, 확장보드, 8×16 LED Matrix, 암암 케이블 4개, micro 5pin USB 케이블
추가 모듈	matrix_octopus.py
학습 난이도	★★☆☆☆

2. 회로 구성

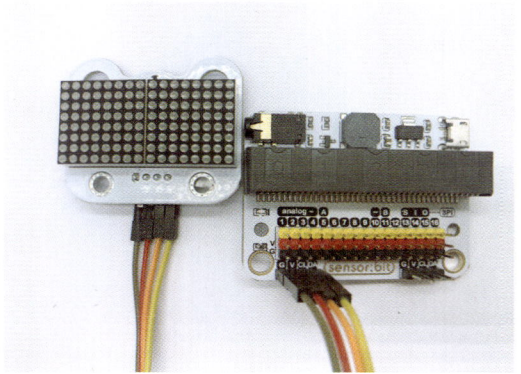

마이크로비트	LED matrix
V	V
GND	G
CL	CL
DA	DA

3. 코드 작성

matrix_octopus API

우리가 사용할 8×16 LED matrix 이미지입니다.

숫자, 상용문자 및 기호 등을 표시할 수 있습니다. 우리가 사용할 LED matrix는 I2C 프로토콜을 채택하였습니다.

해당 모듈을 사용하기 위해서는 프로젝트에 matrix_octopus.py를 추가한 후 코드를 작성해야 합니다.

MATRIX()
- 프로그램에서 사용할 새로운 객체를 생성하는 함수입니다.

set_matrix_draw(x, y)
- (x, y) 좌표에 해당하는 LED에 불을 켜도록 지정합니다.

set_matrix_clear()
- 전체 LED를 다 끕니다.

matrix_show()
- 각 위치별로 지정된 값에 따라 LED matrix에 불이 보이도록 합니다.

파이썬 편집기를 실행합니다. (https://python.microbit.org/v/3)
프로젝트 이름은 "14_1_ledMatrix"로 저장합니다.
matrix_octopus.py 파일을 프로젝트에 추가합니다.

```
14_1_ledMatrix
1  from microbit import *
2  import matrix_octopus
3
4  data = [
5          [0, 0, 0, 0, 0, 0, 0, 0, 0, 0, 0, 0, 0, 0, 0, 0 ],
6          [0, 0, 1, 1, 1, 1, 0, 0, 0, 1, 0, 0, 0, 0, 1, 0 ],
7          [0, 1, 0, 0, 0, 0, 1, 0, 0, 0, 1, 0, 0, 1, 0, 0 ],
8          [0, 1, 0, 0, 0, 0, 1, 0, 0, 0, 0, 1, 1, 0, 0, 0 ],
9          [0, 1, 0, 0, 0, 0, 1, 0, 0, 0, 0, 1, 1, 0, 0, 0 ],
10         [0, 1, 0, 0, 0, 0, 1, 0, 0, 0, 1, 0, 0, 1, 0, 0 ],
11         [0, 0, 1, 1, 1, 1, 0, 0, 0, 1, 0, 0, 0, 0, 1, 0 ],
12         [0, 0, 0, 0, 0, 0, 0, 0, 0, 0, 0, 0, 0, 0, 0, 0 ],
13 ]
14
15 dis = matrix_octopus.MATRIX()
16 x, y = 0, 0
17
18 for y in range(8):
19     for x in range(16):
20         if data[y][x]==1:
21             dis.set_matrix_draw(x, y)
22 dis.matrix_show()
```

import matrix_octopus

LED matrix를 제어하기 위해서 matrix_octopus 모듈을 import합니다.

data = [

[0, 0, 0, 0, 0, 0, 0, 0, 0, 0, 0, 0, 0, 0, 0, 0],

[0, 0, 1, 1, 1, 1, 0, 0, 0, 1, 0, 0, 0, 0, 1, 0],

[0, 1, 0, 0, 0, 0, 1, 0, 0, 0, 1, 0, 0, 1, 0, 0],

[0, 1, 0, 0, 0, 0, 1, 0, 0, 0, 0, 1, 1, 0, 0, 0],

[0, 1, 0, 0, 0, 0, 1, 0, 0, 0, 0, 1, 1, 0, 0, 0],

[0, 1, 0, 0, 0, 0, 1, 0, 0, 0, 1, 0, 0, 1, 0, 0],

[0, 0, 1, 1, 1, 1, 0, 0, 0, 1, 0, 0, 0, 0, 1, 0],

[0, 0, 0, 0, 0, 0, 0, 0, 0, 0, 0, 0, 0, 0, 0, 0],

]

LED 매트릭스에 그릴 이미지를 리스트 **data**에 저장합니다. 각 행마다 16개의 열이 있습니다. 불이 들어와야 하는 위치를 1로 저장합니다.

dis = matrix_octopus.MATRIX()

프로그램에서 사용할 새로운 객체 **dis**를 생성합니다.

for y in range(8):
for x in range(16):

전체 8×16 크기의 매트릭스를 다루기 위하여 for 반복문을 이용합니다. 8행을 한 행마다 16개의 데이터(열)을 처리하면서 반복합니다.

for y in range(8):

for y in [0, 1, 2, 3, 4, 5, 6, 7]:과 동일한 의미입니다.
한 번 반복할 때마다 0부터 7까지 값을 하나씩 가져와 변수 **y**에 넣어 처리합니다.

여기서 잠깐 range()를 알아봅시다.

range() 함수는 자동으로 연속된 숫자를 만들어 주는 내장 함수입니다.
range(시작 숫자, 끝 숫자, 간격)는 시작 숫자부터 "끝 숫자" 바로 전까지 숫자까지 간격만큼 띄어서 정수를 생성합니다.
예를 들어 range(1, 6, 1)은 1, 2, 3, 4, 5의 숫자를 생성합니다.
range 함수의 매개변수는 생략이 가능합니다.
range(시작 숫자, 끝 숫자) 형태로 사용하는 경우 생략된 간격은 항상 1입니다.
range(끝 숫자) 형태로 사용하는 경우 생략된 시작 숫자는 무조건 0이고 간격은 1입니다.
예를 들어 range(8)은 시작 숫자는 0, 끝 숫자는 8이고, 간격은 1입니다. 즉 0, 1, 2, 3, 4, 5, 6, 7의 숫자를 생성합니다.
보통 for 반복문과 같이 사용됩니다.

if data[y][x]==1:

   dis.set_matrix_draw(x, y)

data[y][x]의 값이 1인 경우만 해당 지점에 불이 들어오도록 지정합니다.

dis.matrix_show()

저장된 값에 따라 불이 켜지도록 합니다.

 **이차원 리스트에 대해 알아봅시다.**

이차원 리스트는 리스트 안에 리스트가 있는 형태입니다.
Data = [[1, 2], [3, 4]]
이차원 리스트에 접근하기 위해서는 대괄호가 2개 필요합니다.
Data[0]은 [1, 2]입니다. Data[0][0]은 1입니다.
Data[1]은 [3, 4]이고 Data[1][1]은 4입니다.

다시 한번 마이크로비트에 전송하고 동작을 확인합니다.
작성한 프로젝트를 컴퓨터에도 저장합니다.

지금까지 한 것은 LED 전체를 하나의 데이터로 제어하는 것입니다.
그러나 우리는 왼쪽, 오른쪽으로 나누어 O와 X를 표시해야 합니다.
이번에는 왼쪽의 8×8 매트릭스와 오른쪽의 8×8 매트릭스에 표시할 데이터를 나누어 처리하는 코드로 변경해 봅니다.

파이썬 편집기를 실행합니다. (https://python.microbit.org/v/3)
프로젝트 이름은 "14_1_ledMatrix_2"로 저장합니다
matrix_octopus.py 파일을 프로젝트에 추가합니다.

14_1_ledMatrix_2

```python
from microbit import *
import matrix_octopus

data_O = [
        [0, 0, 0, 0, 0, 0, 0, 0],
        [0, 0, 1, 1, 1, 1, 0, 0],
        [0, 1, 0, 0, 0, 0, 1, 0],
        [0, 1, 0, 0, 0, 0, 1, 0],
        [0, 1, 0, 0, 0, 0, 1, 0],
        [0, 1, 0, 0, 0, 0, 1, 0],
        [0, 0, 1, 1, 1, 1, 0, 0],
        [0, 0, 0, 0, 0, 0, 0, 0],
]
data_X = [
        [0, 0, 0, 0, 0, 0, 0, 0 ],
        [0, 1, 0, 0, 0, 0, 1, 0 ],
        [0, 0, 1, 0, 0, 1, 0, 0 ],
        [0, 0, 0, 1, 1, 0, 0, 0 ],
        [0, 0, 0, 1, 1, 0, 0, 0 ],
        [0, 0, 1, 0, 0, 1, 0, 0 ],
        [0, 1, 0, 0, 0, 0, 1, 0 ],
        [0, 0, 0, 0, 0, 0, 0, 0 ],
]

def show_left():        #왼쪽 매트릭스에 O 표시
    for y in range(8):
        for x in range(8):
            if data_O[y][x]==1:
                dis.set_matrix_draw(x, y)
    dis.matrix_show()

def show_right():       #오른쪽 매트릭스에 X 표시
    for y in range(8):
        for x in range(8):
            if data_X[y][x]==1:
                dis.set_matrix_draw(x+8, y)
    dis.matrix_show()

dis = matrix_octopus.MATRIX()
dis.set_matrix_clear()

while True:
    if button_a.was_pressed():
        show_left()
        sleep(500)
        dis.set_matrix_clear()
    elif button_b.was_pressed():
        show_right()
        sleep(500)
        dis.set_matrix_clear()
```

```
data_O = [
        [0, 0, 0, 0, 0, 0, 0, 0],
        [0, 0, 1, 1, 1, 1, 0, 0],
        [0, 1, 0, 0, 0, 0, 1, 0],
        [0, 1, 0, 0, 0, 0, 1, 0],
        [0, 1, 0, 0, 0, 0, 1, 0],
        [0, 1, 0, 0, 0, 0, 1, 0],
        [0, 0, 1, 1, 1, 1, 0, 0],
        [0, 0, 0, 0, 0, 0, 0, 0],
]
```

왼쪽 매트릭스에 사용될 8×8의 데이터입니다. 'O' 자 형태에 맞추어 해당 자리를 1로 표시하였습니다.

```
def show_left():
    for y in range(8):
        for x in range(8):
            if data_O[y][x] == 1:
                dis.set_matrix_draw(x, y)
    dis.matrix_show()
```

왼쪽 매트릭스에 O를 표시하기 위한 함수입니다. 이차원 리스트 **data_O**의 값을 하나씩 읽어와 1이면 **dis.set_matrix_draw(x, y)**를 이용하여 매트릭스의 해당 위치에 값을 저장합니다.

```
def show_right():
    for y in range(8):
        for x in range(8):
            if data_X[y][x] == 1:
                dis.set_matrix_draw(x+8, y)
    dis.matrix_show()
```

왼쪽과 동일합니다. 단, 주의해야 할 것은 X는 오른쪽 매트릭스에 표현됩니다. 즉 매트릭스의 x 좌표가 8~15에 해당하는 곳이 오른쪽 매트릭스이므로 **dis.set_matrix_draw(x+8, y)**로 함수를 호출해야 합니다.

마이크로비트에 전송하여 동작을 확인합니다.
컴퓨터에도 프로젝트를 저장합니다.

② 프로젝트2 - GO! 1 2 3

1. 기능 정의

- 8×16 LED matrix에 1 2 3이 보이고, 스크롤하듯 글씨가 왼쪽으로 이동합니다.

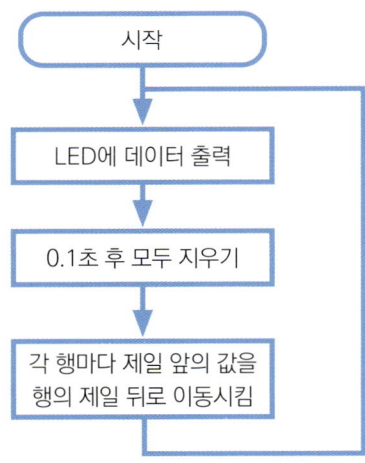

학습 목표	8×16 LED matrix를 이용하여 글씨가 흘러가는 전광판을 만들 수 있다. - 8×16 LED Matrix 모듈 사용법 익히기 - 이차원 리스트 사용하기 - 이중 for문 사용하기
핵심 키워드	마이크로비트, 파이썬
준비물	마이크로비트, 확장보드, 8×16 LED matrix, 암암 케이블 4개, micro 5pin USB 케이블
추가 모듈	matrix_octopus.py
학습 난이도	★★★☆☆

2. 회로 구성

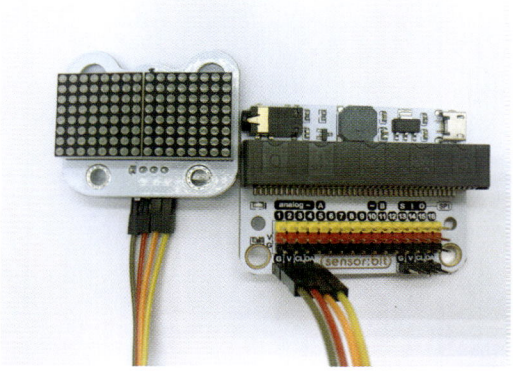

마이크로비트	LED matrix
V	V
GND	G
CL	CL
DA	DA

14장. OX 전광판

3. 코드 작성

파이썬 편집기를 실행합니다. (https://python.microbit.org/v/3)

프로젝트 이름은 "14_2_shiftMatrix"으로 저장합니다.

matrix_octopus.py 파일을 프로젝트에 추가합니다.

```python
# 14_2_shiftMatrix
from microbit import *
import matrix_octopus
data = [
        [0, 1, 0, 0, 1, 1, 0, 0, 0, 1, 1, 0, 0, 0, 0, 0 ],
        [0, 1, 0, 1, 0, 0, 1, 0, 1, 0, 0, 1, 0, 0, 0, 0 ],
        [0, 1, 0, 0, 0, 1, 0, 0, 0, 0, 0, 1, 0, 0, 0, 0 ],
        [0, 1, 0, 0, 1, 0, 0, 0, 0, 1, 1, 0, 0, 0, 0, 0 ],
        [0, 1, 0, 1, 0, 0, 0, 0, 0, 0, 0, 1, 0, 0, 0, 0 ],
        [0, 1, 0, 1, 0, 0, 0, 0, 0, 0, 0, 1, 0, 0, 0, 0 ],
        [0, 1, 0, 1, 0, 0, 0, 0, 1, 0, 0, 1, 0, 0, 0, 0 ],
        [0, 1, 0, 1, 1, 1, 1, 0, 0, 1, 1, 0, 0, 0, 0, 0 ],
]
dis = matrix_octopus.MATRIX()
while True:
    for y in range(8):                          #data를 읽어와 matrix에 표시
        for x in range(16):
            if data[y][x]==1:
                dis.set_matrix_draw(x, y)
    dis.matrix_show()                           #화면에 뿌려주고
    sleep(100)                                  #0.1초 유지
    dis.set_matrix_clear()                      #지우고
    for y in range(8):                          #data를 왼쪽으로 하나씩 이동
        tmp = data[y].pop(0)                    #각 행의 제일 첫 번째 데이터를 지우고
        data[y].append(tmp)                     #지운 데이터를 행의 마지막에 붙이기
```

21번 줄까지는 앞에서 했던 예제들과 동일합니다. **data**에는 1, 2, 3 이라는 숫자 세 개를 저장하였습니다.

```
for y in range(8):
    tmp = data[y].pop(0)
    data[y].append(tmp)
```

각 행마다 첫 번째 데이터를 삭제해서 행의 가장 마지막에 붙입니다.

tmp = data[y].pop(0)

pop() 함수는 매개변수 없이 사용하면 리스트의 가장 마지막 항목이 삭제되고, **pop(0)**과 같이 호출할 때 삭제할 항목의 위치(인덱스)를 지정하면 그 위치의 항목이 삭제됩니다. 삭제하면서 삭제된 값을 반환합니다. 그 반환된 값을 변수 **tmp**에 저장합니다.

data[y].append(tmp)

변수 **tmp**의 값을 리스트에 추가합니다. append(값) 함수는 리스트의 가장 마지막에 값을 추가합니다.

data에서 제일 앞 열에 해당하는 값을 하나씩 지우고 끝에 추가하는 과정을 통해 열이 하나씩 앞으로 이동하면서 화면에 출력되는 것처럼 보입니다.

소스 코드를 마이크로비트에 전송합니다.
동작이 확인되었으면 컴퓨터에도 프로젝트를 저장합니다.

15장

당신의 행운 번호를 알려 드려요

OLED를 이용하여 행운 번호 추첨기를 만들어 봅시다.

1 프로젝트1 - 진동 표시기

1. 기능 정의

- OLED에 마이크로비트가 어떻게 움직였는지 그려 봅니다.

    1. 마이크로비트 가속도의 y 값의 크기(-2000~2000 milli-g)를 OLED의 y축 크기 (0~32) 값으로 변환한다.
    2. OLED에 해당 좌표를 찍는다.
    3. OLED의 x 좌표는 100ms마다 1만큼씩 이동한다.
    4. OLED의 x 좌표의 끝까지 이동하면 그림을 지우고 다시 0의 위치로 이동한다.

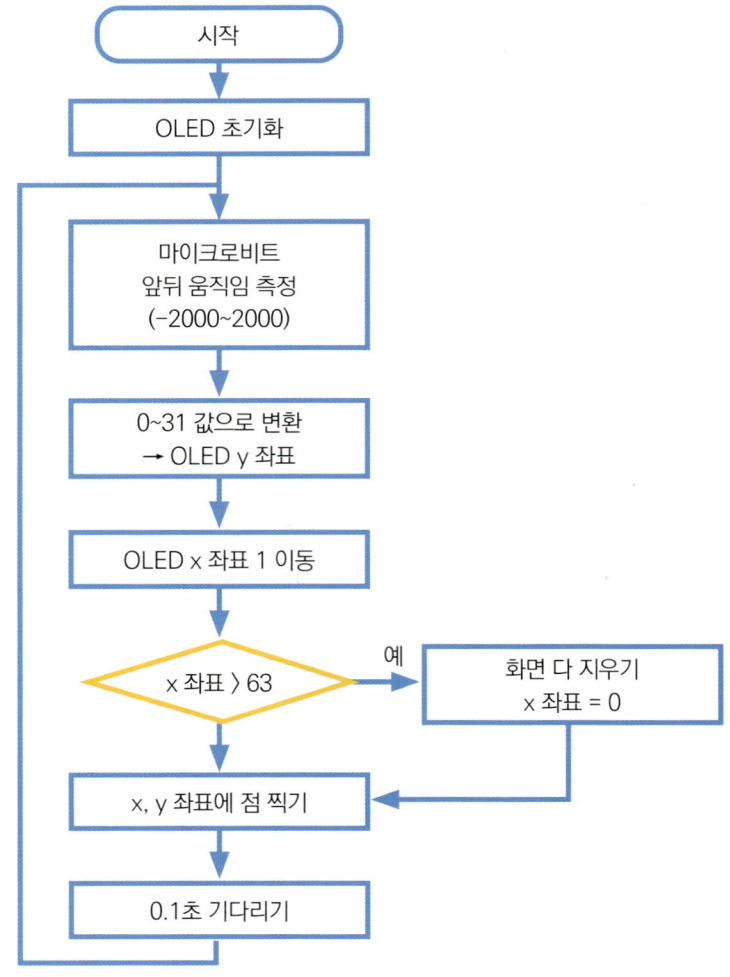

학습 목표	I2C OLED와 마이크로비트를 이용하여 간이 진동 측정계를 만들 수 있다. - I2C OLED 모듈 사용법 익히기
핵심 키워드	마이크로비트, I2C OLED, 파이썬
준비물	마이크로비트, 확장보드, I2C OLED, micro 5pin USB 케이블
추가 모듈	ssd1306.py ssd1306_px.py
학습 난이도	★★☆☆☆

2. 회로 구성

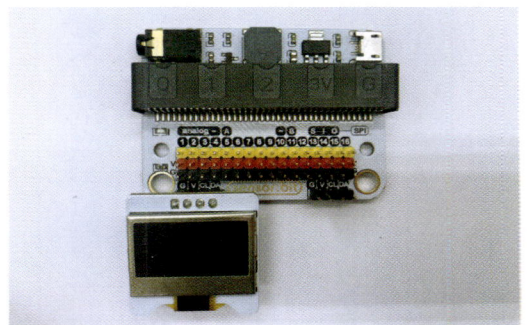

마이크로비트	I2C OLED
V	V
GND	G
SCL	SCL
SDA	SDA

3. 코드 작성

ssd1306 API

I2C OLED

initialize()
- 사용할 OLED를 초기화합니다.

clear_oled()
- OLED를 지웁니다.

set_px(x, y, color, draw = 1)
- x, y에 color 색으로 점을 찍습니다.
- 이 라이브러리(ssd1306.py)에서는 64×32 좌표계를 사용합니다. 마이크로비트 메모리를 적게 사용하기 위해 유효 화면 해상도는 2×2 픽셀 크기의 64×32 도트(dot)로 설정이 되어 있습니다.
- color 값이 0이면 어둡게 1이면 밝게 표시합니다.

파이썬 편집기를 실행합니다. (https://python.microbit.org/v/3)
프로젝트 이름은 "15_1_logMove"으로 저장합니다.
ssd1306.py 파일과 ssd1306_px.py 파일을 프로젝트에 추가합니다.

```python
from microbit import *
from ssd1306 import initialize, clear_oled
from ssd1306_px import set_px

def scale(val, in_min, in_max, out_min, out_max):
    return ((val-in_min)*(out_max-out_min))/(in_max-in_min) + out_min

initialize()
clear_oled()
x_pos = 0
set_px(x_pos, 16, 0xffff)

while True:
    m_y = accelerometer.get_y()
    y_pos = int(scale(m_y, -2000, 2000, 0, 31))
    x_pos += 1
    if x_pos > 63:
        clear_oled()
        x_pos = 0
    set_px(x_pos, y_pos, 0xffff)
    sleep(100)
```

```
from ssd1306 import initialize, clear_oled
from ssd1306_px import set_px
```

I2C OLED를 사용하기 위해서는 ssd1306 모듈을 추가해야 합니다. ssd1306 모듈 중에서도 initialize함수와 clear_oled 함수만 사용하면 되므로 두 함수만 import합니다.

또한 OLED에 점을 찍기 위해서는 set_px 함수가 필요합니다. ssd1306_px 모듈에서 set_px만 import합니다.

initialize()

OLED를 초기화합니다.

clear_oled

OLED에 씌여 있는 내용을 지웁니다.

x_pos = 0

마이크로비트의 움직임을 OLED에 점으로 찍을 때 사용할 x 좌표입니다. 여기서 사용하는 OLED 모듈의 x 값은 0~63까지 있습니다.

set_px(x_pos, 16, 0xffff)

OLED의 x_pos, 16의 위치에 0xffff 색으로 표시합니다. y 좌표 16의 위치는 OLED의 높이의 가운데 값입니다. OLED의 y 좌푯값의 범위는 0~31까지입니다.

m_y = accelerometer.get_y():

마이크로비트 내장 가속도 센서의 y 값을 m_y에 저장합니다.

y_pos = int(scale(m_y, -2000, 2000, 0, 31))

마이크로비트 내장 가속도 센서의 값은 -2000~2000 사잇값을 가집니다.

이 값을 OLED의 y축(0~31)에 반영하여 그림을 그려 주려고 합니다. 이 변환은 **scale** 함수를 정의하여 변환하였습니다.

OLED가 128 * 64 픽셀 크기이지만 마이크로비트 메모리 관리를 위해 2 픽셀 단위로 처리하여 64 * 32 크기로 관리합니다. 따라서 x 값은 0~63, y 값은 0~31의 범위 안에서 정해집니다. 또한 그림을 그리기 위한 set_px 함수의 파라미터로는 정수만 사용해야 하므로 **int()** 함수를 이용하여 정수형으로 변환 후 이용합니다.

```
def scale(val, in_min, in_max, out_min, out_max):
    return ((val-in_min)*(out_max-out_min))/(in_max-in_min) + out_min
```

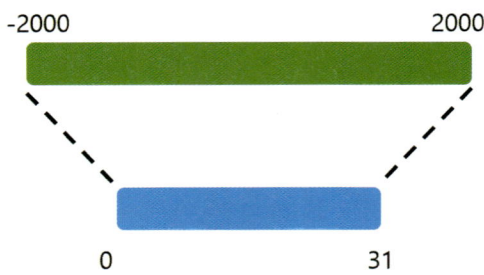

그림과 같이 -2000~2000 사이의 어떤 값이 측정되면 0~31로 변환합니다. 예를 들어 0이 측정되었으면 15가 되겠지요?
또는 2000이라는 값이 측정되면 31이 반환될 것입니다.

> **여기서 잠깐** **형변환 함수**
>
> 파이썬은 자료형을 변환하는 함수를 제공합니다. 자료형 변환이 중요한 이유는 각 자료형마다 처리할 수 있는 속성이 다릅니다. 예를 들어 산술 연산은 숫자끼리 가능합니다. 가지고 있는 값이 문자열 타입이라면 계산이 안 되겠지요. 이런 경우 숫자로 변환하여 처리할 수 있습니다.
>
> int() : 정수 값, 부동소수 값, 문자열 값(정수를 나타내는 문자열인 경우만)을 정수로 변환합니다.
> float() : 부동소수 값, 정수 값, 문자열 값(부동소수 또는 정수를 나타내는 문자열인 경우만)을 부동소수로 변환합니다.
> str() : 문자열, 정수, 부동소수 등의 값을 문자열로 변환합니다.

```
>>> int("1234")
1234
>>> float("1234.5")
1234.5
>>> str(1234)
'1234'
>>> str(1000.0)
'1000.0'
```
자료형 변환의 예

```
>>> int("one")
Traceback (most recent call last):
  File "<pyshell#6>", line 1, in <module>
    int("one")
ValueError: invalid literal for int() with base 10: 'one'
```
자료형 변환 오류의 예

```
x_pos += 1
if x_pos > 63:
    clear_oled()
    x_pos = 0
set_px(x_pos, y_pos, 0xffff)
sleep(100)
```

100ms 간격으로 x 좌표는 1씩 이동하면서 마이크로비트의 기울기 변화를 y축에 그려 줍니다. 스크린의 x 좌표는 최댓값이 63이므로 오른쪽 끝까지 그래프가 그려지면 전체를 다 지우고 다시 왼쪽부터 그림을 그려 줍니다.

지금은 y 값만 측정했지만 가속도 센서가 제공하는 값 중 크기 값을 이용하면 전체적으로 움직임의 크기를 기록해 볼 수도 있을 것 같습니다.

마이크로비트에 전송하고 동작을 확인합니다. 마이크로비트를 앞뒤로 움직이면서 OLED에 어떻게 표시되는지 확인해 봅니다. 마이크로비트를 바닥과 수평이 되도록 놓은 상태에서 앞뒤로 움직여야 측정이 잘됩니다.

작성한 프로젝트를 컴퓨터에도 저장합니다.

2 프로젝트2 - 행운 번호 추첨기

1. 기능 정의

- 버튼 A를 누르면 아이콘을 출력하고, 버튼 B를 누르면 행운 번호 6개를 출력합니다.

    1. 시작하면 OLED에 마이크로비트 아이콘을 출력한다.
    2. 버튼 A를 누르면 6개의 이모티콘 중 하나를 선택해 화면에 출력한다.
    3. 버튼 B를 누르면 1~45 번호 중 6개의 번호를 뽑아 OLED에 출력한다.
    4. 버튼 A와 버튼 B를 동시에 누르면 화면이 지워진다.

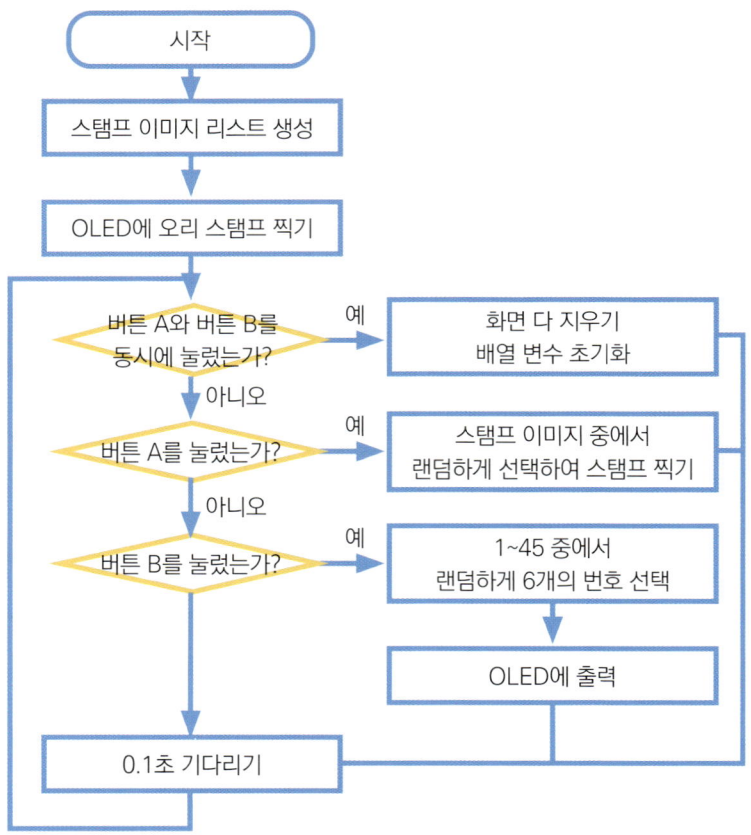

학습 목표	마이크로비트로 임의의 숫자 6개를 뽑아내어 I2C OLED에 출력할 수 있다. - 리스트를 다양하게 다루기
핵심 키워드	마이크로비트, 파이썬
준비물	마이크로비트, 확장보드, I2C OLED, micro 5pin USB 케이블
추가 모듈	ssd1306.py ssd1306_text.py ssd1306_stamp.py ssd1306_img.py
학습 난이도	★★★☆☆

2. 회로 구성

마이크로비트	I2C OLED
V	V
GND	G
SCL	SCL
SDA	SDA

3. 코드 작성

ssd1306_text API

I2C OLED에 글씨를 쓰기 위해서는 ssd1306_text 모듈이 있어야 합니다. 또한 ssd1306_text 모듈을 사용하기 위해서는 ssd1306 모듈도 같이 가지고 있어야 합니다.

add_text(x, y, text, draw=1)

- x 열과 y 행에 text로 주어진 문자열을 출력합니다.
- 화면은 12개의 열과 4개의 행으로 나눕니다.
- **add_text(0, 2, "Hello, world")**를 실행하면 0번 열, 2번 행에 Hello, world가 출력 됩니다.
- 아래 예제에서 버튼 A를 누르면 총 12개의 숫자나 문자가 출력되는 것을 확인할 수 있습니다. 또한 버튼 B를 누르면 열을 하나씩 이동하면서 숫자를 출력하는 것을 확인할 수 있습니다.

```python
from microbit import *
from ssd1306 import initialize, clear_oled
from ssd1306_text import add_text

initialize()
clear_oled()

while True:
    if button_a.is_pressed() and button_b.is_pressed():
        clear_oled()
    elif button_a.is_pressed():
        add_text(0, 0, "1234567890123")
        add_text(0, 1, "1111111111111")
        add_text(0, 2, "2222222222222")
        add_text(0, 3, "abcdefghijklm")
    elif button_b.is_pressed():
        for i in range(4):
            add_text(i, i, str(i))
        for i in range(4):
            add_text(i+4, i, str(i+4))
        for i in range(4):
            add_text(i+8, i, str(i+8))
```

OLED의 문자열 출력 코드 예

OLED의 문자열 출력 결과

버튼 A를 누른 경우

버튼 B를 누른 경우

ssd1306_img API

스탬프를 생성하기 위해서 ssd1306_img 모듈이 필요합니다.

create_stamp(img)

- 마이크로비트의 내장 Image를 이용하여 스탬프를 만듭니다.
- **create_stamp(Image.HEART)** 형태로 사용이 됩니다.

ssd1306_stamp API

스탬프를 찍기 위해서 ssd1306_stamp 모듈을 추가해야 합니다.

draw_stamp(x, y, stamp, color, draw = 1)

- x, y 위치에 stamp를 color로 표현합니다.
- color가 1이면 흰색으로 화면에 표현이 되고, 0이면 지워집니다.
- x 값은 0~63 사이, y는 0~31 사잇값으로 지정할 수 있다.
- 문자를 출력할 때와는 좌푯값이 다름에 주의해야 합니다.

```python
from microbit import *
from ssd1306 import initialize, clear_oled
from ssd1306_stamp import draw_stamp
from ssd1306_img import create_stamp

initialize()
clear_oled()
stamp1 = create_stamp(Image.HEART)
stamp2 = create_stamp(Image.DUCK)
stamp3 = create_stamp(Image.SKULL)
draw_stamp(0, 11, stamp1, 1)
draw_stamp(30, 11, stamp2, 1)
draw_stamp(59, 11, stamp3, 1)
sleep(4000)
draw_stamp(30, 11, stamp2, 0)
```
OLED의 스탬프 출력 코드 예

OLED의 스탬프 출력 결과1

OLED의 스탬프 출력 결과2

파이썬 편집기를 실행합니다. (https://python.microbit.org/v/3)

프로젝트 이름은 "15_2_LuckNum"으로 저장합니다.

ssd1306.py, ssd1306_text.py, ssd1306_stamp.py, ssd1306_img.py 파일을 프로젝트에 추가합니다.

✎ 15_2_LuckNum

```python
from microbit import *
from ssd1306 import initialize, clear_oled
from ssd1306_text import add_text
from ssd1306_stamp import draw_stamp
from ssd1306_img import create_stamp
import random

initialize()
clear_oled()

image_list = [Image.ANGRY, Image.HAPPY, Image.SAD,
              Image.SKULL, Image.SMILE, Image.CONFUSED]

stamp = create_stamp(Image.DUCK)
draw_stamp(30, 11, stamp, 1)

nums = []
lucky_num = []

while True:
    if button_a.is_pressed() and button_b.is_pressed() :
        nums = []
        lucky_num = []
        clear_oled()

    elif button_a.is_pressed() :
        clear_oled()
        stamp = create_stamp(random.choice(image_list))
        draw_stamp(30, 11, stamp, 1)
```

```python
31      elif button_b.is_pressed() :
32          nums = []
33          lucky_num = []
34
35          for i in range(1, 46):    # 1~45 숫자 생성
36              nums.append(i)
37
38          for i in range(6):        # 6개의 중복되지 않은 숫자 추첨
39              lucky_num.append(
40                  nums.pop(random.randint(0, len(nums)-1))
41              )
42
43          lucky_num.sort()          # 정렬하기
44
45          # 6개의 숫자를 OLED에 출력
46          clear_oled()
47          x = 2
48          for i in range(0, 3):
49              add_text(x, 0, str(lucky_num[i]))
50              x += len(str(lucky_num[i]))+1
51          x = 2
52          for i in range(3, 6):
53              add_text(x, 1, str(lucky_num[i]))
54              x += len(str(lucky_num[i]))+1
55
56          add_text(1, 3, "Good Lucky")
57
58          sleep(200)
```

from ssd1306 import initialize, clear_oled

ssd1306 모듈 중에서 이번 프로그램에서 사용할 initialize 함수와 clear_oled 함수만 가져오겠다고 선언합니다.

from ssd1306_text import add_text

from ssd1306_stamp import draw_stamp

from ssd1306_img import create_stamp

I2C OLED 제어 모듈 중에서 각각 필요한 함수들만 import하겠다고 선언합니다.

image_list = [Image.ANGRY, Image.HAPPY, Image.SAD,
            Image.SKULL, Image.SMILE, Image.CONFUSED]

마이크로비트가 제공하는 기본 이모티콘 중에서 6개를 선택하여 리스트 형태로 **image_list**에 저장합니다.

stamp = create_stamp(Image.DUCK)
draw_stamp(30, 11, stamp, 1)

Image.DUCK를 가져와 OLED에 출력하기 위한 데이터로 변환하여 변수 **stamp**에 저장합니다.

함수 **draw_stamp(x, y, stamp, color)**를 이용하여 OLED에 출력합니다.

x 좌푯값은 0~63, y 좌푯값은 0~31 사이 선택이 가능하며, **color** 변수가 1이면 화면에 출력하고 0이면 지웁니다.

즉 여기에서는 x는 30, y는 11인 위치에 **stamp**에 저장된 오리 그림을 출력합니다.

nums = []
lucky_num = []

nums는 1~45가 저장될 리스트이고 **lucky_num**은 45개 중 선택된 6개의 숫자가 저장될 리스트입니다.

숫자들을 저장하기 전 빈 리스트를 생성합니다.

if button_a.is_pressed() and button_b.is_pressed() :
    nums = []
    lucky_num = []
    clear_oled()

버튼 A와 버튼 B를 동시에 누르면 OLED에 써 있던 내용이 지워집니다.

이때 두 개의 리스트도 모두 초기화합니다.

```
elif button_a.is_pressed() :
    clear_oled()
    stamp = create_stamp(random.choice(image_list))
    draw_stamp(30, 11, stamp, 1)
```

버튼 A를 누르면 리스트 **image_list**에서 임의로 하나를 선택하여 화면의 x = 30, y = 11 위치에 출력합니다.

```
elif button_b.is_pressed():
    nums = []
    lucky_num = []
```

버튼 B를 누르면 행운 번호 6개를 뽑아서 OLED에 출력합니다. 버튼 B를 누를 때마다 관련 리스트를 비우고 다시 항목(데이터)를 채웁니다.

```
for i in range(1, 46):
    nums.append(i)
```

빈 리스트 **nums**에 1~45까지 숫자를 하나씩 추가해서 리스트를 완성합니다.

```
for i in range(6):
    lucky_num.append(
        nums.pop(random.randint(0, len(nums)-1))
    )
```

빈 리스트 **lucky_num**에 **nums.pop(random.randint(0, len(nums)-1))**의 결과에 의해 선택된 숫자를 추가합니다.

nums.pop(인덱스) 함수는 리스트 **nums**에서 인덱스에 해당하는 항목을 반환하고, 그 항목을 리스트 **nums**에서 삭제합니다. pop()을 실행할 때마다 항목이 삭제되어 리스트의 길이가 1씩 줄어듭니다.

random.randint(a, b) 함수는 a에서 b까지의 값 중에서 임의의 값을 하나 선택해 주는 함수입니다. 범위가 **(0, len(nums)-1)**인 이유는 우리는 리스트를 인덱스로 접근해야 하고 리스트의 인덱스는 0부터 시작하기 때문입니다. 리스트의 마지막 인덱스는 리스트의 길이보다 1이 작습니다.

lucky_num.sort()

리스트이름.sort() 함수는 리스트의 항목들을 오름차순으로 정렬해 주는 함수입니다.
리스트이름.sort(reverse=True)로 호출하면 내림차순으로 정렬됩니다.

```
clear_oled()
x = 2
for i in range(0, 3):
    add_text(x, 0, str(lucky_num[i]))
    x += len(str(lucky_num[i]))+1
```

6개의 숫자를 숫자마다 한 칸씩 띄어서 출력하려면 한 줄에 출력이 되지 않습니다. 따라서 3개의 숫자로 나누어 두 줄로 나누어 출력합니다.

함수 **add_text(x 좌표, y 좌표, '문자열')** 형태로 값을 넘겨줘야 하므로 리스트 **lucky_num**의 항목들을 문자열로 자료형을 바꿔야 합니다. 정수형 자료를 문자열형 자료로 바꾸기 위해서 함수 **str()**을 사용합니다.

OLED의 세 번째 열에 첫 번째 숫자를 출력하면 OLED의 x 좌표를 숫자의 길이와 띄어쓰기로 사용할 1칸만큼 이동하여 다음 숫자를 출력하기 위해 변수 **x** 값을 수정합니다.

```
x = 2
for i in range(3, 6):
    add_text(x, 1, str(lucky_num[i]))
    x += len(str(lucky_num[i]))+1
```

첫 번째 줄에 3개의 숫자를 표시한 후 두 번째 줄에 나머지 3개의 숫자를 표시합니다. 방법은 윗줄과 동일합니다.

```
add_text(1, 3, "Good Lucky")
```

세 번째 줄 두 번째 칸에 "Good Lucky"를 출력합니다.

코드가 완성되었으면 마이크로비트에 전송하여 동작을 확인합니다.

이 프로젝트에서는 OLED의 x 좌표를 이동하면서 숫자를 출력하는 방법을 사용했으나, 3개의 숫자를 띄어쓰기를 포함한 하나의 문자열로 만든 후 **add_text()** 함수를 한 번만 호출하는 방법으로도 구현이 가능합니다.

16장

미세먼지 감지기

올 봄도 역시나 미세먼지가 심하네요. 일렉프릭스사의 Octopus Dust Sensor (Sharp GP2Y1010AU0F)를 이용하여 미세먼지 감지기를 직접 만들어 봅시다.

레비
라비야, 오늘 너랑 배드민턴 치려고 했는데 안 될 것 같아. 날씨가 따뜻해지니 미세먼지가 또 극성이네..

ㅇㅇ오늘 전국 미세먼지 매우나쁨이라더니 정말 하늘이 뿌옇다ㅠ

 레비
핸드폰으로 미세먼지 농도를 확인하지 않아도 미세먼지 농도를 실시간으로 LCD로 볼 수 있으면 좋을텐데..

미세먼지 센서와 LCD를 이용하여 마이크로비트로 미세먼지 감지기를 만들어 볼 수 있지 않을까?

 레비
미세먼지 측정값에 따라 양호(good)/나쁨(bad)/위험함(danger)도 LCD에 표시하는 마이크로비트 미세먼지 감지기를 만들어 보자!

① 프로젝트1 – 미세먼지의 정도를 측정해 봅시다

1. 기능 정의

- 미세먼지 정도를 감지해서 5초에 한 번씩 값을 시리얼 모니터에 표시합니다.
  이때 미세먼지 데이터를 100개씩 저장하여 평균값을 출력합니다.

  1. 미세먼지 값을 측정합니다.
  2. 측정된 값을 저장합니다.
  3. 측정된 값이 100개 이상이면 제일 먼저 저장된 값을 지우고 마지막에 추가합니다.
  4. 5초마다 저장된 값의 평균을 구해서 시리얼 모니터에 출력합니다.

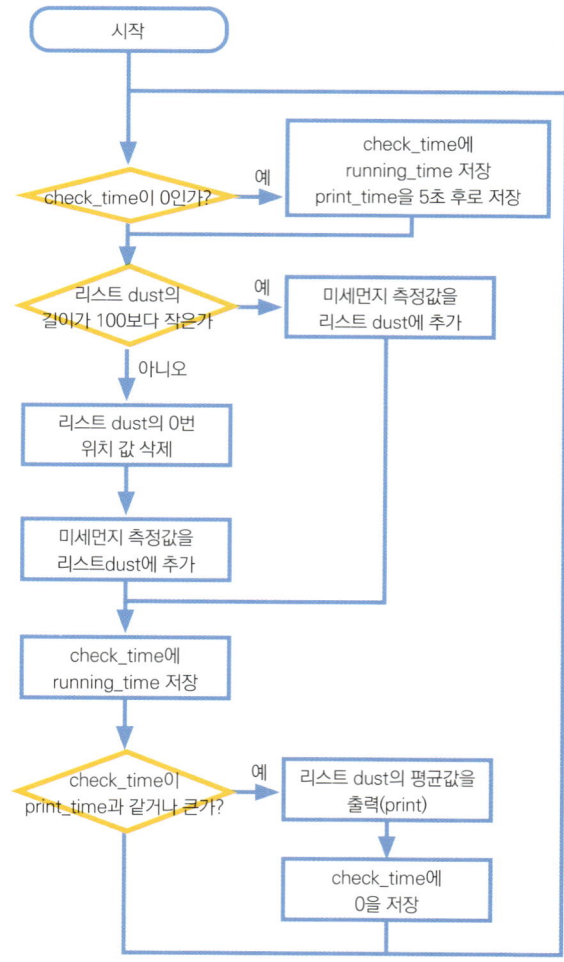

학습 목표	미세먼지 센서와 마이크로비트를 이용하여 미세먼지 감지기를 만들 수 있다. - 미세먼지 센서 모듈 사용법 익히기 - 리스트 제어 함수 다양하게 다루기
핵심 키워드	마이크로비트, 미세먼지 센서, 파이썬
준비물	마이크로비트, 확장보드, 미세먼지 센서, octopus 전용 케이블 2개, micro 5pin USB 케이블
추가 모듈	dust_octopus.py
학습 난이도	★★☆☆☆

2. 회로 구성

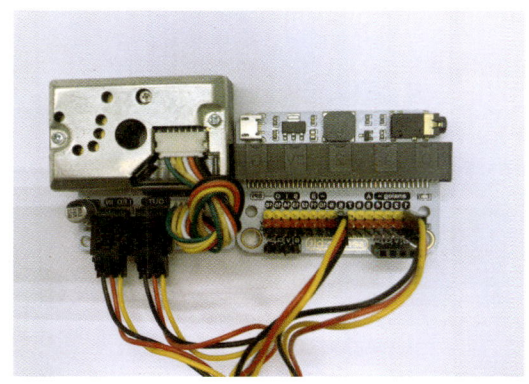

마이크로비트	미세먼지 센서
V	V
GND	G
1	OUT
8	LED IN

3. 코드 작성
dust_octopus API

우리가 사용할 미세먼지 센서입니다.

샤프사의 GP2Y1010AU0F를 채택하여 만든 미세먼지 센서로 직경이 $0.8\mu m$를 초과하는 먼지 입자의 밀도를 감지하는 데 사용됩니다. 이 센서를 파이썬으로 제어하기 위해서는 dust_octopus.py라는 모듈이 필요합니다.

DUST(pin OUT, pin LED IN)
- 프로그램에서 사용할 새로운 객체를 생성하는 함수입니다.

get_dust()
- 검출된 미세먼지 값을 반환합니다.

파이썬 편집기를 실행합니다. (https://python.microbit.org/v/3)
프로젝트 이름은 "16_1_dustSensor"로 저장합니다.
dust_octopus.py 파일을 프로젝트에 추가합니다.

```
16_1_dustSensor
1   from microbit import *
2   import dust_octopus
3
4   dust_sensor = dust_octopus.DUST(pin1, pin8)
5
6   dust = []
7   check_time = 0
8   print_time = 0
9
10  while True:
11      if check_time == 0:
12          check_time = running_time()
13          print_time = check_time + 5000
14
15      if len(dust) < 100:
16          dust.append(dust_sensor.get_dust())
17      else:
18          dust.pop(0)
19          dust.append(dust_sensor.get_dust())
20
21      check_time = running_time()
22
23      if check_time >= print_time:
24          print(round(sum(dust)/len(dust), 1))
25          check_time = 0
26      sleep(100)
```

import dust_octopus

미세먼지 센서를 제어하기 위해서 dust_octopus 모듈을 import합니다.

dust_sensor = dust_octopus.DUST(pin1, pin8)

프로그램에서 사용할 새로운 객체 **dust_sensor**를 생성합니다. 미세먼지 센서의 **OUT**은 마이크로비트 1번 핀에, **LED IN**은 마이크로비트 8번 핀에 연결된 상태입니다.

dust = []

dust라는 이름의 빈 배열을 만듭니다.

check_time = 0

print_time = 0

5초마다 결과를 출력하기 위해 사용할 변수입니다.

if check_time == 0:
   check_time = running_time()
   print_time = check_time + 5000

시리얼 모니터에 출력할 시간이 되었는지 확인하기 위해 변수 **check_time**과 변수 **print_time**을 사용합니다.

변수 **check_time**을 기준으로 5초(5,000밀리세컨드) 이후 시간을 변수 **print_time**에 저장합니다. 이 변수 **print_time**의 값이 LCD에 미세먼지 값을 출력할 다음 시간입니다.

if len(dust) < 100:
   dust.append(dust_sensor.get_dust())
else:
   dust.pop(0)
   dust.append(dust_sensor.get_dust())

리스트 **dust**에 측정된 값을 100개씩 저장하고 이것의 평균값을 출력합니다.

처음 측정하면서 100번이 될 때까지는 리스트 **dust**가 비어 있는 상태에서 리스트를 채웁니다. 100개가 채워지면 제일 앞의 데이터를 삭제하고 마지막에 추가하는 형태로 오래된 데이터를 삭제하면서 새로운 데이터를 추가합니다.

```
check_time = running_time()
if check_time >= print_time:
    print(round(sum(dust)/len(dust),1))
    check_time = 0
```

데이터를 추가한 이후 다시 **running_time()**을 호출하여 출력할 시간이 되었는지 확인합니다. 출력할 시간이라면 리스트 **dust**의 평균값을 소수점 한 자리까지만 출력합니다. 그리고 다시 변수 **check_time**을 0으로 저장하여 다시 출력할 시간을 정할 수 있도록 합니다.

다시 한번 마이크로비트에 전송하고 동작을 확인합니다.
이번 동작은 마이크로비트를 컴퓨터와 연결한 상태에서 마이크로비트 파이썬 편집기의 시리얼 모니터로 확인 가능합니다.
작성한 프로젝트를 컴퓨터에도 저장합니다.

 **Tip** 미세먼지 확인하기

미세먼지 센서를 동작 시킨 후 화장지 등을 미세먼지 센서의 동그란 홀 부분에서 잘게 찢어 보거나 화장지를 둥근 홀에 넣으면 센서 값이 변경되는 것을 확인할 수 있습니다.

2 프로젝트2 - 미세먼지 감지기

1. 기능 정의

- 미세먼지 센서에서 감지된 미세먼지 양을 LCD에 표시합니다. 이때 값에 따라서 양호(good)/나쁨(bad)/위험함(danger)도 같이 표시합니다.

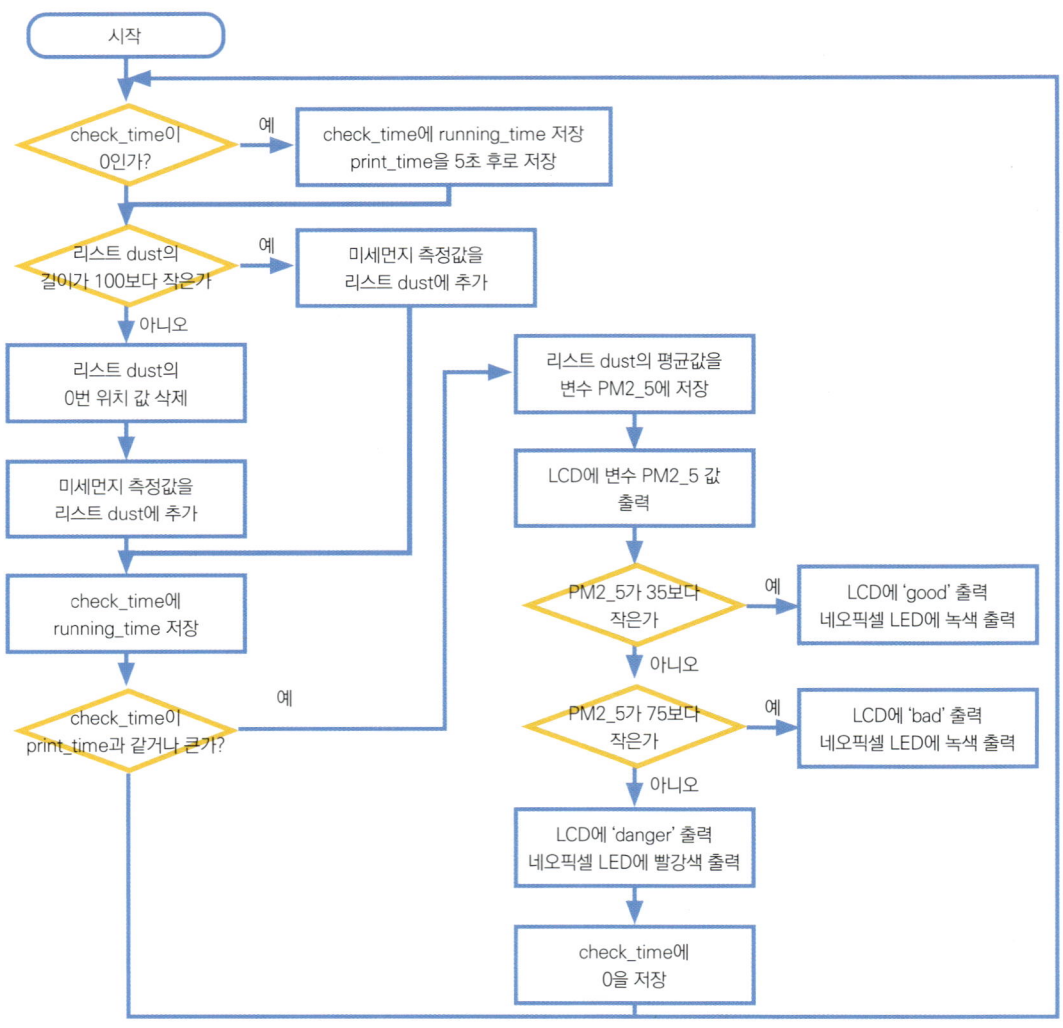

학습 목표	미세먼지 센서와 LCD, 네오픽셀 LED를 이용하여 미세먼지 측정기를 만들어 봅시다 - 미세먼지 센서 모듈 사용법 익히기 - 파이썬 리스트 조작함수 알아보기
핵심 키워드	마이크로비트, 파이썬
준비물	마이크로비트, 확장보드, 미세먼지 센서, I2C LCD, 네오픽셀 LED, octopus 전용 케이블 2개, 암암 케이블 4개, 암수 케이블 3개, micro 5pin USB 케이블
추가 모듈	matrix_octopus.py lcd.py
학습 난이도	★★☆☆☆

2. 회로 구성

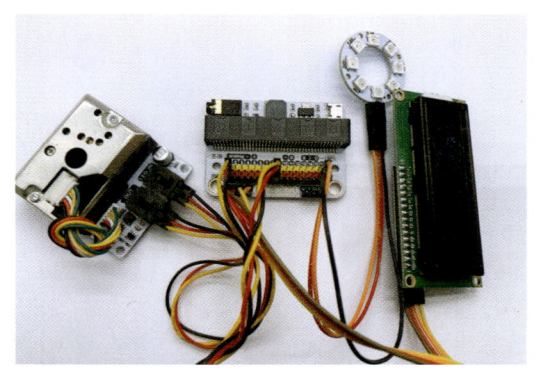

마이크로비트	미세먼지 센서
V	V
GND	G
1	OUT
8	LED IN

마이크로비트	I2C LCD
V	Vcc
GND	Gnd
SCL(19)	SCL
SDA(20)	SDA

마이크로비트	네오픽셀 LED 링
5V	V
GND	G
16	DI

3. 코드 작성

파이썬 편집기를 실행합니다. (https://python.microbit.org/v/3)

프로젝트 이름은 "16_2_cleanAir"으로 저장합니다.

프로젝트에 lcd.py 파일과 dust_octopus.py 파일을 추가합니다.

```python
from microbit import *
import dust_octopus
import lcd                      #I2C LCD 사용을 위해 추가
import neopixel                 #네오픽셀 LED 사용을 위해 추가

dust_sensor = dust_octopus.DUST(pin1, pin8)
mylcd = lcd.LCD1602(0x3f)              #I2C LCD 사용을 위해 추가
neo = neopixel.NeoPixel(pin16, 8)  #네오픽셀 LED 사용을 위해 추가

dust = []
check_time = 0
print_time = 0

#I2C LCD와 네오픽셀 LED에 공기 오염 정도를 나타내기 위해 추가 -->
PM2_5 = 0.0
mylcd.puts("Hello!")
print_str = "PM2.5 :"+str(PM2_5)
neo.fill((0, 255, 0))
neo.show()
#<----여기까지

while True:
    if check_time == 0:
        check_time = running_time()
        print_time = check_time + 5000

    if len(dust) < 100:
        dust.append(dust_sensor.get_dust())
    else:
        dust.pop(0)
        dust.append(dust_sensor.get_dust())

    check_time = running_time()
```

```
35      if check_time >= print_time:
36          #여기서부터 추가된 코드
37          PM2_5 = round(sum(dust)/len(dust), 1)
38          mylcd.clear()
39          if PM2_5 < 35:
40              mylcd.puts("GOOD", 0, 0)
41              neo.fill((0, 255, 0))
42          elif PM2_5 < 75:
43              mylcd.puts("BAD", 0, 0)
44              neo.fill((255, 255, 0))
45          else:
46              mylcd.puts("DANGER", 0, 0)
47              neo.fill((255, 0, 0))
48          print_str = "PM2.5 :"+str(PM2_5)
49          mylcd.puts(print_str, 0, 1)
50          neo.show()
51          #여기까지 추가된 코드
52          check_time = 0
53      sleep(100)
```

16_1_dustSensor 예제에 미세먼지 값을 측정하여 LCD와 네오픽셀 LED로 표현하는 부분이 추가되었습니다.

기존 코드에서 추가된 부분은 소스 코드에 표시하였습니다.

추가된 부분 위주로 설명합니다.

import lcd

import neopixel

I2C LCD와 네오픽셀 LED를 사용하기 위해 모듈을 추가합니다.

mylcd = lcd.LCD1602(0x3f)

neo = neopixel.NeoPixel(pin16, 8).

LCD와 네오픽셀 LED를 사용하기 위해 객체를 만듭니다.

PM2_5 = 0.0
mylcd.puts("Hello!")
print_str = "PM2.5 :"+str(PM2_5)
neo.fill((0, 255, 0))
neo.show()

마이크로비트가 켜지면 LCD의 첫 번째 줄에는 "Hello!"를 두 번째 줄에는 "PM2.5 : 0.0"이 출력됩니다.

그리고 네오픽셀 LED는 초록색으로 나타냅니다.

소스 코드 중에서 27~50 줄의 코드가 미세먼지 정도에 따라 네오픽셀 LED로 공기 오염 정도를 알려 주고 LCD에 그 값을 표시해 주는 부분입니다.

if check_time >= print_time:
　#여기서부터 추가된 코드
　PM2_5 = round(sum(dust)/len(dust), 1)

변수 **PM2_5**에 미세먼지 센서에서 측정한 값의 평균을 구하여 소수점 1의 자리까지 저장합니다.

mylcd.clear()
if PM2_5 < 35:
　mylcd.puts("GOOD", 0, 0)
　neo.fill((0, 255, 0))
elif PM2_5 < 75:
　mylcd.puts("BAD", 0, 0)
　neo.fill((255, 255, 0))
else:
　mylcd.puts("DANGER", 0, 0)
　neo.fill((255, 0, 0))

변수 **PM2_5**의 값에 따라서 네오픽셀 LED에 구분하여 색을 저장합니다.

print_str = "PM2.5 :"+str(PM2_5)

LCD에 "PM2.5 : XXX"로 표시하기 위해 문자열과 문자열을 더해 줍니다.
str() 함수는 입력된 값을 문자열로 변환시켜 주는 함수입니다.

mylcd.puts(print_str, 0, 1)

LCD에 문자열을 출력합니다.

neo.show()
#여기까지 추가된 코드

네오픽셀에 저장된 색으로 LED를 켭니다.

마이크로비트에 완성된 코드를 전송하고 동작을 확인합니다.
동작이 확인되었으면 컴퓨터에도 프로젝트를 저장합니다.

여기서 잠깐 | str()형 변환함수

입력된 값을 문자열로 변환시키는 함수입니다.
예를 들어 str(10)의 결과는 "10"입니다.
int()는 정수로 데이터 타입을 변환시키는 함수이고, float는 실수로 데이터 타입을 변환시키는 함수입니다.
int("100")은 정수 100을 반환합니다.
float("123.4")는 123.4를 float(100)은 100.0을 반환합니다.

17장

자율 주행차 마퀸

마이크로비트와 마퀸을 이용하여 스스로 장애물을 피하고 라인을 트레이싱을 하는 자율 주행차를 만들어 봅시다.

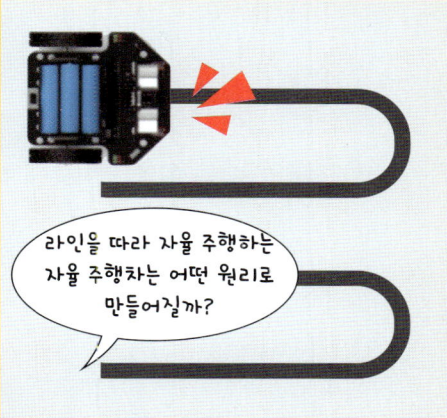

1 프로젝트1 – 장애물 감지 자동차

1. 기능 정의

- 마이크로비트의 초음파 센서와 마퀸을 이용하여 스스로 장애물을 감지하여 자율 주행하는 자동차를 만들어 봅시다.

    1. 마퀸에 부착되어 있는 초음파 센서를 통해 초음파 센서 값을 읽어 온다.
    2. 장애물을 감지하면(초음파 센서 값이 15보다 작으면) 멈추고 경고음과 경고등을 출력하고 진행 방향을 바꾸어 장애물을 피한다.
    3. 장애물을 감지하지 않으면(초음파 센서 값이 15보다 크거나 같으면) 그대로 직진하여 주행한다.

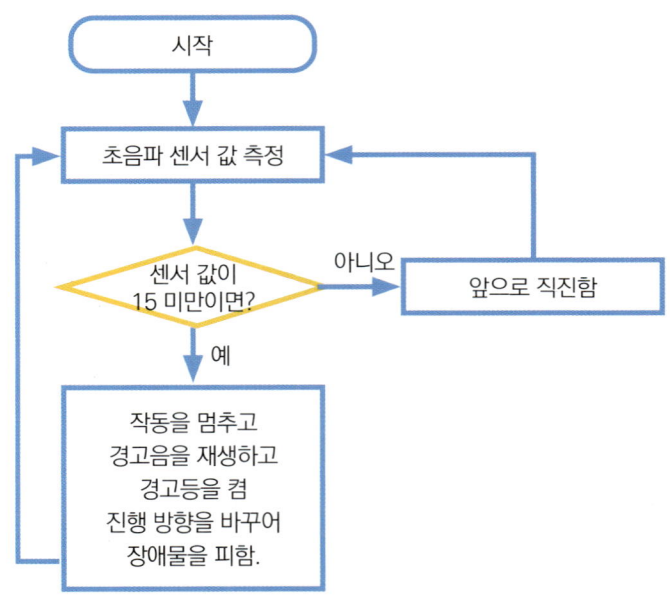

학습 목표	마퀸과 초음파 센서를 이용하여 스스로 장애물을 피해 움직이는 자동차를 만들 수 있다. - 마퀸 모듈 사용법 익히기 - 파이썬 클래스와 객체 이해하기
핵심 키워드	마이크로비트, 마퀸, 파이썬
준비물	마이크로비트, micro 5pin USB 케이블, 마퀸
추가 파일	maqueen.py
학습 난이도	★★☆☆☆

2. 코드 작성

Maqueen API

마이크로비트 마퀸은 라인 트레이싱, 초음파 센서를 통한 장애물 감지가 가능한 마이크로비트 전용 DIY 스마트 RC카 입니다. 고성능 기어드 DC모터가 장착되어 있어 구동이 안정적이고 IR 적외선 모듈이 있어 리모컨을 사용한 조종이 가능합니다. RGB LED가 있어 불빛을 다양하게 표현하여 재미있는 코딩을 할 수 있습니다.

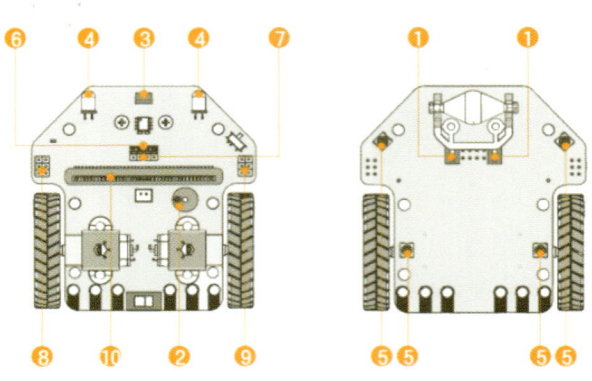

마퀸 (MAQUEEN) 본체 사양

1. 적외선 그레이스케일 센서 (고저전력) X2
2. 버저 X1
3. IR 수신기 (NEC 인코딩) X1
4. LED 차량 조명 (고저전력 제어) X2
5. RGB 앰비언트 라이트 (전체 색상 1,600만) X4
6. SR04, SR04P 초음파 인터페이스 (5V) X1
7. I2C (3.3V) X1
8. 서보 포트 X2
9. I/O 확장 포트 X2
10. 마이크로 : 비트 슬롯 X1

마퀸의 LED 센서, 초음파 감지 센서, 라인 트레이싱 센서 등을 파이썬으로 제어하기 위한 함수들이 정의되어 있습니다. maqueen.py에 정의된 마퀸을 제어하기 위한 주요 함수는 다음과 같습니다.

Maqueen()
- 객체를 만듭니다.

set_led(lednumber, on/off)

- 마퀸의 LED를 켜고 끕니다. 마퀸이 직진하는 방향을 기준으로 왼쪽, 오른쪽이며 왼쪽은 0, 오른쪽은 1입니다. 모터나 라인 센서-패트롤 센서의 경우도 동일합니다. 예를 들면 **set_led(0, 1)**는 왼쪽 LED를 켜라는 의미입니다.

read_distance()

- 마퀸에 장착한 초음파 센서로 거리를 측정할 때 사용하는 함수입니다. 단위는 cm 단위이며 실수로 출력이 됩니다.

set_motor(motor_num, speed)

- 마퀸의 모터를 제어하는 함수입니다. motor_num가 0이면 왼쪽, motor_num가 1이면 오른쪽입니다. speed는 -255~255 사잇값이고 부호(+/-)는 방향입니다. -50은 후진, 50은 전진입니다.

motor_stop_all()

- 두 바퀴를 한 번에 멈추게 합니다.

 **클래스와 객체 알아보기**

클래스(class)와 객체(object)란?
객체 지향 프로그래밍의 핵심으로 무엇인가 동일한 형태를 똑같이 만들어 낼 수 있는 설계도 같은 것을 **클래스(class)**라고 합니다. 클래스(class)를 통해 만들어진 하나 하나를 **객체(object)**라고 할 수 있으며 각각의 객체는 각각의 고유의 특성을 가지고 있습니다.

파이썬 편집기를 실행합니다. (https://python.microbit.org/v/3)
프로젝트 이름은 "17_1_selfdrivingMaqueen"으로 저장합니다.
maqueen.py 파일을 프로젝트에 추가합니다.

전체 코드는 아래와 같습니다.

```python
import microbit
import maqueen
import math
import music

mq = maqueen.Maqueen()

while True:
    distance = math.ceil(mq.read_distance())
    if distance < 15:
        mq.motor_stop_all()
        music.play(['G5','R5'])
        mq.set_led(0,1)
        mq.set_led(1,1)
        microbit.sleep(500)
        mq.set_led(0,0)
        mq.set_led(1,0)
        for i in range(2):
            mq.set_motor(0,-50)
            mq.set_motor(1,-50)
            microbit.sleep(500)
            mq.set_motor(0,10)
            mq.set_motor(1,30)
            microbit.sleep(500)
    else:
        mq.set_motor(0,70)
        mq.set_motor(1,70)
```

import maqueen

추가한 maqueen 모듈을 불러옵니다.

import math

초음파 값이 실수로 출력되므로 간단하게 올림 함수를 이용하여 표현하기 위해 파이썬 내장 모듈인 math 모듈을 불러옵니다.

mq = maqueen.Maqueen()

maqueen 클래스를 이용하여 mq라는 객체를 만듭니다.

distance = math.ceil(mq.read_distance())

mq.read_distance() 함수로 초음파 센서 값을 읽어 와서 **distance** 변수에 할당합니다.

if distance < 15:

측정된 초음파 센서 값이 15보다 작으면 장애물과 가깝다고 판단하고 작동을 멈추고 경고음과 경고등을 출력한 후 후진 및 좌회전을 두 번씩 하면서 장애물을 피하는 동작을 합니다. 줄 번호 10~24의 코드입니다.

장애물 판단 기준인 15는 임의로 정한 값입니다. 다양한 테스트를 통해 적절한 기준 값을 찾아서 사용하면 됩니다.

mq.motor_stop_all()

마퀸의 두 바퀴를 한 번에 멈추게 합니다.

mq.set_led(0, 1)

마퀸의 왼쪽 LED를 켭니다.

mq.set_led(1, 1)

마퀸의 오른쪽 LED를 켭니다.

mq.set_led(0, 0)

마퀸의 왼쪽 LED를 끕니다.

mq.set_led(1, 0)

마퀸의 오른쪽 LED를 끕니다.

mq.set_motor(0, -50)

마퀸의 왼쪽 모터를 50의 크기로 후진합니다.

mq.set_motor(1, -50)

마퀸의 오른쪽 모터를 50의 크기로 후진합니다.

mq.set_motor(0, 10)

마퀸의 왼쪽 모터를 10의 크기로 전진합니다.

mq.set_motor(1, 30)

마퀸의 오른쪽 모터를 30의 크기로 전진합니다.

여기까지 코드는 완성이 다 되었습니다. 마이크로비트에 코드를 전송한 후 마이크로비트를 마퀸에 장착합니다. 이제 장애물을 감지하고 회피하는 자율 주행 마퀸을 감상해 보세요.

여기서 잠깐 | 마이크로비트에 마퀸 제어를 위한 코드를 전송할 때 주의 사항

마이크로비트에 코드를 전송할 때 아래와 같은 오류 메시지가 발생하는 경우가 있습니다.

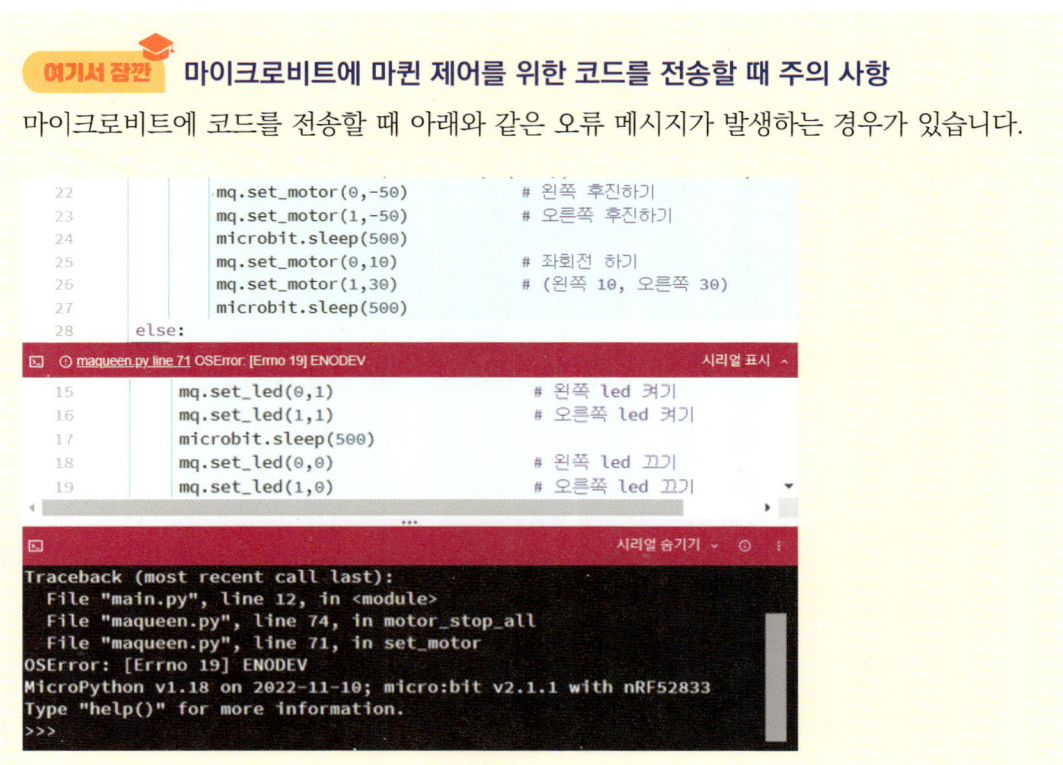

오류가 난 maqueen.py 파일의 71 line의 내용을 살펴보면 I2C 통신과 관련된 코드로 확인할 수 있습니다.

```python
56    def set_motor(self, motor, value):
57        """
58        Controls motor
59        motor: 0 - left motor, 1 - right motor
60        value: -255 to +255, the sign means direction
61        """
62        data = bytearray(3)
63        if motor == 0:   # left motor
64            data[0] = 0
65        else:
66            data[0] = 2   # right motor is 2
67        if value < 0:   # ccw direction
68            data[1] = 1
69            value = -1*value
70        data[2] = value
71        microbit.i2c.write(0x10, data, False)   # 0x10 is i2c address of motor driver
72
73    def motor_stop_all(self):
74        self.set_motor(0, 0)
75        self.set_motor(1, 0)
76
77
```

ⓘ maqueen.py line 71 OSError: [Errno 19] ENODEV

즉, 이 메시지는 마퀸과 통신이 되지 않아서 발생하는 메시지입니다.

마이크로비트에 코드 전송 후 마이크로비트를 마퀸에 장착하여 마퀸 전원을 켜면 오류 없이 동작합니다.

이러한 오류는 다른 I2C 장치를 사용한 프로젝트에서 코드 전송 시에도 볼 수 있습니다. 대부분 마이크로비트에 코드를 전송하고 다시 I2C 장치와 연결하여 동작시키면 오류 없이 잘 동작할 것입니다.

② 프로젝트2 - 라인 트레이서 마퀸

1. 기능 정의

- 마퀸의 라인 트래킹 센서(적외선 센서)를 이용하여 라인을 따라 자율 주행하는 자동차를 만들어 봅시다.

 1. 왼쪽과 오른쪽의 라인 트래킹 센서에서 값을 읽어 온다.
 2. 왼쪽과 오른쪽 센서 값이 모두 흰색일 경우에는 직진한다.
 3. 왼쪽 센서 값은 흰색, 오른쪽 센서 값이 검은색일 경우에는 우회전한다.
 4. 왼쪽 센서 값은 검은색, 오른쪽 센서 값이 흰색일 경우에는 좌회전한다.
 5. 왼쪽과 오른쪽 센서 값이 모두 검은색일 경우에는 정지한다.

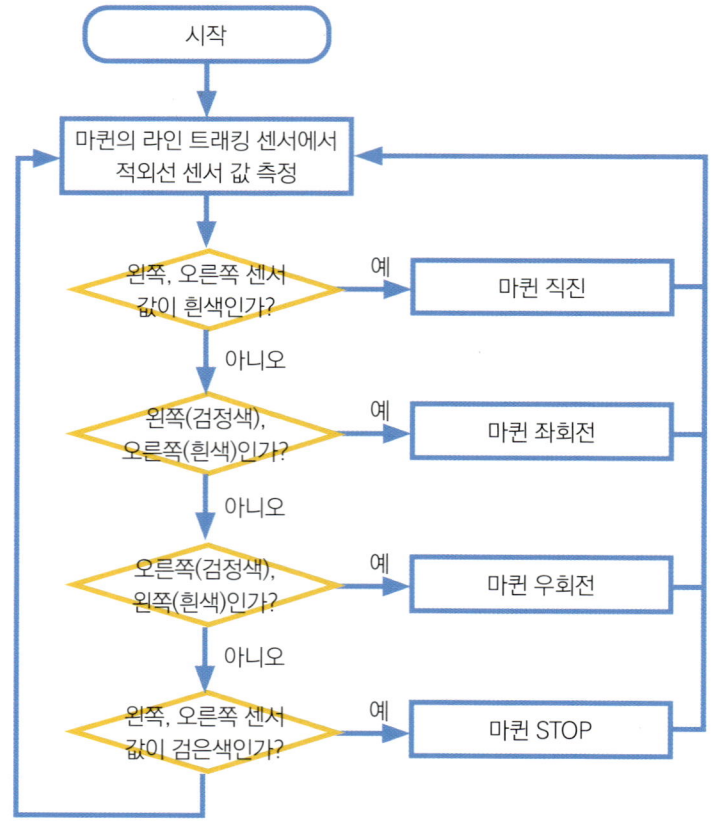

학습 목표	마퀸과 라인 트래킹 센서를 이용하여 라인 트레이서를 만들 수 있다. – 마퀸 라인 트래킹 센서(적외선 센서) 알아보기
핵심 키워드	마이크로비트, 마퀸, 파이썬
준비물	마이크로비트, micro 5pin USB 케이블, 마퀸, AAA 배터리 3개
추가 파일	maqueen.py
학습 난이도	★★☆☆☆

2. 코드 작성

Maqueen API

마퀸의 라인 트래킹 센서를 이용하여 라인 트레이서를 만들어 볼 수 있습니다. 라인 트레이서는 두 개의 센서를 이용해 바닥의 색을 인식하고 정해진 경로를 주행하는 로봇을 말합니다. 마퀸에는 아래와 같이 밑면에 라인 트래킹 센서가 있어 라인 트레이싱을 할 수 있습니다.

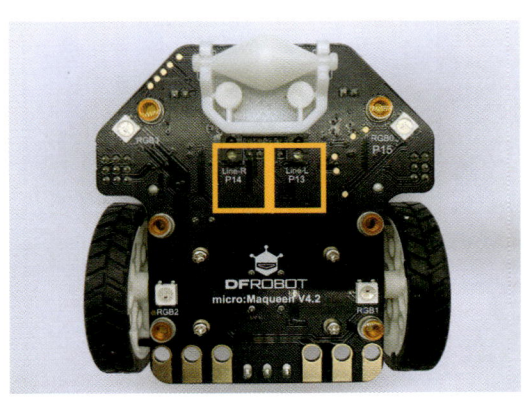

라인 트래킹 센서는 적외선을 이용한 센서입니다. 적외선 센서는 발신부와 수신부로 이루어져 있습니다. 적외선을 바닥에 발신(발신부)하고, 수신(수신부)하여 반사된 색상의 파장을 통해 검정색인지, 하얀색인지 측정할 수 있습니다.

마퀸의 라인트래킹 센서만 다시 살펴보면 아래의 구조처럼 생겨 있습니다.

투명 반구가 발신부이고 검정색 반구가 수신부입니다.

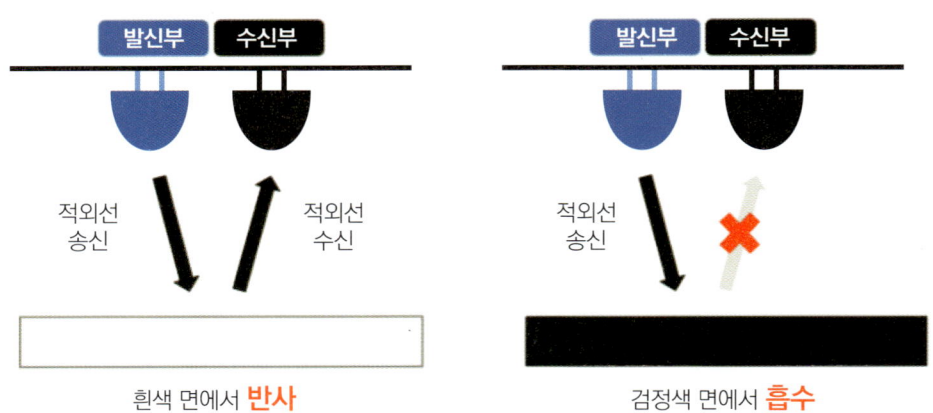

read_patrol(sensor_number)

- 마퀸 바닥에 있는 트래킹 센서를 이용해 바닥의 색을 읽어 오는 함수로 sensor_number가 0이면 왼쪽, 1이면 오른쪽 라인 센서의 값을 읽어 오게 됩니다.

흰색 바닥일 경우 발신부에서 발사한 적외선이 반사하여 수신 센서에서 HIGH('1')을 인식하며, 검은색 바닥일 경우 발신부에서 발사한 적외선이 반사하지 못하고 바닥에서 흡수를 하여 LOW('0')을 인식하게 됩니다. 바닥이 검정색일 때는 0, 흰색일 때는 1을 반환하여 라인을 인식하여 움직일 수 있으며 아래와 같이 4가지의 경우로 생각해 볼 수 있습니다.

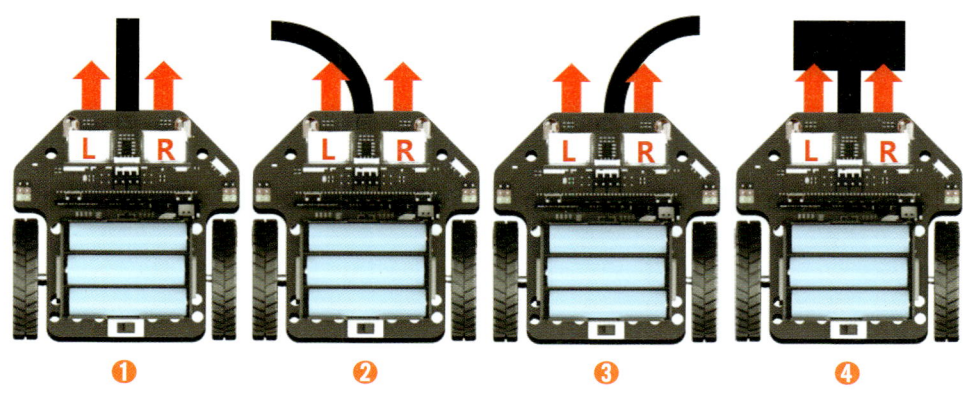

❶ 왼쪽 센서(L)가 흰색(1)을 감지하고 오른쪽 센서(R)가 흰색(1)을 감지할 경우에는 직진을 합니다.

❷ 왼쪽 센서(L)가 검정색(0)을 감지하고 오른쪽 센서(R)가 흰색(1)을 감지할 경우에는 좌회전을 하여 라인 안으로 들어옵니다.

❸ 왼쪽 센서(L)가 흰색(1)을 감지하고 오른쪽 센서(R)가 검정색(0)을 감지할 경우에는 우회전을 하여 라인 안으로 들어옵니다.

❹ 왼쪽 센서(L)가 검정색(0)을 감지하고 오른쪽 센서(R)가 검정색(0)을 감지할 경우에는 정지합니다.

위에서 살펴본 내용을 바탕으로 라인 트레이서 마퀸을 만들어 봅니다.

파이썬 편집기를 실행합니다. (https://python.microbit.org/v/3)
프로젝트 이름을 "17_2_linetracerMaqueen"으로 저장합니다.
maqueen.py 파일을 프로젝트 파일에 추가합니다.

```
17_2_linetracerMaqueen

1   import maqueen
2
3   mq = maqueen.Maqueen()
4
5   while True:
6       l = mq.read_patrol(0)
7       r = mq.read_patrol(1)
8       if l==1 and r==1:
9           mq.set_motor(0,80)
10          mq.set_motor(1,80)
11      elif l==1 and r==0:
12          mq.set_motor(0,80)
13          mq.set_motor(1,0)
14      elif l==0 and r==1:
15          mq.set_motor(0,0)
16          mq.set_motor(1,80)
17      elif l==0 and r==0:
18          mq.set_motor(0,0)
19          mq.set_motor(1,0)
```

import maqueen

추가한 maqueen 모듈을 불러옵니다.

mq = maqueen.Maqueen()

Maqueen() 함수를 호출하여 mq라는 객체를 만듭니다.

l = mq.read_patrol(0)

왼쪽 라인 센서 값을 읽어 와서 변수 **l**에 할당합니다.

r = mq.read_patrol(1)

오른쪽 라인 센서 값을 읽어 와서 변수 **r**에 할당합니다.

if l == 1 and r == 1:

왼쪽 라인 센서 값과 오른쪽 라인 센서 값이 모두 하얀색일 경우에는 전진합니다.

mq.set_motor(0, 80)

마퀸의 왼쪽 모터를 80의 속도로 정합니다.

mq.set_motor(1, 80)

마퀸의 오른쪽 모터를 80의 속도로 정합니다.

elif l == 0 and r == 1:

왼쪽 라인 센서 값은 검은색이고 오른쪽 라인 센서 값은 하얀색일 경우에는 좌회전합니다.

mq.set_motor(0, 0)

마퀸의 왼쪽 모터를 정지합니다.

mq.set_motor(1, 80)

마퀸의 오른쪽 모터를 80의 속도로 정합니다.

elif l == 1 and r == 0:

왼쪽 라인 센서 값은 하얀색이고 오른쪽 라인 센서 값은 검정색일 경우에는 우회전합니다.

mq.set_motor(0, 80)

마퀸의 왼쪽 모터를 80의 속도로 정합니다.

mq.set_motor(1, 0)

마퀸의 오른쪽 모터를 정지합니다.

elif l == 0 and r == 0:

왼쪽 라인 센서 값과 오른쪽 라인 센서 값이 모두 검은색일 경우에는 정지합니다.

mq.set_motor(0, 0)

마퀸의 왼쪽 모터를 정지합니다.

mq.set_motor(1, 0)

마퀸의 오른쪽 모터를 정지합니다.

여기까지 코드가 완성이 다 되었습니다. 마이크로비트에 코드를 전송한 후 마퀸에 장착하고 동작을 확인합니다.

유성 매직펜과 A4 용지를 이용하여 마퀸이 따라갈 트랙을 직접 그려서 마퀸이 내가 만든 트랙을 잘 따라가는지 확인하면 더욱 재미있겠죠? 트랙을 구성할 때는 시작과 끝을 정하는 부분을 네모로 표시하고 라인의 폭은 1cm 내외로 트랙을 그리면 됩니다.

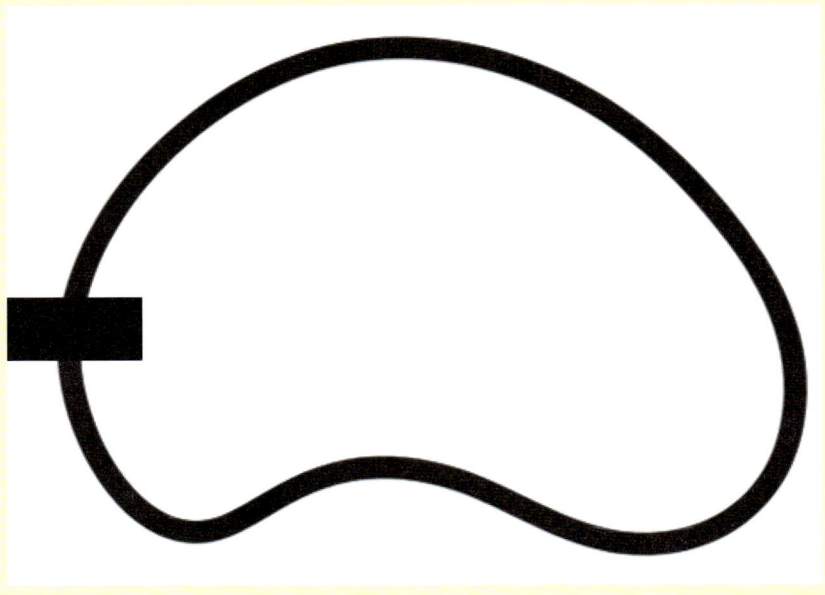

18장

RC car 마퀸

마이크로비트 조종기(remote control)로 원격 조정되는 RC 마퀸을 만들어 봅시다.

레비야, 곧 생일인데 뭐 갖고 싶은 거 없어?

 레비
내 생일을 기억하다니 역시 라비 너는 멋진 친구야

 레비
생일 선물로 귀여운 RC car를 하나 선물 받고 싶은데 금액이 너무 비싸기도 하고 RC Car 기능밖에 없으니 금방 싫증 날 것 같고..

 이렇게 마이크로비트 마퀸으로 귀여운 RC Car를 만들 수 있을 것 같은데.. 생일 선물로 내가 깜찍한 RC Car 마퀸을 만들어 볼게^^

 레비
우와! 너무 고마워!
깜찍하고 귀여운 RC Car 마퀸~! 넘 기대돼!^^

① 프로젝트1 - 원격 조종기(remote control)

1. 기능 정의

- 마이크로비트를 앞뒤, 좌우로 기울임에 따라 화면에 기울임을 표시하고 라디오 통신으로 신호를 전송합니다.

  1. 라디오 기능을 활성화하고 그룹 번호를 23으로 설정한다.
  2. 마이크로비트를 앞으로 기울이면 'forward' 메시지를 보내고 LED 디스플레이에 위쪽 화살표를 출력한다.
  3. 마이크로비트를 뒤로 기울이면 'backward' 메시지를 보내고 LED 디스플레이에 아래쪽 화살표를 출력한다.
  4. 마이크로비트를 왼쪽으로 기울이면 'left' 메시지를 보내고 LED 디스플레이에 왼쪽 화살표를 출력한다.
  5. 마이크로비트를 오른쪽으로 기울이면 'right' 메시지를 보내고 LED 디스플레이에 오른쪽 화살표를 출력한다.
  6. 기울기가 감지되지 않으면 메시지를 전송하지 않고 HAPPY 이미지만 출력한다.

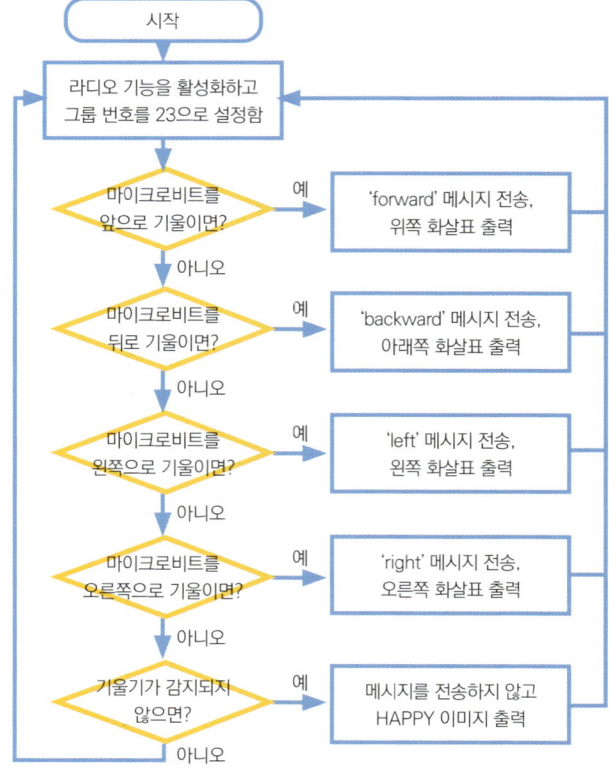

학습 목표	라디오 기능을 이용하여 마퀸을 조종하는 조종기를 만들 수 있다.
핵심 키워드	마이크로비트, 파이썬
준비물	마이크로비트, micro 5pin USB 케이블
추가 파일	없음
학습 난이도	★☆☆☆☆

2. 코드 작성

Micropython API

마이크로비트에는 라디오와 블루투스 통신을 위한 안테나가 내장되어 있어 마이크로비트끼리 서로 메시지를 주고받을 수 있습니다. 주요 함수는 아래와 같습니다.

radio.config()

- 라디오 기능을 사용할 때 세부적인 값들을 설정하는 함수입니다. 메시지 길이, 채널 번호, 파워, 주소, 그룹, 전송 속도 등이 있습니다. 우리는 주로 그룹을 지정하기 위해 사용합니다. 기본값은 0이고 0~255 값 내에서 설정이 가능합니다. 같은 그룹의 마이크로비트끼리만 전송이 가능합니다.

radio.on()

- 라디오 기능을 활성화하는 함수입니다. 라디오 기능이 전원과 메모리를 사용하기 때문에 비활성화 되어 있는 상태이므로 사용하기 위해서는 활성화를 해야 합니다.

radio.send(message)

- 메시지를 보내는 함수입니다.

이제 마이크로비트 라디오 통신을 이용해서 마퀸을 원격 제어할 수 있는 마퀸 원격 조정기(remote control)를 만들어 보도록 하겠습니다.

원격 조종기를 만들기 위해 파이썬 편집기를 실행합니다. (https://python.microbit.org/v/3) 프로젝트 이름은 "18_1_remoteControl"으로 저장합니다.

18_1_remoteControl

```python
from microbit import *
import radio

radio.config(group=23)
radio.on()

while True:
    if accelerometer.get_y() < -500:
        radio.send('forward')
        display.show(Image.ARROW_N)
    elif accelerometer.get_y() > 500:
        radio.send('backward')
        display.show(Image.ARROW_S)
    elif accelerometer.get_x() < -500:
        radio.send('left')
        display.show(Image.ARROW_W)
    elif accelerometer.get_x() > 500:
        radio.send('right')
        display.show(Image.ARROW_E)
    else:
        display.show(Image.HAPPY)
    sleep(100)
```

import radio

라디오 기능을 사용하기 위해서는 radio 모듈을 import해야 합니다.

radio.config(group = 23)

라디오 그룹을 23으로 설정합니다.

radio.on()

라디오 기능을 활성화합니다.

accelerometer.get_y()

y 방향에 따라 양의 정수 또는 음의 정수로 축의 가속도 측정값을 가져오는 함수입니다. 반환 값이 0일 경우 y축에 대해 수평을 의미하며 로고가 앞으로 기울어질 경우에는 반환 값이 양수이고 로고가 뒤로 기울어지면 반환 값이 음수입니다. 원격 조종기인 경우 로고를 뒤쪽(내 몸에서 멀어지는 방향)으로 기울일 경우 전진(반환 값 -)이고 로고를 앞쪽(내 몸에 가까워지는 방향)으로 기울일 경우가 후진(반환 값 +)입니다.

accelerometer.get_x()

x 방향에 따라 양의 정수 또는 음의 정수로 축의 가속도 측정값을 가져오는 함수입니다. 반환 값이 0일 경우 x축에 대해 수평을 의미하며 반환 값이 양수일 경우 오른쪽, 반환 값이 음수일 경우는 왼쪽을 의미합니다.

여기까지 조종기 코드는 완성이 다 되었습니다. 마이크로비트에 코드를 전송합니다. 마이크로비트를 기울임에 따라 마이크로비트에 화살표가 잘 표시가 된다면 컴퓨터에 프로젝트를 저장합니다.

② 프로젝트2 - RC car 마퀸

1. 기능 정의

- 마이크로비트가 다른 마이크로비트로부터 수신한 메시지에 따라 마퀸을 움직입니다.

    1. 라디오 기능을 활성화하고 그룹 번호를 23으로 설정한 후 메시지를 수신한다.
    2. 수신된 메시지가 'forward'이면 양쪽 LED를 끄고 마퀸이 전진한다.
    3. 수신된 메시지가 'backward'이면 양쪽 LED를 켜고 마퀸이 후진한다.
    4. 수신된 메시지가 'left'이면 왼쪽 LED를 켜고 마퀸이 좌회전한다.
    5. 수신된 메시지가 'right'이면 오른쪽 LED를 켜고 마퀸이 우회전한다.
    6. 수신된 메시지가 없으면 마퀸이 정지한다.

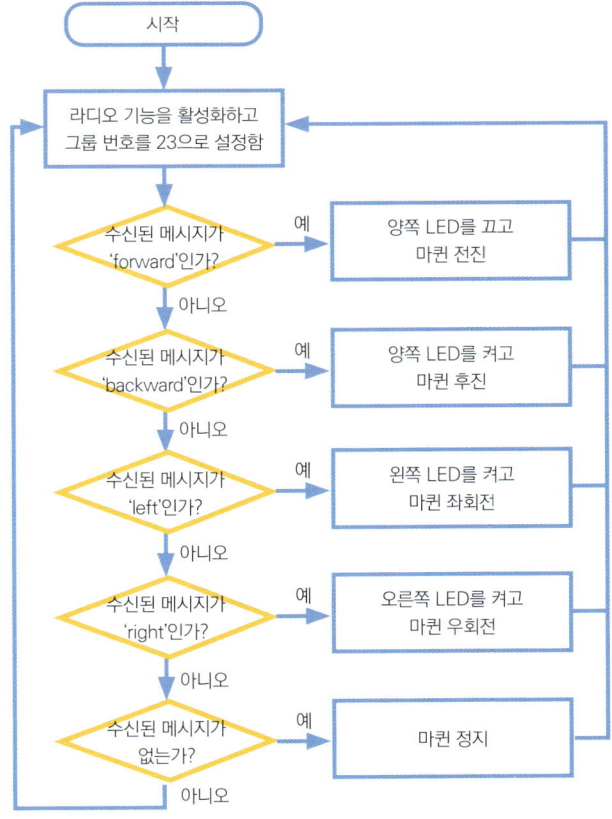

학습 목표	라디오 통신으로 신호를 수신하고 수신한 신호에 따라 마퀸을 제어할 수 있다.
핵심 키워드	마이크로비트, 마퀸, 파이썬
준비물	마이크로비트, micro 5pin USB 케이블, 마퀸
추가 파일	maqueen.py
학습 난이도	★☆☆☆☆

2. 코드 작성

라디오 기능을 이용하여 수신된 신호에 따라 움직이는 마퀸을 만들어 보겠습니다.

파이썬 편집기를 실행합니다. (https://python.microbit.org/v/3)

프로젝트 이름을 "18_2_rccarMaqueen"으로 저장합니다.

maqueen.py 파일을 프로젝트에 추가합니다.

```python
from microbit import *
import radio
import maqueen

mq = maqueen.Maqueen()
radio.on()
radio.config(group=23)
sleep(1000)
while True:
    message = radio.receive()
    if message == 'forward':
        mq.set_led(0, 0)
        mq.set_led(1, 0)
        mq.set_motor(0, 50)
        mq.set_motor(1, 50)
    elif message == 'backward':
        mq.set_led(0, 1)
        mq.set_led(1, 1)
        mq.set_motor(0, -50)
        mq.set_motor(1, -50)
    elif message == 'left':
        mq.set_led(0, 1)
        mq.set_led(1, 0)
        mq.set_motor(0, 0)
        mq.set_motor(1, 50)
    elif message == 'right':
        mq.set_led(0, 0)
        mq.set_led(1, 1)
        mq.set_motor(0, 50)
        mq.set_motor(1, 0)
    else:
        mq.motor_stop_all()
```

import maqueen

추가한 maqueen 모듈을 불러옵니다.

mq = maqueen.Maqueen()

maqueen 클래스를 이용하여 mq라는 객체를 만듭니다.

radio.on()

라디오 기능을 활성화합니다.

radio.config(group = 23)

라디오 그룹을 23으로 설정합니다.

message = radio.receive()

라디오로 수신된 메시지를 변수 **message**에 저장합니다. 수신되는 메시지는 "forward", "backward", "left", "right" 중 하나입니다.

mq.set_led (0, 0)

왼쪽 LED를 끕니다.

mq.set_led (1, 0)

오른쪽 LED를 끕니다.

mq.set_motor(0, 50)

마퀸의 왼쪽 모터를 50의 속도로 정합니다.

mq.set_motor(1, 50)

마퀸의 오른쪽 모터를 50의 속도로 정합니다.

mq.set_led (0, 1)

mq.set_led (1, 1)

왼쪽, 오른쪽 LED를 모두 켭니다.

mq.set_motor(0, -50)

마퀸의 왼쪽 모터를 역방향으로 50의 속도로 정합니다.

mq.set_motor(1, -50)

마퀸의 오른쪽 모터를 역방향으로 50의 속도로 정합니다.

여기까지 마퀸 제어 코드가 완성이 다 되었습니다. 마이크로비트에 코드를 전송한 후 마퀸에 장착합니다. 이제 앞 장에서 구현한 원격 조종기(remote control) 마이크로비트로 RC car 마퀸을 목표 지점까지 원격 조종해 보세요!

19장

똑똑한 마이크로비트가 되자

일렉프릭스사의 스마트 AI 렌즈를 이용하여 다양한 프로젝트를 만들어 봅시다.

1 프로젝트1 - 숫자를 읽어 줘

1. 기능 정의

- 마이크로비트가 숫자 카드를 인식하여 화면에 표시합니다.
- 숫자(0~9)를 인식하면 숫자를 마이크로비트 화면에 표시한다.
- 숫자가 인식되지 않으면 "X"를 마이크로비트 화면에 표시한다.

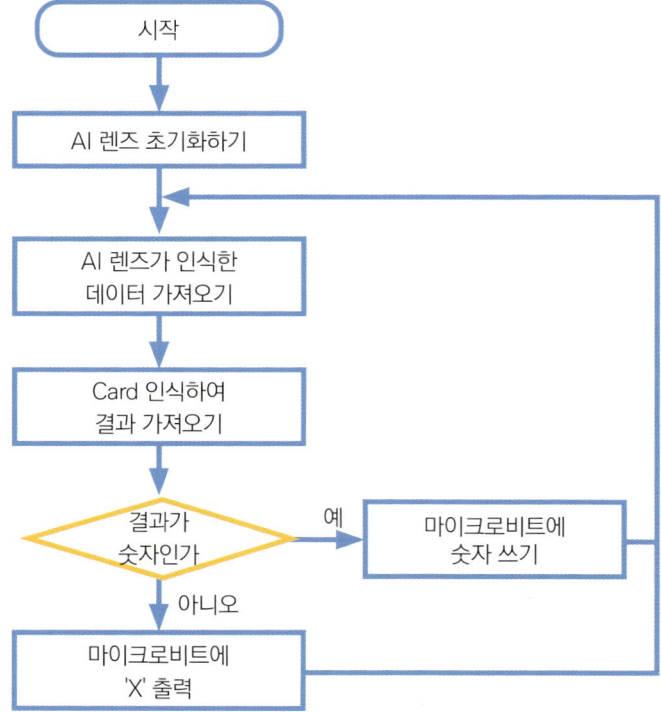

학습 목표	AI 렌즈를 이용하여 프로젝트를 구성할 수 있다. - AI 렌즈 사용법 익히기
핵심 키워드	마이크로비트, AI Lens, 파이썬
준비물	마이크로비트, 확장보드, AI Lens, AI Lens용 전용 카드, RJ11-듀퐁 케이블, micro 5pin USB 케이블, AI Lens용 보조 배터리
추가 모듈	AILens.py
학습 난이도	★☆☆☆☆

2. 회로 구성

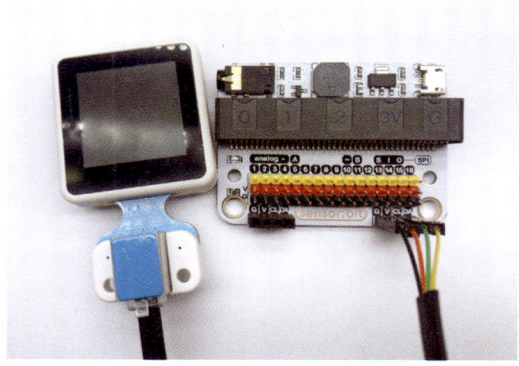

마이크로비트	AI Lens
V	V
GND	G
SCL(19)	초록색 선
SDA(20)	노랑색 선

3. 코드 작성

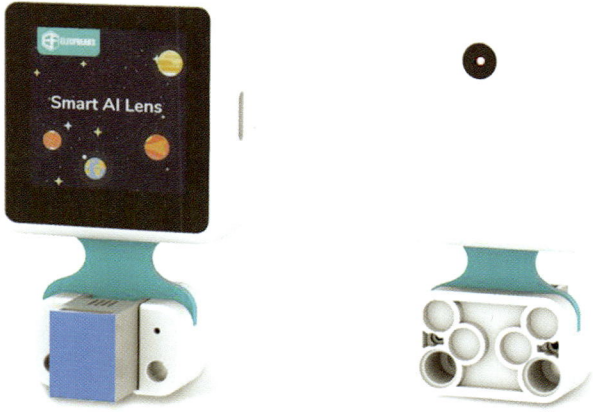

AI 렌즈는 얼굴 식별, 라인 추적, 공 추적, 카드 식별, 색상 식별이 가능하며 학습 모드로도 사용이 가능합니다.

AI 렌즈의 화면은 해상도가 240×240이며, 왼쪽 위 모서리의 좌표가 (0, 0)이며 오른쪽 아래 모서리의 좌표가 (240, 240)입니다.

연결은 보통 RJ11 커넥트 단자를 사용합니다. 그러나 마이크로비트의 확장보드에 연결하는 경우는 한쪽 끝에 듀퐁 와이어가 연결된 RJ11 커넥트 단자를 사용합니다. 해당 연결 단자는 AI 렌즈 구입시 같이 들어 있습니다.

AI 렌즈는 I2C 연결을 사용합니다. 마이크로비트 확장보드에 따라 I2C 포트가 있다면 I2C 포트에 연결하고, I2C 포트가 없다면 19번 핀, 20번 핀에 연결합니다.

마이크로비트의 SCL 핀(19번 핀)에는 초록색 선을, SDA 핀(20번 핀)에는 노랑색 선을 연결합니다.

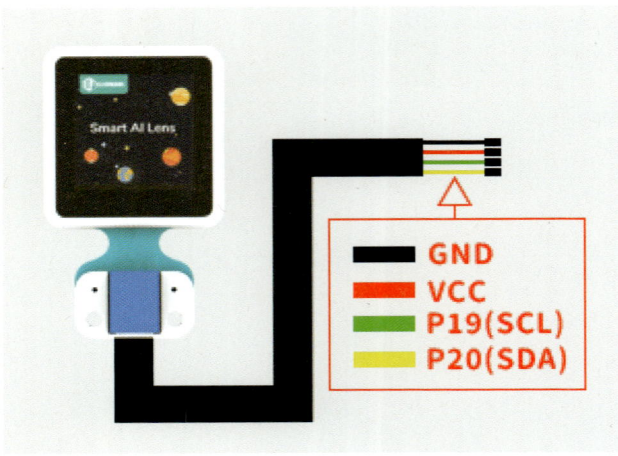

마이크로비트와 연결하여 사용하는 경우 AI 렌즈에 별도의 전원을 추가로 공급하여 사용할 것은 권합니다.

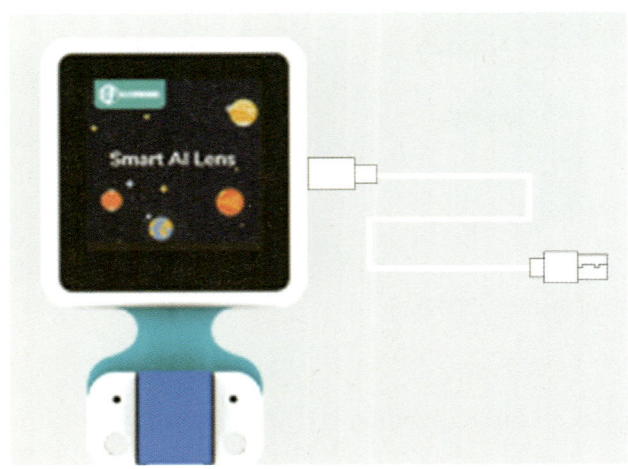

AILens API

AILENS()

- AI 렌즈를 초기화합니다. 프로그램에서 사용할 새로운 객체를 생성하는 함수입니다.
- I2C 연결을 시도하고 문제 있는 경우 마이크로비트에 "Init AILens Error!"라고 출력됩니다.

switch_function(func)

- AI 렌즈의 기능을 선택합니다.
- Learn : characteristics learn
- Card : card recognition
- Face : face recognition
- Tracking : tracking recognition
- Color : color recognition
- Ball : call recognition

get_card_content()

- 카드의 내용을 반환하며 가능한 값은 다음과 같습니다.
  숫자 카드는 "0", "1", "2", "3", "4", "5", "6", "7", "8", "9"가 있습니다.
  문자 카드는 "A", "B", "C", "D", "E"가 있습니다.
  그 밖의 카드로는 "Mouse", "micro:bit", "Ruler", "Cat", "Peer", "Ship", "Apple", "Car", "Pan", "Dog", "Umbrella", "Airplane", "Clock", "Grape", "Cup", "Turn left", "Turn right", "Forward", "Stop", "Back" 카드가 있습니다.
  인식되는 카드에 따라서 따옴표 안의 문자열이 반환됩니다.
  인식되는 카드가 없으면 'No Card'가 반환됩니다.
- AI Lens 구입 시 동봉되어 있는 카드를 사용합니다.

get_card_data()

- 화면의 카드 정보를 반환합니다.
- 반환되는 값은 리스트 **CardData**로 **x, y, w, h, confidence, total, order**가 저장되어 있습니다.

get_face()

- AI 렌즈에 사람의 얼굴이 인식되는지 판단 결과를 알려 줍니다.
- 반환되는 값은 True/False입니다.

get_face_data()

- AI 렌즈에서 인식된 얼굴 정보를 리스트 형태로 반환합니다.
- 반환되는 값은 리스트 **FaceData**로 **x, y, w, h, confidence, total, order**가 저장되어 있습니다.

get_ball_color()

- AI 렌즈에서 인식된 공의 색상을 알려 줍니다.
- 반환되는 값은 "Blue", "Red", "No Ball" 중 하나입니다.

get_ball_data()

- AI 렌즈에서 인식된 공의 정보를 리스트 형태로 반환합니다.
- 반환되는 값은 리스트 **BallData**로 **x, y, w, h, confidence, total, order**가 저장되어 있습니다.

get_track_data()

- AI 렌즈에서 인식한 선분의 정보를 리스트 형태로 반환합니다.
- 리스트 **LineData**를 반환하며 **angle, width, len** 정보가 저장되어 있습니다.

get_color_type()

- AI 렌즈가 인식한 카드의 색상을 반환합니다.
- 반환 값은 Green, Blue, Yellow, Black, Red, White가 있습니다.
- 인식된 색상이 없으면 "No Color"를 반환합니다.

get_color_data()

- AI 렌즈에서 인식된 화면 속 색상 정보를 반환합니다.
- 반환되는 값은 리스트 **ColorData**로 **x, y, w, h, confidence, total, order**가 저장되어 있습니다.

learn_object(learn_id)

- 객체를 학습시킵니다. 사용 가능한 아이디는 1~5번입니다.

get_learn_data()

- 학습된 정보를 화면에 되돌려 줍니다.
- 반환되는 값은 리스트 **LearnData**로 **ID, confidence**가 저장되어 있습니다.

파이썬 편집기를 실행합니다. (https://python.microbit.org/v/3)
프로젝트 이름은 "19_1_readNum"로 저장합니다.
AILens.py 파일을 프로젝트에 추가합니다.

```
19_1_readNum
1  from microbit import *
2  import AILens
3
4  ai = AILens.AILENS()
5  ai.switch_function(2)
6  num = ["0", "1", "2" "3", "4", "5", "6", "7", "8", "9"]
7
8  while True:
9      ai.get_image()
10     result = ai.get_card_content()
11     print(ai.get_card_content())
12     if result in num:
13         display.show(result)
14     else:
15         display.show("X")
```

import AILens

AI 렌즈를 제어하기 위해서 AILens 모듈을 import합니다.

ai = AILens.AILENS()

프로그램에서 사용할 새로운 객체 AI를 생성합니다.

ai.switch_function(2)

기능을 2번 card로 선택합니다.

num = ["0", "1", "2", "3", "4", "5", "6", "7", "8", "9"]

0~9에 해당하는 숫자를 문자 데이터로 저장한 리스트를 만듭니다.

ai.get_image()

AI 렌즈가 인식한 데이터를 가져옵니다.

```
result = ai.get_card_content()
```
AI 렌즈가 인식한 card 정보를 가져와 result에 저장합니다.

```
if result in num:
    display.show(result)
```
result에 저장된 값이 리스트 **num** 안에 있는 경우 마이크로비트 화면에 그 값을 출력합니다.

```
else:
    display.show("X")
```
result에 저장된 값이 리스트 **num** 안에 없는 경우 마이크로비트 화면에 'X'를 출력합니다.

다시 한번 마이크로비트에 전송하고 동작을 확인합니다.

AI 렌즈를 확장보드에 연결하고 마이크로비트를 확장보드에 꽂은 후 전원을 공급하면 AI 렌즈 화면 하단에 "Card recognition"이라고 동작 중인 기능이 잠시 보였다가 사라집니다.

AI 렌즈 사용시 자꾸 마이크로비트가 꺼졌다 켜졌다 하거나 AI 렌즈가 동작하지 않는다면 AI 렌즈에 별도의 전원을 공급하여 동작시킵니다.

AI 렌즈의 첫 화면에서 카메라 모드로 전환되지 않는 경우 마이크로비트 리셋 버튼을 눌러 다시 한번 시작해 봅니다.

2 프로젝트2 - 이 물건은 무엇일까요?

1. 기능 정의

- 카드를 인식하면 카드 내용을 말로 읽어 줍니다.

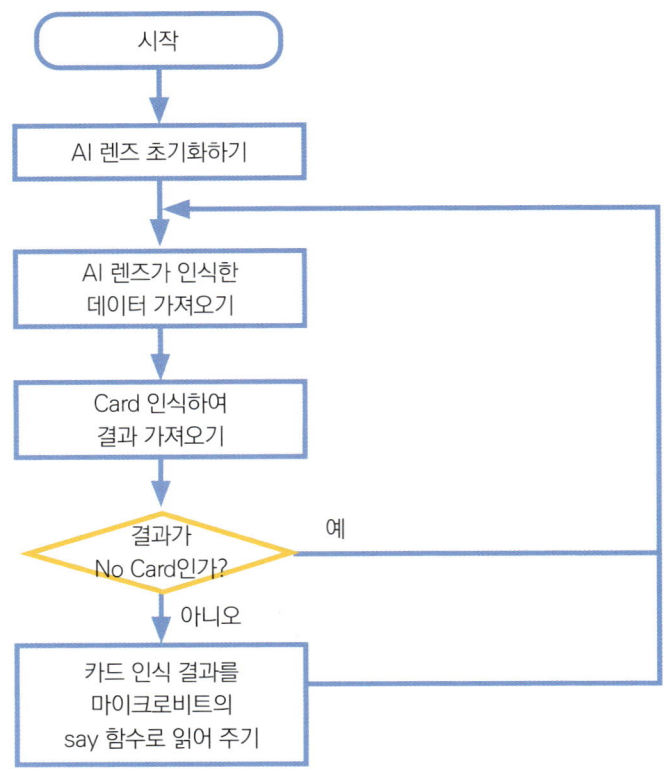

학습 목표	카드 인식 모드와 마이크로비트 말하기 기능을 이용하여 카드를 읽어 주는 마이크로비트를 만들 수 있다.
핵심 키워드	마이크로비트, AI Lens, 파이썬
준비물	마이크로비트, 확장보드, AI Lens, AI Lens용 전용 카드, RJ11-듀퐁 케이블, micro 5pin USB 케이블, AI Lens용 보조 배터리
추가 모듈	AILens.py
학습 난이도	★☆☆☆☆

2. 회로 구성

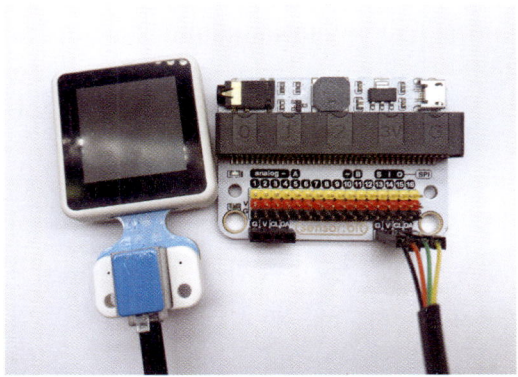

마이크로비트	AI Lens
V	V
GND	G
SCL(19)	초록색 선
SDA(20)	노랑색 선

3. 코드 작성

파이썬 편집기를 실행합니다. (https://python.microbit.org/v/3)

프로젝트 이름은 "19_2_What_is_this"로 저장합니다.

AILens.py 파일을 프로젝트에 추가합니다.

```python
from microbit import *
import AILens
import speech

ai = AILens.AILENS()
ai.switch_function(2)

while True:
    ai.get_image()

    result = ai.get_card_content()
    if result == "No Card":
        continue
    else:
        speech.say(result, pitch=50, speed=70, mouth=100, throat=100)
        sleep(1000)

    sleep(200)
```

1번 예제와 다르게 이번에는 카드가 인식되면 무조건 카드의 내용을 읽어 줍니다.
get_card_content() 함수는 카드를 인식하면 카드의 내용을 문자열로 반환하고, 그렇지 않으면 "No Card"를 반환합니다.

if result == "No Card":
    continue

반환값이 "No Card"인 경우는 아무것도 수행하지 않고 반복문 처음으로 돌아갑니다. "No Card"의 대소문자를 주의하여 작성합니다.

else:
    speech.say(result, pitch = 50, speed = 70, mouth = 100, throat = 100)
    sleep(1000)

speech 모듈의 **say** 함수를 이용하여 AI 렌즈가 인식한 카드의 내용을 읽어 줍니다. **say** 함수의 파라미터 값을 다양하게 바꾸어 보면서 가장 잘 들리는 값을 찾아봅시다.

소스 코드를 마이크로비트에 전송합니다.
동작이 확인되었으면 컴퓨터에도 프로젝트를 저장합니다.

20장

마이크로비트에게 물어보세요

일렉프릭스사의 스마트 AI 렌즈를 이용하여 다양한 프로젝트를 만들어 봅시다.

1 프로젝트1 - 이건 말이지…

1. 기능 정의

- 마이크로비트가 색깔 카드를 인식하면 그 카드에 해당하는 색을 네오픽셀 LED로 나타냅니다.

    1. 빨간 카드가 인식되면 네오픽셀 LED에 빨간색을 출력한다.
    2. 녹색 카드가 인식되면 네오픽셀 LED에 초록색을 출력한다.
    3. 파란 카드가 인식되면 네오픽셀 LED에 파란색을 출력한다.
    4. 노란 카드가 인식되면 네오픽셀 LED에 노란색을 출력한다.
    5. 흰색 카드가 인식되면 네오픽셀 LED에 흰색을 출력한다.
    6. 검정 카드가 인식되면 네오픽셀 LED에 검정색을 출력한다.

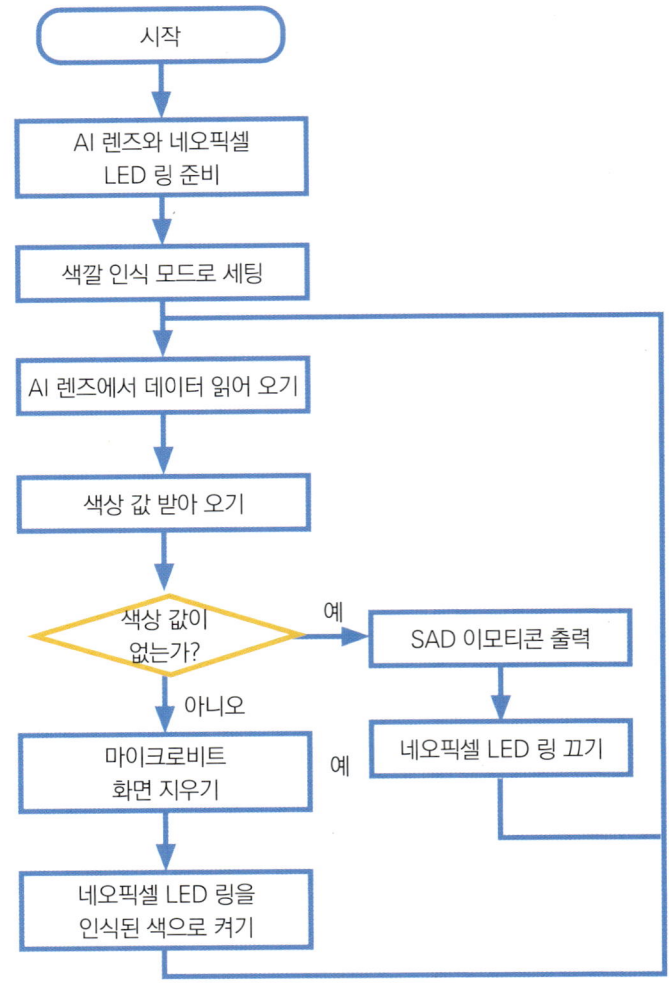

학습 목표	색깔 인식 모드와 네오픽셀 LED를 이용하여 색을 읽어 주는 마이크로비트를 만들 수 있다.
핵심 키워드	마이크로비트, AI Lens, 네오픽셀 LED 링, 파이썬
준비물	마이크로비트, 확장보드, AI Lens, AI Lens용 전용 카드, 네오픽셀 LED 링, RJ11-듀퐁 케이블, 암암 케이블, micro 5pin USB 케이블, AI Lens용 보조 배터리
추가 모듈	AILens.py
학습 난이도	★☆☆☆☆

2. 회로 구성

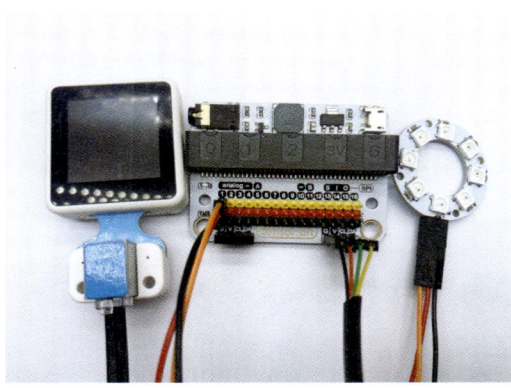

마이크로비트	AI Lens
V	V
GND	G
SCL(19)	초록색 선
SDA(20)	노랑색 선

마이크로비트	네오픽셀 LED
V	V
GND	G
1	DI

3. 코드 작성

파이썬 편집기를 실행합니다. (https://python.microbit.org/v/3)

프로젝트 이름은 "20_1_turnontheLight"로 저장합니다.

AILens.py 파일을 프로젝트에 추가합니다.

```python
from microbit import *
import AILens
import neopixel

color= {"Green":(0, 255, 0), "Blue":(0, 0, 255),
        "Yellow":(255, 255, 0), "Black":(0, 0, 0),
        "Red":(255, 0, 0), "White":(255, 255, 255)}

ai = AILens.AILENS()
led_ring = neopixel.NeoPixel(pin1, 8)
ai.switch_function(9)
led_ring.clear()

while True:
    ai.get_image()

    result = []
    result = ai.get_color_type()

    if result == "No Color":
        display.show(Image.SAD)
        led_ring.clear()
    else:
        display.clear()
        led_ring.fill(color[result])
        led_ring.show()
    sleep(100)
```

color = { "Green":(0, 255, 0), "Blue":(0, 0, 255),

"Yellow":(255, 255, 0), "Black":(0, 0, 0),

"Red":(255, 0, 0), "White":(255, 255, 255) }

색상 이름과 해당 색상에 대한 RGB 값을 딕셔너리 자료형으로 저장합니다. RGB 색상 값은 튜플로 관리합니다.

```
result = []
result = ai.get_color_type()
```
AI 렌즈가 인식한 색상 값을 리스트 **result**에 저장합니다.

AI 렌즈가 인식 가능한 색상은 "Red", "Green", "Blue", "Yellow", "White", "Black"입니다.

```
if result == "No Color":
    display.show(Image.SAD)
    led_ring.clear()
```
변수 **result**에 저장된 값이 "No Color"라면 즉, 색상이 인식되지 않으면 마이크로비트에 우는 표정을 표시하고 LED 링은 끕니다.

```
else:
    display.clear()
    led_ring.fill(color[result])
    led_ring.show()
```
result가 "No Color"가 아니면 즉, 색상이 인식되었으면 마이크로비트의 디스플레이를 지웁니다. 인식된 색과 동일하게 LED 링을 켭니다. 딕셔너리 **color**에 result로 접근하여 색상 값(튜플)을 읽어 와 LED 링에 전달합니다. LED 링을 저장된 값으로 켭니다.

다시 한번 마이크로비트에 전송하고 동작을 확인합니다.
동작이 확인되었으면 컴퓨터에 프로젝트를 저장합니다.

2 프로젝트2 - 허락된 사람만 들어올 수 있어요

1. 기능 정의
- 인식해야 할 대상을 학습을 시키고 학습된 인물에 대해서만 들어올 수 있도록 합니다.
    1. 버튼 A를 눌러 학습 대상 1을 학습시킨다.
    2. 버튼 B를 눌러 학습 대상 2를 학습시킨다.
    3. 두 대상이 모두 학습되면 이후는 학습된 사람이 화면에 보이면 LCD에 "Come in"이라고 표시한다.
    4. 학습되지 않은 대상이 보이면 LCD가 지워진다.

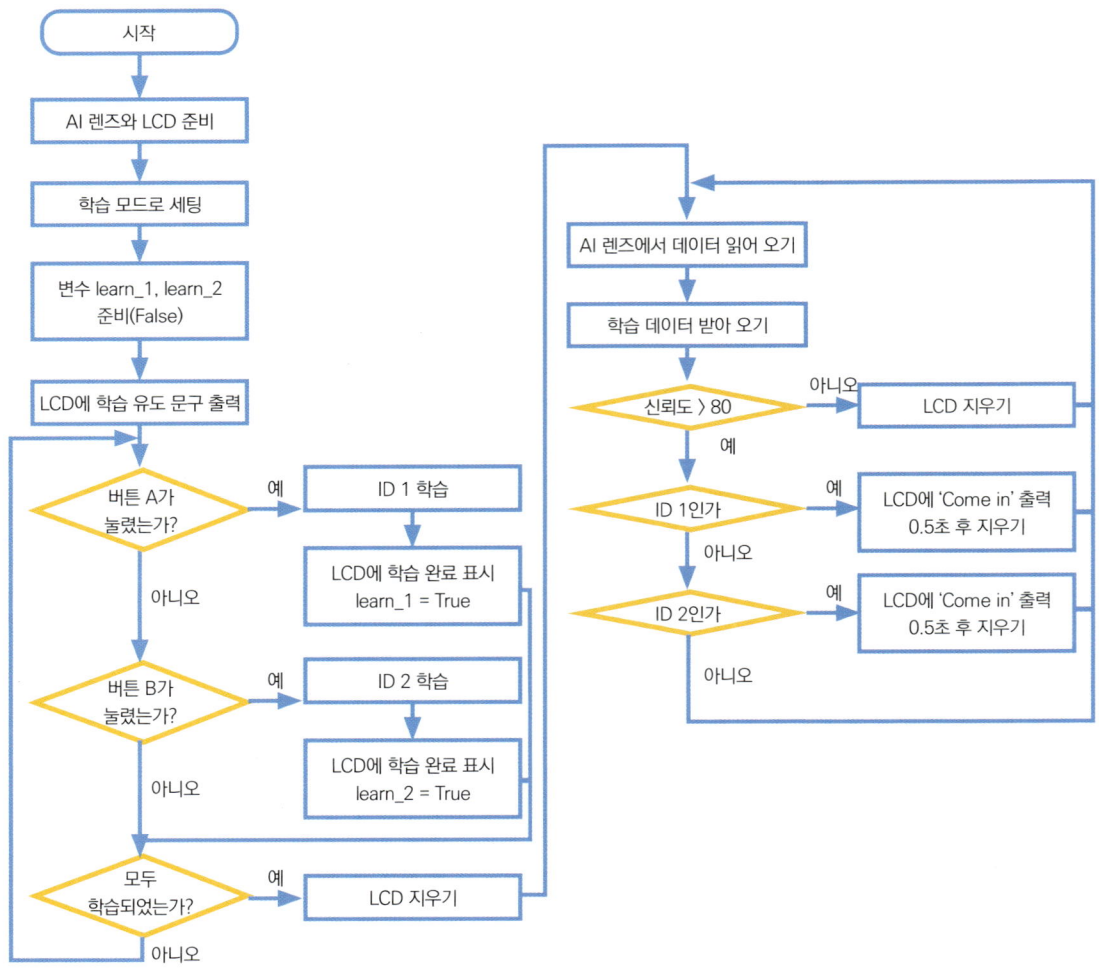

학습 목표	객체를 학습시키고 학습된 객체에 대해서만 특정한 동작을 할 수 있도록 마이크로비트를 제어할 수 있다. - 다양한 구조의 알고리즘 이해하기
핵심 키워드	마이크로비트, AI Lens, 파이썬
준비물	마이크로비트, 확장보드, AI Lens, I2C LCD, RJ11-듀퐁 케이블, 암암 케이블 micro 5pin USB 케이블, AI Lens용 보조 배터리
추가 모듈	AILens.py lcd.py
학습 난이도	★☆☆☆☆

2. 회로 구성

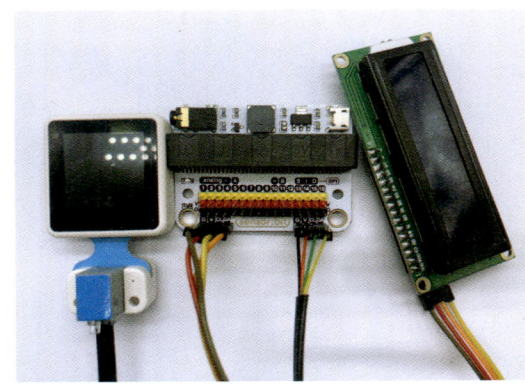

마이크로비트	AI Lens
V	V
GND	G
SCL(19)	초록색 선
SDA(20)	노랑색 선

마이크로비트	I2C LCD
V	Vcc
GND	Gnd
SCL(19)	SCL
SDA(20)	SDA

3. 코드 작성

파이썬 편집기를 실행합니다. (https://python.microbit.org/v/3)

프로젝트 이름은 "20_2_comeIn"로 저장합니다.

AILens.py 파일과 lcd.py 파일을 프로젝트에 추가합니다.

```python
from microbit import *
import AILens
import lcd

ai = AILens.AILENS()
ai.switch_function(10)
mylcd = lcd.LCD1602(0x3f)
mylcd.backlight(on=True)

learn_1 = False
learn_2 = False

mylcd.puts("Learn 2 person", 0, 0)
mylcd.puts("Press button A,B", 0, 1)

while True:
    if button_a.is_pressed():
        ai.learn_object(1)
        mylcd.clear()
        mylcd.puts("P1, completed", 0, 0)
        learn_1 = True
    elif button_b.is_pressed():
        ai.learn_object(2)
        mylcd.clear()
        mylcd.puts("P2, completed", 0, 0)
        learn_2 = True
    
    if learn_1 and learn_2:
        mylcd.clear()
        break
    
    sleep(100)
```

```
34  while True:
35      ai.get_image()
36      buff = []
37      buff = ai.get_learn_data()
38      print(buff)
39      if buff[1] > 80:
40          if buff[0] == 1:
41              mylcd.puts("Come in, P1", 0, 0)
42              mylcd.puts("Good morning", 0, 1)
43              sleep(500)
44              mylcd.clear()
45          elif buff[0] == 2:
46              mylcd.puts("Come in, P2", 0, 0)
47              mylcd.puts("Good morning", 0, 1)
48              sleep(500)
49              mylcd.clear()
50      else:
51          mylcd.clear()
52      sleep(100)
```

mylcd = lcd.LCD1602(0×3f)

I2C LCD를 사용하기 위해 초기화합니다. LCD의 주소 값을 파라미터로 넘겨줘야 하는데, LCD에 따라 값이 정해져 있습니다. 우리가 사용하는 LCD는 보통 0×3f 또는 0×27입니다.

learn_1 = False
learn_2 = False

버튼 A와 버튼 B를 눌러 오브젝트를 2개 학습시킨 후 다음 단계로 넘어가게 하기 위해 사용합니다. 버튼을 눌러 학습을 하면 True로 변경합니다.

mylcd.puts("Learn 2 person", 0, 0)

문자열을 LCD의 첫 번째 줄 첫 번째 칸부터 출력합니다.

mylcd.puts("Press button A,B", 0, 1)

문자열을 LCD의 두 번째 줄 첫 번째 칸부터 출력합니다.

ai.learn_object(1)

현재 화면에 보이는 오브젝트를 ID 1로 저장합니다.

if learn_1 and learn_2:
    mylcd.clear()
    break

변수 **learn_1**과 변수 **learn_2**가 모두 True인 경우 while 반복문을 종료합니다.
이번 예제에는 **while True** 반복문이 2번 들어가 있습니다. 첫 번째 **while True** 반복문이 종료한 이후 두 번째 **while True** 반복문이 실행됩니다.

buff = []

AI 렌즈가 인식한 데이터를 저장하기 위해 리스트 **buff**를 초기화합니다.

buff = ai.get_learn_data()

데이터를 읽어 와 리스트 **buff**에 저장합니다.
get_learn_data() 함수의 반환 값은 **ID, confidence**입니다.
buff[0]에는 ID, buff[1]에는 confidence가 저장되어 있습니다.

if buff[1] > 80:
    if buff[0] == 1:
        mylcd.puts("Come in, P1", 0, 0)
            mylcd.puts("Good morning", 0, 1)
        sleep(500)
        mylcd.clear()

buff[1]의 값 즉, confidence가 80보다 크고, 인식된 객체가 ID가 1에 해당하는 객체라면 LCD의 첫 번째 줄에 "Come in, P1", 두 번째 줄에 "Good morning"을 출력합니다. 0.5초 유지 후 LCD를 지웁니다.

소스 코드를 마이크로비트에 전송합니다.

동작이 확인되었으면 컴퓨터에도 프로젝트를 저장합니다.